OTTO DIETZ

Unser Gottesdienst

Ein Hilfsbuch
zum Hauptgottesdienst nach Agende I
für evangelisch-lutherische Kirchen und Gemeinden

CLAUDIUS VERLAG MÜNCHEN

CIP-Titelaufnahme der Deutschen Bibliothek

Dietz, Otto:
Unser Gottesdienst : ein Hilfsbuch zum Hauptgottesdienst nach Agende I für evangelisch-lutherische Kirchen und Gemeinden / Otto Dietz. – 3. Aufl. – München : Claudius Verlag, 1989

Enth. ausserdem: Ordnung des Hauptgottesdienstes in der Evangelisch-Lutherischen Kirche in Bayern
ISBN 3-532-62014-6

NE: Beigef. Werk

3. Auflage 1989

Umschlaggestaltung: Werner Richter
Gesamtherstellung: Druckerei Huber, Dießen

ISBN 3-532-62014-6

INHALTSVERZEICHNIS

VORWORT

Die erste Auflage dieses Buches wurde vor 25 Jahren nach dem Erscheinen des von der „Lutherischen Liturgischen Konferenz Deutschlands“ (LLK) erarbeiteten ersten Bandes der „Agende für evangelisch-lutherische Kirchen und Gemeinden“ herausgegeben. Es wollte damals besonders den Kirchen und Gemeinden der „Vereinigten evangelisch-lutherischen Kirche Deutschlands“ (VELKD) und der „Evangelischen Kirche in Deutschland“ (EDK), in denen die Gottesdienstordnung jener „Agende I“ eingeführt wurde, deren Verständnis durch liturgiewissenschaftliche und seelsorgerliche Erläuterungen erleichtern und dadurch die Freude an ihrem praktischen Vollzug mehren. Nachdem das Buch erstaunlich rasch vergriffen war, wurde der Wunsch nach einer Neuauflage immer lauter und dringlicher. Auch unter Studenten und Kandidaten der Theologie, die erkannt hatten, daß für ihren künftigen Dienst als Pfarrer und Seelsorger eine liturgiewissenschaftliche und praxisbezogene Beschäftigung mit dem Herzstück ihrer Lebensaufgabe, nämlich mit der Ordnung des ihnen aufgetragenen Gottesdienstes, mit seinem Wesen und der diesem angemessenen Gestaltung, unentbehrlich ist, wurde das Fehlen dieses Buches als „Lücke“ empfunden. Aus diesen Gründen haben sich Herausgeber und Verlag zu der vorliegenden Neuauflage entschlossen. Für diese ist der Inhalt der ersten Ausgabe überarbeitet und um wesentliche Stücke erweitert worden.

Dies geschah vor dem Hintergrund der vielgestaltigen Bemühungen, die seit dem Erscheinen der ersten Auflage unter dem Stichwort *„Gottesdienste in neuer Gestalt“* zu einem festen Begriff, ja geradezu zu einer reformfreudigen „Bewegung“ geworden sind. Es wäre falsch, Versuche mit neuen Gottesdienstformen grundsätzlich, etwa in traditionsgebundener Engherzigkeit und ungeistlichem Konservativismus abzulehnen. Nach evangelischem Verständnis hängt das der Welt von ihrem Schöpfer, Erlöser und Vollender geschenkte Heil nicht an „allenthalben gleichförmigen, von den Menschen eingesetzten Zeremonien".[1] Darum darf keine Gottesdienstordnung verabsolutiert, d. h. für die einzig richtige erklärt werden. Der Glaube an den Heiligen Geist, der (nach Joh. 3,8) „bläst, wo er will", verlangt von uns, für andere als die bisher gewohnten gottesdienstlichen Formen offen zu sein und sie voll Vertrauen auf das Wirken des Gottesgeistes auch in unserem Heute und Hier zu erproben. Im Grunde können sich Kirchen und Gemeinden nur freuen, wenn Menschen nach Gottesdiensten suchen, die ihnen eine Hilfe im Alltag zu sein vermögen, und bereit sind, an deren Gestaltung mitzuarbeiten.[2] Dabei dürfen wir freilich nicht die Augen verschließen vor der Tatsache, daß wir heutigen Christen in unserem „säkularen Zeitalter" „uns in einer Krise des Gottesdienstes befinden, hinter der eine unverarbeitete Glaubenskrise steht",[3] von der Theologie und Kirche unserer Tage betroffen sind. Eine „Glaubenskrise" entsteht immer, wenn eine „Theologie des Zeitgeistes" an der Stelle einer „Theologie des Geistes Gottes" unser Christsein in Griff bekommt. In dieser Situation werden die Kirchen und Gemeinden heute das in kurzer Zeit fast unüberschaubar gewordene Angebot an „Gottesdiensten in neuer Gestalt" sichten und vor allem deren Wirkung auf die „Auferbauung des Leibes Christi" (Eph. 4,12), d. i. der Kirche, „auf keinem anderen Grund als dem, der gelegt ist" (1. Kor. 3,11), überprüfen müssen.

Eines aber ist klar: Alles geistliche Leben bedarf einer *Ordnung*, zu der Stetigkeit und Wiederholung gehören. Dieses nicht nur psychologische und pädagogische, sondern theologische Fundamentalgesetz gilt sowohl für unser persönliches Christsein wie für das gottesdienstliche Leben der Gemeinde. Niemand wird im Gottesdienst Geborgenheit und Beheimatung finden, wenn er in ihm nicht Vertrautem begegnet, sondern immer wieder von ungwohnten liturgischen Einfällen und Formularen überrascht wird, die er mitvollziehen soll. Die uns evangelischen Christen von Gott geschenkte *Freiheit* in liturgischen

Riten hat ihre Grenze an der uns von ihm gebotenen *Liebe* zu unseren Brüdern und Schwestern in seiner Gemeinde. Darum hat Martin Luther bereits 1525 die Christen in Livland ermahnt: „Obwohl die äußerlichen Ordnungen in Gottesdiensten wie Messen, Lesen, Singen, Taufen nichts tun zur Seligkeit, so ist doch das unchristlich, daß man darüber uneinig ist und das arme Volk damit irre macht und nicht vielmehr achtet auf die Besserung der Leute als auf unsern eigen Sinn und Gutdünken. So bitte ich nun euch alle, meine lieben Herrn: Laß' ein jeglicher seinen Sinn fahren und kommt freundlich zusammen und werdet fein eins darüber, wie ihr diese äußerlichen Stücke wollet halten, damit es bei euch in eurem (Land-)Strich gleich und einheitlich sei und nicht so zerrüttet, anders hier, anders da gehalten werde, womit das Volk verwirrt und unlustig gemacht wird. Denn obwohl die äußerlichen Weisen (oder Ordnungen) frei sind und dem Glauben nach mit gutem Gewissen können an allen Orten zu aller Stunde durch alle Personen geändert werden, so seid ihr doch *der Liebe nach nicht frei*, solche Freiheit zu vollziehen, sondern schuldig, acht darauf zu haben, was dem armen Volk besser sei, wie St. Paulus spricht (1. Kor. 14,40): „Laßt alles zur Besserung unter euch geschehen" und (1. Kor. 6,12): „Es ist mir alles frei, es bessert aber nicht alles" und (1. Kor. 8,1): „Erkenntnis blähet, aber die Liebe bessert" ... Wo nun euer Volk sich daran ärgert, daß ihr so mancherlei unsinnige Weise unter euch haltet, und irre darüber wird, da hilft euch nicht, daß ihr wollet vorgeben: Ja, das äußerliche Ding ist frei; ich wills an *meinem* Ort machen, wie *mir's* gefällt. Sondern ihr seid schuldig, zuzusehen, was *anderen* daran gelegen ist, und die Freiheit vor Gott im Gewissen zu halten und doch daneben zum *Dienst* gefangen zu geben, dem Nächsten zu gut und Besserung ... So macht nun und haltet Messe, singet und leset *einträchtig auf einerlei Weise* an einem Ort wie am anderen, weil ihr sehet, daß die Leute solches begehren und bedürfen, damit sie nicht irre, sondern gebessert werden durch euch".[4]

Wer heute diese von seelsorgerlicher Weisheit diktierte Mahnung Luthers als „unzeitgemäß" bezeichnen und durch Gottesdienstordnungen nach seinem „eigen Sinn und Gutdünken" erneuern zu können glaubt, muß wissen, daß er damit an der fundamentalen „Mitte der Gemeinde"[5] – das *ist* nämlich der Gottesdienst! – rüttelt. Als Zeugnis dafür diene nur *eine* Klage anstelle zahlloser Stimmen aus der Schar der ihre Kirche mit ganzem Herzen liebenden Gemeindeglieder. „Schon seit vielen Jahrzehnten ist der evangelische Christ dem autoritären Verhalten der Pfarrer ausgesetzt, die den Gottesdienst willkürlich ‚gestalten'. Man weiß als evangelischer Christ oft nicht, was einem am Sonntagmorgen angeboten oder zugemutet werden wird, und ist deshalb auch nicht in der Lage, mit innerer Aktivität am Gottesdienst teilzunehmen. Die Gemeinde ist dem Pfarrer ausgeliefert und in die Passivität gedrängt. Dieses autoritäre Verhalten wird heute nur extrem gesteigert, indem Programmveranstaltungen über politische Probleme, die den Pfarrer beschäftigen, der Gemeinde als ‚Gottesdienst' angeboten werden. *Der christliche Gottesdienst* wird auf diese Weise, meist mit einer kleinen Gruppe von Gesinnungsfreunden des Pfarrers, *umfunktioniert.* So ist die Entmündigung der Gemeinde auf die Spitze getrieben worden. Man muß schon von einer systematischen autoritären Zerstörung des Lebenszentrums der Gemeinde, des Gottesdienstes, sprechen".[6] Keine autoritäre Bedrängung, sei sie reaktionär oder revolutionär, kann den Gottesdienst, der die Quelle des Dienstes an und in der Welt ist, ersetzen.

Wir wollen uns auch darüber klar sein: Im zeitgeistigen Hintergrund des in unseren Tagen, besonders unter jüngeren Gemeindegliedern laut gewordenen Wunsches nach „Gottesdiensten in neuer Gestalt" steht eine eigentlich jedem Geschlecht verheißungsvoll gestellte Aufgabe, das von unserem heutigen Geschlecht aber mitunter als konfliktgeladene Last empfundene „Generationsproblem". Zu seiner allen Beteiligten gerecht werdenden Behandlung empfiehlt sich unter Christen das immer neue Bemühen „um das rechte *Verhältnis von Väterlichkeit und Brüderlichkeit.* Beide gehören zum vollen Menschenleben. Aber die Vertikale der Väterlichkeit muß sich mit der Horizontalen der Brüderlichkeit treffen und umgekehrt. Väterlichkeit ohne Bereitschaft zur Brüderlichkeit wird in der Kirche zur autoritären Bürokratie, und Brüderlichkeit ohne Bereitschaft, Väterlichkeit zu achten, wird zur sinnlosen Rebellion. Die Frage, die uns heute bewegt, ist jedoch, ob die, von denen Väterlichkeit erwartet werden müßte, eben nicht nur leere Honoratioren sind, und ob die anderen, die Brüderlichkeit verwirklichen sollten, nicht lediglich affektgeladene Kampfgenossen von Ideologien sind. Das Koordinationskreuz von Väterlichkeit und Brüderlichkeit weist uns auf das Zentrum der Bibel hin: Gott, der Vater, erscheint in der Person Jesu Christi als Bruder der Menschen. Von daher leben Christen aus dem Geist, der vom Vater und dem Sohne ausgeht."[6]

Wie *wird* denn eigentlich „Neues" im geistlichen Leben der Kirche und ihrer Glieder? Wilhelm Stählin hat diese Frage in einer geradezu klassischen Weise so beantwortet: Es wird „gewiß nicht dadurch, daß sie aus Angst davor, altmodisch zu erscheinen und bloß längst Gedachtes, Gesagtes und Geträumtes noch einmal zu wiederholen, neue Dinge ersinnen und ihre Gedanken als „neue Wege" empfehlen würde. Es ziemt der Kirche, sich nicht zu beteiligen an dem allgemeinen Ehrgeiz, etwas Neues zu sagen, vielmehr gründlich mißtrauisch zu sein gegen alles, was mit diesem Anspruch neuer Lösungen auftritt. Das „Neue" entsteht in der Kirche allein dadurch, daß die alte Wahrheit in einer neuen und veränderten Weltsituation wirklich erkannt und anerkannt, von den alten Erfahrungen in der heutigen, in unserer Lebenssituation wirklich Gebrauch gemacht wird, und die alten Ratschläge unter den Nöten und Schwierigkeiten unseres Lebens ehrlich verfolgt und verwirklicht werden. Dadurch entsteht, wenn es ernsthaft gehandhabt wird, niemals eine Kopie des Alten, sondern *eine neue Gestalt des Lebens aus der Begegnung erlebter Weisheit von Jahrhunderten mit den Nöten und Notwendigkeiten unseres Alltags.* Wir sollten den Mut haben, als altmodisch zu erscheinen; vielleicht sind in Wahrheit die, die immer nach Neuem lüstern sind, die altmodischsten Leute".[7] Welch tiefes, wesenhaft biblisches Wissen um das Geheimnis vom Werden des „Neuen" in ununterbrochener Kontinuität

(d. h. in fortdauerndem „Zusammenhang") mit dem „Alten" hat diese Sätze gestaltet!

Es scheint mir aber heutzutage nicht überflüssig, mit aller Deutlichkeit darauf hinzuweisen: Das Wort „alt" bezeichnet in diesem Zusammenhang (wie im Umgang mit gottesdienstlichen Formen überhaupt!) nicht etwas Altmodisches, zeitlich Überholtes, sondern den Widerschein der Botschaft: „Zuflucht ist bei dem alten Gott und unter den ewigen Armen" (5. Mose 33,22). Es meint das in allem Wandel der Geschichte Grundgültige und darum Bleibende, Beharrende und wegen seiner *Qualität* von einer christlichen Generation zur anderen Überlieferte. Und „neu" bedeutet nicht das nach Inhalt und Form dem Zeitgeist Entsprechende, sondern das eben vom „alten Gott ... unter den ewigen Armen" durch die Wirkung des Heiligen Geistes in unserem jeweiligen Heute und Hier „alle Morgen *neu*" (Klagel. 3,23) Erkannte und Erfahrene. So ist alles recht verstandene und vollzogene Liturgieren der Christenheit vom „ewig" Bleibenden und dessen sich allen Seiten schenkender Selbstvergegenwärtigung bestimmt. In dieser Tatsache ist es begründet, daß man bei aller Aufgeschlossenheit für neue gottesdienstliche Formen doch immer wieder auf das uns aus allen Epochen der Kirchengeschichte überkommene liturgische Erbgut zurückgreifen muß. Selbst unter den „zeitgenössischen Aspekten" der Theologie unserer Tage wird anerkannt:[8] Jeden „Erneuerungswillen" im Bereich der Formen der Frömmigkeit kann man „nur auf einfache, alte Lebensakte verweisen: Hören, Beten, Zusammensein, Bekennen und Tun."[9] Unbestreitbar gehört zu jeder Erneuerung der Frömmigkeitspraxis dieser konservative Zug. Auch die „Frömmigkeit in einer weltlichen Welt"[10] die man in den sechziger Jahren entwickeln wollte, mußte auf überlieferte Praxisformen zurückgreifen. Ein solcher Rückgriff auf das überlieferte Repertoire ist auch heute unvermeidlich; denn die menschlichen Erlebnis- und Ausdrucksmöglichkeiten sind auch in diesem Bereich beschränkt.

Unter Würdigung der vielseitigen Überlegungen zur Frage einer *„gottesdienstlichen Erneuerung der Kirche" durch liturgi-*

sche „Neuerungen" hat auch die LLK schon gleich nach Abschluß ihres zwischen 1955 und 1964 veröffentlichten vierbändigen Agenden-Werkes über die *„Notwendigkeit und die Möglichkeiten einer Agendenreform"* nachgedacht. Das Ergebnis ihrer Besinnung hat ihr damaliger Vorsitzender, Abt Prof. D. Dr. Christhard Mahrenholz – Hannover, auf der Kieler General-Synode de VELKD unter dem Titel „Grundsätze für die Weiterarbeit an der Agende" vorgetragen. In jenen Thesen wird ausgesprochen: „Agenden werden nicht für die Ewigkeit geschaffen; ihre Ordnungen gehören zu dem vergänglichen Gut der irdischen Kirche. So hat jede Agende ihre Zeit, die in der Regel eine Spanne von drei bis sechs Jahrzehnten umfaßt. In diesem Zeitabschnitt kann die Agende mit Recht den Anspruch erheben, als gute Ordnung der Kirche, um des Friedens und der Liebe willen beachtet, befolgt und gegen ständige, die Gemeinden verwirrende Änderungen oder Erweichungen geschützt zu werden. Aber das kann nur dann mit gutem Gewissen geschehen, wenn rechtzeitig auch die reformierende *Weiterarbeit an der Agende* ins Auge gefaßt und nach einer festen Planung so gehandhabt wird." Dafür wird vorgeschlagen, einen Weg zu beschreiten, „der es ermöglicht, an der Agende laufend derart weiterzuarbeiten, daß die Kontinuität gewahrt, die Gestaltung der Agende ständig überprüft und vor allem in textlicher Hinsicht der Sprachentwicklung Rechnung getragen wird, ohne daß sich aus diesen kleinen Korrekturen zwangsläufig eine grundsätzliche Neubearbeitung des ganzen Agendenwerkes entwickelt. Von der laufenden Revision soll aber grundsätzlich ausgeschlossen bleiben der Aufbau der Gemeindegottesdienste und der wichtigeren Amtshandlungen, die im Bewußtsein jedenfalls des kirchlichen Teiles der Gemeinde verankert sind. Kleinere Korrekturen, die wirklich Verbesserungen darstellen, sollen damit nicht ausgeschlossen werden. Nicht geändert werden sollten diejenigen Stücke der agendarischen Ordnungen, deren Texte von der Gemeinde gesungen oder gesprochen werden. Dagegen sind die die Pfarrer insbesondere betreffenden Teile für eine Revision offen."[11]

Die ersten Schritte auf diesem Weg hat die LLK getan mit der Herausgabe eines sog. *„Strukturpapiers“* („Struktur“, lateinisch; das Wort bedeutet nach Duden 1980 „Sinngefüge“, „Bau“, „Aufbau“, „innere Gliederung“).[12] In ihm werden „Ausformungsvarianten im Ablauf der Liturgie zusammengestellt, um so zu zeigen, daß die Gottesdienstordnung kein starres Ritual, sondern eine sinnvoll begrenzte Zahl von reicheren und schlichteren Gestaltungsmöglichkeiten anbietet. Freilich wird dabei deutlich: Der Gottesdienst ist eine immer neu zu bewältigende Gestaltungsaufgabe, nicht ein mechanisch ablaufendes Programm.“[13]

Mit dem Festhalten an der Grundstruktur unseres Gottesdienstes und seinen im Grunde schon in Agende I aufscheinenden Ausführungsmöglichkeiten wird sowohl „den Forderungen derer, die von der Erstarrung der Liturgie, wie derer, die von der Entleerung und Auflösung der Liturgie sprechen, Rechnung getragen.“[14] Zugleich „erweisen vorgeschlagene Ausformungsvarianten die *Schmiegsamkeit* der Liturgie und ermöglichen eine kräftegemäße und situationsgerechte Liturgie, während die feste Grundstruktur *Ursprungsbindung*, Kontinuität und Identität des christlichen Gottesdienstes bewußt macht. So können *Vielfalt und Einheit des Gottesdienstes* zusammen zur Wirkung kommen.“[15]

Die „laufende Überprüfung“ der Agende I galt vor allem auch ihren Gebetstexten. Darum wurden die Kollekten, die Fürbitten- und die Abendmahlsgebete von Grund auf neu bearbeitet, in ihrem Angebot ergänzt und zum Gebrauch freigegeben.[16]
Es ist also seit dem Erscheinen der ersten Auflage von Agende I im Jahre 1955 in Bezug auf das gottesdienstliche Leben und damit auf das Gemeindeleben in den evangelischen Kirchen überhaupt allerlei in Bewegung gekommen. Aber gerade diese Vorgänge ermutigten den Herausgeber und den Verlag zu der hier vorliegenden zweiten Auflage des Buches „Unser Gottesdienst.“ Es will, seinem Untertitel entsprechend, auch in der neuen Gestalt nur „ein Hilfsbuch zum lutherischen Hauptgottesdienst für die Hand der Gemeinde“ sein, indem es den Ge-

meindegliedern den Gesamtablauf unseres Hauptgottesdienstes nach der uns in Agende I angebotenen Ordnung erklärt, seinen Aufbau erläutert und uns jedes einzelne seiner liturgischen Stücke nach seinem Inhalt und seiner Gestalt, nach seinem Sinn und Auftrag geistlich und seelsorgerlich nahebringt. Eine besondere Beachtung der zahlreichen „Anmerkungen" am Ende des Buches mit ihren Quellenangaben, liturgiewissenschaftlichen oder auf die gottesdienstliche Praxis ausgerichteten Hinweisen will diese Hilfe vertiefen. Die Ordnung selbst ist am Ende des Buches nach der für die evangelisch-lutherische Kirche in Bayern in der 1981 beschlossenen Form beigegeben. Ein Sachregister erleichtert es, die Buchseiten, auf denen über die betreffende Sache Auskunft gegeben wird, aufzufinden.

Auch in seiner neuen Ausgabe will dieses Buch nicht nur dem *Pfarrer* das Verständnis für den Sinn und die Bedeutung „unseres Gottesdienstes" und seiner einzelnen Stücke vertiefen. Es möchte ihm auch als Handreichung dienen bei der immer wieder notwendigen *Unterweisung der Gemeinde* über das, was in der „Feier unseres Glaubens" an ihr geschieht und zugleich von ihr gefordert wird. So wird jedes Gemeindeglied in einer fortlaufenden seelsorgerlichen Erziehung, besser gesagt: *„Heimholung zum Gottesdienst"*, dazu veranlaßt werden müssen, sein Herz als das ihm von Gott geschenkte „Empfangsgerät" in das weltumfassende Wirkungsfeld des Heiligen Geistes heute und hier hineinzuhalten, der Altes bewahrt und Neues gestaltet in ein und demselben Geschehen.

Ich schließe die mehrjährige Arbeit an diesem Buch mit dem Wunsch: Möge allen, die sich mit der Ordnung „unseres Gottesdienstes" beschäftigen, das Wort von Blaise Pascal vor Augen bleiben: „Abergläubisch ist es, seine Hoffnung in die äußeren Formen zu verlegen; aber hochmütig ist es, sich ihnen nicht unterwerfen zu wollen."

Bamberg, am Tag des Erzengels Michael, 29. September 1983

D. Otto Dietz

ZUR ERÖFFNUNG DES GOTTESDIENSTES

Unser Gottesdienst ist wie jede gottesdienstliche Versammlung der Gemeinde Christi eine Bezeugung und Sichtbarmachung der Königsherrschaft Gottes auf Erden. Gott hat Anspruch auf die Huldigung *aller* Menschen, die er erschaffen, erlöst und zu seinem Eigentum berufen hat. Darum wird zur *Eröffnung des Gottesdienstes* mit allen Glocken geläutet. Dieses

Geläute

ist also *mehr* als ein bloßes Anfangssignal, das die säumigen und verspäteten Gottesdienstbesucher zur Eile mahnt. Alle Glocken sind einmal „geweiht", d. h. in den Dienst Gottes gestellt worden. Ihre Stimme erschallt zu seiner Ehre und kündet aller Kreatur die Wirklichkeit dessen, „von dem, durch den und zu dem alle Dinge sind" (Röm. 11,36). An *ihn* wollen sie erinnern, wenn sie täglich beim Morgen-, Mittag- und Abendläuten in Stadt und Land erklingen und alle, die sie hören, zu einem Gottesgedenken anregen. Wenn die Glocken eine halbe, bzw. eine Viertelstunde vor Beginn eines Gottesdienstes ein- oder zweimal geläutet werden, dann möchten ihre Klänge die Gemeinde zur Kirche rufen oder auf dem Weg dorthin begleiten. Das letzte Geläute sollte unmittelbar nach dem letzten Schlag der Uhrzeit einsetzen, zu der der Gottesdienst beginnt. Weil die *Rühmung der ewigen Majestät Gottes* unter Zuhilfenahme des von ihm geschaffenen und von Menschenhand zum Erklingen gebrachten Erzes schon ein Gottesdienst ist, sollten wir bei diesem Lobgesang der Glocken bereits im Gotteshaus sein; es ist eine jahrtausendalte und immer wieder *neue* Erfahrung: Es kann uns helfen, uns aus der Unruhe unseres Alltags herauszulösen und auf die bevorstehende Feierstunde auszurichten.

Damit

das stille Gebet,

das wir beten, sobald wir an unserem Platz in der Kirche angekommen sind,[17] nicht nur eine äußere Formsache sei, muß uns bewußt bleiben: In dieser Stunde werden wir nicht nur zum Empfangen eingeladen, sondern zum *Dienst* gerufen. Denn in jedem Gottesdienst ereignet sich der Einbruch des Ewigen in unseren Lebensraum. Wo das Wort des Herrn verkündet und sein hl. Mahl gespendet wird, werden die Hoheitszeichen der Gegenwart Gottes über unserem Leben aufgerichtet. Mit unserer Teilnahme an diesem überirdischen und doch zugleich innerweltlichen Geschehen bekunden wir unsere Bereitschaft, uns einreihen zu lassen in die Schar der „Mitstreiter Christi" (2. Tim. 2,3). Daß der Herr uns „wachend finde" (Luk. 12,37), wenn er in dieser Stunde bei seiner Gemeinde Einzug hält, muß jetzt das Hauptanliegen unseres betenden Herzens sein. Dabei schließen wir auch *die* in unsere Fürbitte ein, die heute am Altar und auf der Kanzel ihres Amtes walten. Sie kommen – der Liturg mit dem Prediger, dem Lektor, dem Organisten und wo üblich mit dem Mesner und den diensttuenden Kirchenvorstehern – aus der Sakristei und treten vor die Stufen des Altars, um dort *auch* zu einem stillen Gebet stehen zu bleiben; etwa: „Herr, dreieiniger Gott, nimm meinen (unsern) Dienst durch dein Erbarmen an zum Lobe deiner Herrlichkeit. Amen."[18] Dann gehen sie an ihren Platz in der Kirche.

Gebete wurden und werden in allen Religionen nicht ohne

Gebets-Gebärden

gebetet. Denn wir Menschen bestehen aus Leib *und* Seele. Je lebendiger ein Mensch ist, desto enger und fester ist bei ihm das Band, das beide miteinander verknüpft; und um so mehr drängt es ihn, dem, was in seiner Seele lebt, einen leibhaften, „sinnlichen" (d. h. sinnenfälligen) Ausdruck zu geben in leiblicher Haltung, in der Bewegung der Glieder, in der Kleidung und in der Gestaltung seines jeweiligen Lebensraumes. Das gilt auch für sein Verhalten im Gottesdienst. Wir stehen immer in der unteilbaren *Einheit unseres leib-geistigen Wesens* vor Gott.[19] Wir bekennen, daß uns Gott „geschaffen hat samt allen Kreaturen", uns „*Leib* und Seele", auch „alle Glieder und Sinne" gegeben hat; wir bekennen, daß in Jesus Christus das ewige Wort „lebendiger Mensch geworden ist" und daß sich im Sakrament die himmlische Gabe mit unserer Leiblichkeit verbinden will; und „wir erwarten schließlich die Auferstehung der Toten", in der auch „unser nichtiger *Leib* verklärt" (Phil. 3,21) werden wird. Dies ist in Kürze der Inhalt unseres Glaubensbekenntnisses, das wir innerhalb unseres Hauptgottesdienstes mit der ganzen Christenheit auf Erden sprechen. (s. Seite 95 ff) Wenn wir seine Aussagen ernst nehmen, dann kann unser Leib nicht unbeteiligt bleiben, wenn wir betend, bittend, lobpreisend vor Gott treten; er ist eingeschaltet in den „vernünftigen" Gottesdienst (Röm. 12,1) unseres Christseins.

Die sichtbare Gebärde, mit der wir unsere Gebete begleiten, ist die *Haltung unserer Hände.* Daß wir sie *„zusammenlegen"*, indem wir die rechte Hand mit der linken umschließen, also gleichsam die rastlose Tätigkeit – (nicht ohne gleichnishaften Bezug auf Jes. 66,13) – in mütterlicher Ruhe bergen, ist das Mindeste. Evangelische Christen sind zumeist gewohnt, die *Hände* zu *„falten"*, d. h. sie mit verschränkten Fingern ineinander zu schließen. Das ist die Haltung der vollkommenen Ergebung in Gottes Majestät und Willen (vgl. das Gethsemane-Gebet Christi, Luk. 22,42). Sie stammt wohl schon aus der heidnischen germanischen Vorzeit, wo manche Heiligtümer nur mit „gefesselten" Händen betreten werden durften. – Daneben hat die Gebärde, beim Bitten die Hände *flach aneinander zu legen,* ihr gutes Recht; man begegnet ihr heute leider fast nur in der römischen Kirche; sie erinnert aber sehr sinnvoll an die Art, wie Kinder „Bitte! Bitte! machen", wenn sie von Vater oder Mutter etwas erbitten. – Die einzige Gebetsgebärde, die in der hl. Schrift erwähnt wird, jedoch aus dem Bereich der evangelischen Kirche fast ganz verschwunden ist, die aber in unseren Tagen bei Altargebeten des Liturgen wieder in unseren Gottesdiensten zurückzukehren beginnt, ist das *Aufheben der nach oben geöffneten Hände.* (1. Tim. 2,8) Sie erinnert an die Haltung, zu der wir zu Beginn der Abendmahlsliturgie aufgefordert werden mit dem Ruf: „Die Herzen in die Höhe!“ (s. Seite 149) Es ist nicht ganz begreiflich, warum wir dann *nicht* wirklich auch mit den Händen *tun*, was wir bei der Antwort auf diese Weisung mit unserem Munde *behaupten:* „Wir erheben sie zum Herrn.“ Die wie eine Opferschale erhobenen Händes des „Oranten“ (lateinisch; deutsch: „des Betenden“),[20] dessen „Herz“ um den Einzug seines Herrn in seine Einsamkeit bittet, („Herr, komm in mir wohnen“ EKG 128,8), künden zugleich von der Erfüllung unseres ihm hingehaltenen Lebens durch seine sakramentale *Zwei*-samkeit mit uns („Ich will mich mit dir verloben in Ewigkeit“, spricht der Herr; Hos. 2,21). – Da und dort befinden sich unter den Gottesdienstbesuchern, besonders auch unter Abendmahlsgästen solche, die zum Gebet, bzw. beim Gang zum Tisch des Herrn *die Unterarme vor der Brust kreuzen.* Diese Gebärde ist keine eigentliche *Gebets*-Haltung, sondern galt in der mittelalterlichen Kirche als das „Signum imitationis Domini crucifixi“ (lateinisch; deutsch: „als Zeichen der Bereitschaft – im Sinne von Matth. 16,24 –, dem Herrn das Kreuz nachzutragen“).

Über die Bedeutung der Gebetsgebärden unseres Christseins ist die Gemeinde und besonders ihre Jugend immer wieder zu informieren. Sie muß wissen: Die liturgische Gebärde ist nichts anderes als Glaube im leiblichen Vollzug. „*Geist ist nicht ohne leibliches Wesen*“, hat der württembergische Theologe Friedrich Christoph Oetinger einmal geschrieben.[21] Nur wer sich das immer wieder vorsagt, wird „unseren Gottesdienst“ und die einzelnen Stücke seiner Ordnung verständnisvoll und freudig mitvollziehen können.

Zu diesem Mitvollzug geleitet uns das unmittelbar nach dem Ende des Glockengeläutes einsetzende

Orgelvorspiel.

Keinesfalls will es das Geräusch der Zuspätkommenden vornehm übertönen. Es soll und will auch nicht nur dazu helfen, die Gemeinde an die Melodie des Eingangsliedes heranzuführen. „An einer alten schlesischen Orgel findet sich die Inschrift: ‚Ecce ancilla domini' (lateinisch; deutsch: ‚Siehe, ich bin des Herren Magd'). Mit diesem Wort aus Luk. 1,38 ist das Wesen und die Aufgabe der Orgel in geradezu klassischer Weise ausgesprochen."[22] So wie Maria, die Mutter Jesu, ihren Leib dem Wunder Gottes hingab (Luk. 1,38) und angesichts des göttlichen Geheimnisses ihre Seele „den Herrn erheben" ließ (Luk. 1,46), so ist eine in den Dienst Gottes genommene Orgel nicht nur um ihrer selbst, nicht um der Tonkunst willen da. Ihr Klangkörper ist vielmehr einbezogen in die Zwecke Gottes und damit zur Verkündigung und zum Preise seiner Wirklichkeit und Wirksamkeit bestimmt. Ihr Spiel soll also nicht nur den Gottesdienst „schöner" und „feierlicher" gestalten, sondern die Pfeifen aus Metall und Holz in den verschiedensten Klangfarben sollen auch *dazu* dienen, das Singen der ihren Herrn mit Dank und Bitte anrufenden Gemeinde zu verstärken oder zu ergänzen und damit *„zu mehren sein Lob vor aller Welt"* (EKG 197,8). Das allein ist der Auftrag aller „heiligen Musik."[23]

Wo es wünschenswert erscheint, *kann* nach dem Orgelvorspiel der Liturg (oder ein anderer damit Beauftragter) zu einer

Begrüßung

an das Lesepult treten und damit seine Gemeinschaft mit der versammelten Gemeinde sinnenfällig zum Ausdruck bringen. Mit wenigen, aber herzlichen Worten heißt er *alle* Anwesenden (nicht nur evtl. Gäste) willkommen. Man kann dagegen einwenden: Wer im Gottesdienst beheimatet und in seiner Kirche zu Hause ist, braucht nicht „begrüßt" zu werden.[24] Aber rechtfertigt nicht das um seines außergewöhnlichen Inhalts willen immer *festliche* Geschehen eines christlichen Gottesdienstes andererseits doch auch ein Wort der „Eröffnung" seiner Feier? Dabei kann auf den Sinn und die Ordnung des begonnenen Gottesdienstes, ggf. auch auf Gemeinde-Angelegenheiten und Tagesereignisse hingewiesen werden. Der unkonventionellen, lebendigen und innerlich *fröhlichen* Art dieser Begrüßung sollte abzuspüren sein, daß der, der sie vollzieht, sich selbst als Bote der „Großen Freude" versteht, „die allem Volke widerfahren wird" (nicht nur „soll" oder „sollte", sondern *„wird!"* Luk. 2, 10).[25]

Die „Begrüßung" läßt sich etwa so einleiten:

Liturg: Im Namen des Vaters und des Sohnes und des Heiligen Geistes.

Gemeinde: Amen.

oder:

Liturg: Die Gnade unseres Herrn Jesu Christi und die Liebe Gottes und die Gemeinschaft des Heiligen Geistes sei mit euch allen. (2. Kor. 13,13)

Gemeinde: Amen.

oder:

Liturg: So spricht der Herr: „Wo zwei oder drei versammelt sind in meinem Namen, da bin ich mitten unter ihnen" (Matth. 18,20). Friede sei mit euch.

Gemeinde: Amen.

oder:

Liturg: „Ich will meine Wohnung unter euch haben. Ich will unter euch wandeln und will euer Gott sein" (3. Mose 26,11f.), spricht der Herr. Friede sei mit euch.

Gemeinde: Amen.

oder:

Liturg: So spricht der Apostel: „Nahet euch zu Gott, so naht er sich zu euch“ (Jak. 4,8). Friede sei mit euch.

Gemeinde: Amen.

Auch der Wochenspruch, die Tageslosung und der Leitvers (Antiphone) zum Introitus (s. Seite 46) bieten sich an dieser Stelle an.

Bei allem, was in der nun folgenden „Begrüßung“ gesagt wird, sollte deutlich werden, daß es um eine Versammlung im Namen Jesu und um eine Gottesbegegnung geht – also um eine Begegnung, die schon durch ihr Geschehen Vereinsamte aus ihrer Einsamkeit befreit, ja, alle Gottesdienstbesucher aus dem Einerlei und Vielerlei ihres Alltagslebens herauslöst, ihnen in der Gemeinschaft der Gläubigen den Sinn und die Sendung ihres Daseins verkündet und sie mit jener „Kraft, die in den Schwachen mächtig ist“, (2. Kor. 12,9) zum Leben und Überleben beschenkt.[26] Bei solch einer Erinnerung an den Sinn des Gottesdienstes sind – in besonderen Fällen – Hinweise auf den Verlauf des Gottesdienstes möglich.

Die „Eröffnung“ könnte auf folgende Weise geschlossen werden:

„Und nun dienet dem Herrn mit Freuden! Kommt vor Gottes Angesicht mit Frohlocken!“ (nach Psalm 100,2).

oder:

„Und nun, Herr, laß uns leuchten dein Angesicht, so genesen wir.“ (nach Psalm 80,4).

oder:

„Und nun wollen wir uns miteinander freuen des Herrn und fröhlich sein in Gott, unserm Heil.“ (nach Jes. 25,9).

Nach der „Begrüßung“ – bei deren Wegfall jedoch gleich nach dem Orgelvorspiel – erheben wir nun im

Eingangslied

auch unsere eigene Stimme zum Herrn. An den Festtagen und in den Festzeiten des Kirchenjahres lenkt dieses Lied die Gedanken auf jene Taten Gottes, die an diesem Tag oder in dieser Zeit von der Christenheit gefeiert werden. An den anderen Sonntagen bitten wir in diesem Lied, daß Gott uns mit dem Kommen seines Geistes beschenke, uns zu rechtem Hören und Beten helfe und uns aus dem Gottesdienst Kraft für unseren Alltag zukommen lasse.

Wir würden gut daran tun, immer wieder einmal über

unser Singen im Gottesdienst,

über seinen tiefsten Grund und Sinn nachzudenken. Dabei sollten wir die Tatsache nicht übersehen, daß in der hl. Schrift, die doch wohl allgemein als normatives Fundament alles christlichen Kirchentums anerkannt ist, das Lob Gottes durch gesungene und andere Musik eine wesentliche Rolle spielt. Schon der Erwähnung des ersten Liedes des alttestamentlichen Gottesvolkes (2. Mose 15,1 ff.) wird als innerste Begründung hinzugefügt: „Da (am Roten Meer nach der Errettung Israels aus der Knechtschaft in Ägypten) sangen Mose und die Kinder Israel dem Herrn und sprachen: Ich will dem Herrn singen, denn er hat eine herrliche Tat getan“. Dankerfüllte Rühmung der Taten Gottes, das Bekenntnis zu ihrer göttlichen Führung und Bewahrung ist also der unerschöpfliche Kraftquell des Singens seiner Gemeinde. Der Psalter, der das Gesangbuch Israels sowie Jesu und der ersten Christen war, erweist das in ungezählten Beispielen. Sie kreisen alle um die eine immer wiederkehrende Aufforderung, die – auch von uns – geradezu als ein „Gebot“ (Josua 1,9) vernommen und verstanden werden möchte: „Singet dem Herrn ein neues Lied, denn er tut Wunder“ (Ps. 98,1). Das dabei im hebräischen Urtext gebrauchte Wort für „neu“ bedeutet nicht „zeitlich neu“ (wie etwa „neue Nachrichten“, „neue Mode“), sondern „*qualitätsmäßig* neu“, „wesenhaft neu“, „etwas ganz anderes“.[27] Dieses „ganz Andere“ ist immer „irrational“, d. h. „höher als alle Vernunft“ (Phil. 4,7), unerklärlich, ein „Wunder“ (s. oben, Ps. 98,1), das nicht verstanden wird, aber verkündet, gepriesen, besungen werden soll. Soweit dieses Lied unseres Herzens dieses „ganz Andere“, das wirklich „Neue“ besingt, eignet ihm die Bezeichnung „*neues* Lied“.

„Es ist eben immer das *alte* Lied“, sagen wir im Gedanken an den Lauf der Dinge in dieser Welt, in der stets Leid auf die Liebe und Sterben auf das Leben folgt. Der Christenheit aber ist ein „*neues* Lied“ geschenkt: Durch die Auferstehung Christi von den Toten ist die Welt verwandelt. Darum können alle, die durch die hl. Taufe in die Gemeinschaft mit dem lebendigen und auch heute und hier wirksamen Christus eingetieft sind, singen: „Ist jemand in Christo, so ist er eine *neue* Kreatur“ (2. Kor. 5,17a). Dieser „neuen Kreatur“, die aus dem sie noch umgebenden, aber für sie doch schon vergehenden „Alten“ (s. oben, 2. Kor. 5,17b) heraus-erlöst wurde, ist grundsätzlich ein „*neues* Lied“ „in den Mund gegeben“ (Ps. 40,4), in dessen Vollendung sie einst vor Gottes Thron (Offbg. 5,9 ff.; 14,3) mit „viel tausend Halleluja im höheren Chor“ (vgl. EKG 238,6) einstimmen wird. Das „Siehe, ich mache alles neu“ dessen, der auf dem Throne sitzt (Offbg. 21,5), ist die inhaltsreichste Bestätigung dafür, daß das Lied seiner Kirche, wo und wann es erklingt, ein *neues Lied* ist.

Es war eines der wichtigsten Anliegen Luthers, daß wir nicht nur von Gott *hören*, sondern auch Gott *loben*, ihn nicht nur als den rechten Nothelfer hinstellen, sondern ihm auch danken, denn „auf ein neu Wunderwerk gehört ein neues Lied, Dank und Predigt; das ist aber das neue Wunderwerk Gottes, daß er durch seinen lieben Sohn … uns … erlöset … hat, das heißt ein neues Lied singen und Gott dafür danken …“ „Singen heiß ich … ein jegliche Predigt oder öffentlich Bekenntnis, dadurch vor der Welt frei gerühmt wird Gottes Werk, Rat, Gnade, Hilfe, Trost, Sieg und Heil etc. Denn solch Singen meinet der Hei-

UNSER GOTTESDIENST

Reichel

lige Geist, wo hin und wieder im Psalter und in der Schrift von Singen, Liedern, Psalmen gesagt wird ..." „Wie die viva vox evangelii (lateinisch; deutsch: „die lebendige Stimme des Evangeliums"; vgl. auch S. 36ff.) nicht im Lesen und Bücherschreiben, nicht im Spintisieren und Philosophieren, nicht in Winkelmesse und Privatandacht, nicht in Flüstern und Murmeln besteht, sondern hinaus*geschrieen* werden soll von den Dächern und auf den Straßen und Gassen, so soll auch das Wort Gottes nicht in stummer Andacht, im bloßen Hinhören, im schweigenden Gesang des Herzens oder im Gemurmel der Lippen unter uns wohnen, sondern als *eine laute Stimme*, die nach draußen dringt, damit die Welt vernimmt, daß das Wort Gottes zum Danken und Singen treibt. Man *kann die Stimme der Predigt unterdrücken, aber die Stimme des Gotteslobes kann man nicht dämpfen.*"[28]

Schließlich sollten wir bei all unserem Singen im Gottesdienst nicht vergessen: Der Auftrag zum Lobe Gottes ergibt sich im Grunde gar nicht erst aus unserem Christsein, er ist uns bereits mit unserer Schöpfungsbezogenheit gegeben. Der Mensch, der sich nicht nur als Individuum noch als eine in sich selbst ruhende Persönlichkeit, sondern als das einzige antwortfähige Wesen im Gesamtgefüge der Gotteswelt versteht, der erkennt den *Sinn seiner Existenz* im Lobpreis dessen, der die Ursache aller Ursachen und darum auch der Urgrund des Kosmos ist. Diesem ebenso unbeweisbaren wie auch unbestreitbaren Tatbestand hat der Kunsthistoriker Werner Meinhof in dichterischer Form einen in seiner Art unvergeßlichen Ausdruck gegeben:

„So spricht der Herr:
Als mein Gedanke tratst du aus der Nacht,
wie reich ich andre Wesen auch beschenket,
ich habe *dich* vor allen reich bedacht,
denn du bist *der* Gedanke, der *mich* denket.
Ich schuf das unermeßlich weite All,
um meiner Gottheit Fülle dir zu zeigen,
durchsichtig klar wie reiner Bergkristall;
doch kann der leuchtende Kristall nur schweigen.

Dir aber öffnet' ich, o Mensch, den Mund.
Nun wandle du in meiner Gottheit Spuren
und *mach lobsingend meinen Namen kund*
als Sprecher meiner stummen Kreaturen.«[29]

Der Mensch ist das einzige Geschöpf, das sich seines Gottesbezuges bewußt sein und mit seinem Schöpfer ein Gespräch führen, beten, ihm danken, ihn loben und preisen kann. Daran sollten wir bei unserem Singen im Gottesdienst immer wieder denken, auch schon beim Eingangslied.

(Über das Singen und Musizieren im Gottesdienst siehe auch Seite 88f,125ff, 182f).

Wer vor Gott tritt, kann es nicht anders tun als in der Erkenntnis seiner eigenen Unwürdigkeit. Je mehr wir von der Größe und Herrlichkeit, der Macht und Güte des Herrn überwältigt sind, um so tiefer empfinden wir die Kleinheit und Erbärmlichkeit unseres gottwidrigen Menschentums. Die Berichte von den Gottes- oder Christusbegegnungen der Frommen des Alten und Neuen Bundes sind alle von dieser Erfahrung geprägt (Jes. 6,5; Luk. 5,8). Darum stellt unsere Liturgie – nach dem Vorbild schon frühchristlicher (2. Jahrhundert), aber gerade auch reformatorischer Gottesdienstordnungen – allem, was in diesem Gottesdienst geschieht,

das Sündenbekenntnis

(lateinisch „Confiteor") des Volkes Gottes voran. Man hat dieses Sündenbekenntnis auch *„Rüsthandlung"* genannt; dieser Bezeichnung liegt die evangeliumsgemäße Erkenntnis zugrunde: Erst durch die Einsicht in unser Wesen und in die Unverdientheit aller göttlichen Erbarmungen sind wir recht „gerüstet", die ganze Größe des unbegreiflichen *Geschehens* zu erfassen, das sich nun im Gottesdienst an uns *ereignen* will.[30]

Schon gleich in den ersten Worten des Confiteor erinnert der Liturg die Gemeinde an die Lage, in der wir uns in jedem Augenblick unseres Seins vor Gott befinden: *„Unsere Hilfe steht* *im Namen des Herrn*" (Psalm 124,8). Damit ist ausgesprochen, daß wir – wie immer und überall – Gott nur als solche gegenüberstehen, die der Hilfe bedürfen. Und zugleich wird uns damit auch der Ort unserer „Hilfe" bezeichnet: Sie „steht im Namen des Herrn". So wie für ein Kind „im *Namen*" der „Mutter" alle irdische Geborgenheit „steht", d. h. inbegriffen ist, so besteht für uns alle Hilfe und alles Heil im „Namen des Herrn". Vor diesem Namen erzitterten selbst die Dämonen (Mark. 1, 23 ff.) In diesem Namen geschahen große Zeichen und Wunder (Mark. 16,17 f.; Apg. 2,43; 3,6ff; 6,8; 16,18;). Und ewig sollen sich in dem Namen Jesu „beugen aller derer Knie, die im Himmel und auf Erden und unter der Erde sind" (Phil. 2,10).

Wenn wir dann den vom Liturgen begonnenen Satz fortsetzen mit der Aussage, daß dieser Herr *„Himmel und Erde gemacht hat"*, so bezeugen wir damit die Uneingeschränktheit seiner schöpferischen Macht.

Damit wir uns über den Sinn auch dieses *jetzt* von uns vollzogenen Gottesdienstes ganz klar sind, wird sodann deutlich ausgesprochen, *was* nun in ihm geschieht: *„Wir sind hier versammelt, um miteinander Gottes Wort zu hören, ihn in Gebet und Loblied anzurufen und in der Gemeinschaft am Tisch des Herrn den Leib und das Blut Jesu Christi zu empfangen"*. Mit diesen Worten wird das dreifache Geschehen in unser Blickfeld gerückt, das für den Gottesdienst der gesamten Christenheit von grundlegender Bedeutung ist. Es geht in ihm

1. um das Hören des Wortes Gottes,
2. um unsere Antwort auf die göttliche Botschaft in Gebet und Lobgesang,
3. um die persönliche Begegnung mit Christus in seinem hl. Mahl.

Das „Hören des Wortes Gottes" ereignet sich nicht nur während der Verlesung oder Auslegung biblischer Texte. „Gottes Wort" ist nicht in erster Linie das zwischen zwei Buchdeckel eingebundene Bibelbuch; Christus selbst ist das an Weihnachten in unsere Menschheit hineingegebene „fleischgewordene" Gotteswort (Joh. 1,14). Wo *er* ist, *da* ist Gottes Wort.[31] Sein

Anruf an uns innerhalb des Gottesdienstes ist nicht nur aus der Predigt, aus den Schriftlesungen und biblischen Zitaten zu vernehmen. Es ergeht an uns auch in den Liedern, den Dank- und Bittgebeten, dem Lobopfer (Hebr. 13,15) unseres Glaubensbekenntnisses und nicht zuletzt in der Einladung zum Tisch des Herrn („Kommet herzu, denn es ist alles bereit!" Luk. 14,17).

Diese im Gottesdienst auf uns zukommende Gottes-Begegnung erinnert uns daran, daß wir ihrer im Grunde ja gar nicht wert sind. Deshalb spricht nun der Liturg: *„Vor dem heiligen Gott erkennen wir unsere Unwürdigkeit und bekennen vor ihm, daß wir gesündigt haben mit Gedanken, Worten und Werken"*. Damit gestehen wir, was dem „alten Menschen" in uns (Eph. 4,22) so schwer fällt: daß wir nicht nur Sünde *tun*, sondern Sünder *sind* und daß unser gesamtes Sein bis in unser Denken, Fühlen und Wollen hinein der Tummelplatz gottfeindlicher Mächte ist (Röm. 7,18 f.). Wir erklären gleichzeitig angesichts so vieler katastrophaler Einstürze unserer babylonischen Türme (1. Mose 11) und bitterster Zusammenbrüche unserer Überheblichkeit, daß wir *„aus eigener Kraft uns von unserem sündigen Wesen nicht erlösen können"* (Röm. 7,24). Alle unsere Selbsterlösungsversuche sind von vornherein zum Scheitern verurteilt. Dem Menschen auf der Flucht vor Gott bleibt nur die eine Möglichkeit der Umkehr und Heimkehr (vgl. Luk. 15,18 f.): *„Darum nehmen wir Zuflucht zu der grundlosen Barmherzigkeit Gottes, unseres himmlischen Vaters, begehren Gnade um Christi willen und sprechen: Gott sei mir Sünder gnädig"*.

Es ist nicht damit getan, daß wir diese Bitte des Zöllners (vgl. Luk. 18,13) einfach nachsprechen. Ihre allsonntägliche Wiederholung darf nicht zu einem bloßen Lippenwerk werden. Darum wird es gut sein, ihren gewichtigen Inhalt immer wieder von neuem gründlich zu bedenken. Sie ist niemals unzeitgemäß und veraltet, weil wir sogar noch unter dem *täglichen* Empfang der göttlichen Vergebung Sünder *bleiben* bis ans Ende. Aber ebenso bleibt – *auch* bis ans Ende – das *ewige* Erbarmen Gottes der Aufnahmeraum unseres ständig von Sünde und Tod „umfangenen" (EKG 309) Menschentums. Dieser Raum steht uns offen „um

Christi willen", der uns die Pforte zum Vaterhaus (Luk. 15,11–32) „wieder aufgetan" hat (Joh. 14,3; vgl. dazu EKG 21,6).

Um den befreienden und beglückenden Einlaß in den Raum der Begegnung mit „unserem himmlischen Vater" geht es bei dieser „Rüsthandlung" zum Beginn unseres Gottesdienstes. Ihn erbitten wir nun, indem wir mit dem Liturgen zusammen sprechen: *„Der allmächtige Gott erbarme sich unser. Er vergebe uns unsere Sünde und führe uns zum ewigen Leben. Amen."* Vergebung der Sünden und ewiges Leben sind die beiden nicht voneinander trennbaren Seiten ein und derselben Gabe des göttlichen Erbarmens über unser schuldbeladenes und todgeweihtes Menschentum. „Wo Vergebung der Sünden ist, da ist auch Leben und Seligkeit", sagt Luther im 5. Hauptstück des Katechismus. (EA 21, 20) Diese Worte bitten um nichts Geringeres als um die Wandlung und Erneuerung unserer gesamten Existenz. Dem entspricht es, daß diese Bitte nicht nur von der versammelten Gemeinde gewohnheitsmäßig, sondern von jedem einzelnen persönlich und ganz bewußt mitgesprochen wird.

Daß wir aber das Sündenbekenntnis laut *miteinander* ablegen, ist gut und wichtig, denn alles

gemeinsame Sprechen

macht sichtbar: Vor Gott stehen heißt immer zugleich in der *Gemeinde* stehen, und zwar in der Gemeinde derer, die im gleichen Elend gefangen und des gleichen Heiles teilhaftig sind. Darum können wir nur dann „richtig" (d. h. so, daß es gut klingt), *zusammen* sprechen, wenn wir aufeinander hören, wenn keiner dem anderen vorauseilt oder nachhinkt und wenn niemand den Nachbarn zu übertönen und zurückzudrängen versucht. Wir nehmen alle unser Ich zu wichtig und darum fügen wir uns so schwer ein in die Gemeinschaft mit den Brüdern; deshalb werden wir uns um das „Sprechen im Chor" immer wieder bemühen müssen. Aber wo wir wirklich „wie aus einem Munde" miteinander liturgieren, dort werden wir gerade durch diese Einheit und Gemeinsamkeit unseres Betens bis in den

Gleichklang und Rhythmus der Worte hinein aus unserer Ichbezogenheit und Vereinsamung befreit. Zugleich werden wir mit der Erfahrung unseres leibhaftigen Eingefügtseins in die Bruderschaft aller Gläubigen beschenkt.

Nachdem wir Gott miteinander um die Vergebung der Sünden und um die Gabe des ewigen Lebens angerufen haben, erinnert uns der Liturg daran: Das von uns erbetene Erbarmen ist in Jesus Christus Fleisch geworden (Joh. 1,14). Weihnachten, Karfreitag, Ostern und Pfingsten sind die Stationen der heiligen Geschichte von der Erlösung und Heimholung der Welt und damit auch unserer Existenz. Auf dieses Wunder aller Wunder – das Herzstück des Evangeliums – werden wir verwiesen mit den Worten der „Gnadenverkündigung": *„Der allmächtige, barmherzige Gott hat sich unser erbarmt, seinen eingeborenen*[32] *Sohn für unsere Sünde in den Tod gegeben und um seinetwillen uns verziehen. Er hat allen, die an seinen Namen glauben, Macht gegeben, Gottes Kinder zu werden und ihnen seinen Heiligen Geist verheißen."*

Gott hat dieses Geheimnis schon in der hl. Taufe an uns zu verwirklichen begonnen, denn durch sie *sind* wir in den Lebenszusammenhang mit dem Auferstandenen „eingetieft" worden (das Wort „taufen" kommt von dem althochdeutschen Wort „tiefen", „tief"),[33] dem uns nichts entreißen kann, solange wir uns ihm im Glauben anvertrauen. Darum werden wir auch jetzt im Anschluß an die Erinnerung an unsere Gotteskindschaft ausdrücklich auf diesen Tatbestand hingewiesen mit dem Wort des Herrn: *„Wer da glaubt und getauft wird, der wird selig werden."* (Mark. 16,16). Eine solche Botschaft kann man wirklich nur verkündigen und aufnehmen mit dem ihr unmittelbar folgenden und die Rüsthandlung abschließenden Gebetswunsch: *„Das verleihe Gott uns allen."*

Wenn wir diesen Gebetswunsch des Liturgen mit unserem

gemeinsamen „Amen"

beantworten, so gedenken wir dessen, was das „Amen" am Ende aller unserer Gebete bedeutet. Es stammt aus dem Hebräischen und heißt: „Wahrlich!“, „Wahrhaftig!“ Es will sagen: „Ja, es steht fest“ oder „So ist es in Wirklichkeit“ und „So möge es sich tatsächlich erfüllen.“ In diesem Sinne wurde es schon im jüdischen Gottesdienst gebraucht: „Amen. Der Herr tue also.“ (Jer. 28,6). Luther hat es im Kleinen Katechismus[34] bekanntlich so gedeutet: „Amen, Amen, d. i.: Ja, Ja, es soll also geschehen.“ Und Augustin hat einmal geschrieben: „Amen dicere est subscribere“, (lateinisch; deutsch: „Amen sagen ist so viel wie unterschreiben“). Das „Amen ist also nicht ein Schlußsignal, das das Ende eines Gebetes, Bekenntnisses oder Segenswortes anzeigt. Mit dem Amen bekräftigen *wir* das, was gesprochen oder gebetet worden ist. Es widerspricht dem Sinn des Amen, wenn es vom Liturgen selbst oder allein wie zur Bestätigung seiner *eigenen* Worte oder Gebete gebraucht wird. Die liturgische Forschung hat nachgewiesen, daß schon die alte Kirche in den ersten christlichen Jahrhunderten kein vom Priester gesprochenes „Amen“ gekannt hat, sondern daß es stets vom Kirchenvolk gesprochen wurde.[35] *Mit ihrem „Amen“ macht die Gemeinde das vom Pfarrer (oder von einem anderen Gemeindeglied) gesprochene Gebet zu ihrem eigenen.* Dadurch werden wir an der Darbringung der kirchlichen Gebete, ja am Mitvollzug des ganzen Gottesdienstes aktiv und durch das Auftun unseres Mundes *leibhaftig beteiligt.*

Noch ein Wort zur *Ausführung des Sündenbekenntnisses:* Wir bleiben bei diesem Teil des Gottesdienstes sitzen. Dieses Sitzenbleiben-Können ist nicht ein Zugeständnis an die Bequemlichkeit und Müdigkeit des heutigen Menschen.

Das Sitzen

im Gotteshaus ist etwas anderes als das Sitzen am Arbeitsplatz oder im Theater, daheim im Lehnstuhl Zeitung lesend, vor dem Fernseher oder bei Tisch. In der Kirche sitzt man nicht „lässig“ und schlägt deshalb auch nicht – sogar im Anblick der Gemeinde – die Beine übereinander. Das Sitzen im Gotteshaus bedeutet vielmehr die Entspannung unseres Körpers zum Zweck stärkster Konzentration, d. h. „Zusammenziehung“ und Ausrichtung aller Gedanken und Kräfte auf das „Eine, das not ist“ (Luk. 10,42). Wir dürfen da *vor Gottes Angesicht ruhen,* um gesammelter hören und zuchtvoller beten zu können.

Wo aber Kniebänke vorhanden sind, können wir zum Sündenbekenntnis *knien.* Vielerorts wird es heute vom Liturgen kniend ausgeführt. Wir wollen daraus kein Gesetz machen; wem das Knien zu ungewohnt erscheint oder wem es beschwerlich ist, der soll nie dazu genötigt werden. Aber wir wollen doch bedenken: Die hl. Schrift stellt uns immer wieder kniende Beter vor Augen (Dan. 6,11; Eph. 3,14; Offbg. 4,10). Ist nicht

das Knien

auf jeden Fall die unserem Verhältnis zu Gott angemessenste Gebärde? Unser Rufen kommt doch immer „aus der Tiefe“ (Psalm 130,1); und umgekehrt ist Gottes Antwort und seine ganze Bemühung um uns so überwältigend, daß seine Güte uns zu Boden zwingt (Hes. 1,28; Matth. 17,6). Wir sollten einsehen, daß es unwahrhaftig ist, in der evangelischen Kirche von heute zwar von manchen Dingen, die in der Bibel selbstverständlich sind, zu *sprechen,* sie aber nicht zu *vollziehen.* Dazu gehört u. a. auch die Gebärde des Kniens, zu der wir doch in der hl. Schrift geradezu aufgefordert werden: „Kommt, laßt uns anbeten und knien und niederfallen vor dem Herrn, der uns gemacht hat!“ (Ps. 95,6; ferner Jes. 45,23; Phil. 2,10). Auf den in protestantischen und gar nicht nur in der Diaspora wohnenden Kreisen immer noch weit verbreiteten Einwand: „Aber das Knien ist doch katholisch“ können wir antworten: „Wenn du recht hättest, dann wäre also auch Jesus im Garten Gethsemane (Matth. 26,39; Mark. 14,35) schon ein Katholik gewesen“. Leider hat eben der Protestantismus seit der Zeit der Aufklärung das Knien den katholischen Kirchen überlassen. Aber zu den Wesensmerkmalen evangelischer Haltung gehört es wirklich *nicht,* „stolz und ungebeugt“ vor Gott zu stehen. Darum sollten wir, wo es noch nicht geschehen ist, uns die Möglichkeit des

Kniens beim Beten zurückholen. Die knienden Beter haben Luther auf ihrer Seite, der einmal an einen lässigen Beter die Worte richtete: „Wohl auf, du fauler Schelm, auf die Knie gefallen, die Hände und Augen gen Himmel gehoben und einen Psalm und ein Vaterunser gebetet und deine Not Gott dargelegt und angerufen. Die Gebärd helfen dem Gebet."[36]

Wir wollen uns aber auch bei der innigsten Ausführung *dieses Sündenbekenntnisses* am Anfang unseres Gottesdienstes bewußt bleiben: Obwohl es im gewissen Sinn ein Beichtgebet ist, so ist es doch *kein Ersatz für unsere Beichte* (Über diese s. Seite 139 ff.). Denn in der Beichte bekennen wir Gott unsere persönlichen Sünden.[37] Diese „Herzensbeichte", wie sie Luther genannt hat, kann nicht mit der allgemeinen Feststellung der Sündhaftigkeit jeder menschlichen Existenz abgetan werden, wie sie in dem allsonntäglichen „Confiteor" vollzogen wird. Außerdem fehlt diesem gerade das *wesentlichste Stück der Beichte: die hl. Absolution* als die *persönliche* Lossprechung von unserer Schuld und die persönliche Zueignung der göttlichen Vergebung an *unser* mit den gerade von *uns* begannenen Verfehlungen belastetes Leben. Darum wollen wir *ja* nicht meinen, daß wir aufgrund des allsonntäglich vollzogenen Sündenbekenntnisses Gottes Gnade „billiger" haben und uns die eigentliche Beichte ersparen könnten![38]

Nach dieser „Rüsthandlung" (vgl. S. 26) setzt nun die Liturgie des Hauptgottesdienstes ein.

Zur Liturgie des Hauptgottesdienstes

Das Wort „*Liturgie*" (griechisch: „leiturgia"; „laos" = Volk und „ergon" = Werk, Wirksamkeit) bedeutet „Dienstleistung". Das Neue Testament bezeichnet damit den „Dienst der Verehrung und Huldigung, den wir *Gott* schulden".[39] Dieser Dienst ist nicht damit getan, daß wir – wie viele (gerade protestantische!) Menschen meinen – zur Kirche kommen, um uns eine

Predigt anzuhören, ohne darüber hinaus aber *selbst* etwas zu leisten, zu wirken, zu opfern. Liturgie ist in erster Linie *Gebet*, das in unseren Gottesdiensten als persönliche Anrede an Gott, als das Lob- und Dankopfer unseres Herzens *von uns*, der versammelten Gemeinde, *vollzogen* werden will. Aber auch die Verkündigung der Botschaft Gottes gehört zum „Liturgieren der Christenheit". Unter „Liturgie" darf also nicht nur ein *Teil* des Gottesdienstes verstanden werden, sondern *alles* gottesdienstliche Handeln der Christen kann nur *die Antwort* – und zwar die immer wieder von neuem zu gebende Antwort – sein *auf das, was Gott an uns getan hat und tut.* (vgl. Ps. 66,16) Daß wir zum Gottesdienst kommen, ist der sinnenfällige Ausdruck dafür, daß wir von Gottes Wirklichkeit verständigt und „ergriffen" (vgl. Phil. 3,12) sind und uns auf sein Wirken unter uns, in uns und durch uns verlassen, d. h. *glauben.* Somit ist unser Gottesdienst die

Feier unseres Glaubens.

Diese Feier ist ein Hinweis darauf, daß unser Christsein nicht auf unseren Werken beruht, sondern daß wir, längst bevor *wir* etwas zu tun vermochten, bereits von *Gott* zu seinem Eigentum „erwählt" und zur Ausstrahlung unserer Gemeinschaft mit *ihm* bestimmt sind (Joh. 15,16; 2. Kor. 4,6). „Wer sich immer nur selbst verwirklichen will, kann im Grunde mit *keinem* Gottesdienst etwas anfangen ... Wer *christlich* feiert, tanzt nicht mehr um sich selbst, sondern um eine Mitte, die außerhalb von ihm liegt".[40] Diese „Mitte" ist das Wunder, dem Paul Gerhardt so herrlich und unübertrefflich Ausdruck gegeben hat in den Worten:

„Da ich noch nicht geboren war,
da bist du mir geboren
und hast mich dir zu eigen gar,
eh ich dich kannt, erkoren.
Eh ich durch deine Hand gemacht,
da hast du schon bei dir bedacht,
wie du mein wolltest werden." (EKG 28,2)

Wenn „ein Fest feiern" heißt: „inmitten der Wirrsal und Plage des werktäglichen Betriebes die Zustimmung (unseres Herzens) zu Welt und Dasein auf unalltägliche Weise zum Ausdruck zu bringen",[41] dann feiern wir in und mit *jedem* Gottesdienst zu allen Zeiten und in allen Situationen ein *Fest.* Unser Liturgieren im Gottesdienst darf also nicht als Ersatzleistung aufgefaßt werden für die von uns geforderte „Liturgie im Alltag",[42] d. h. für die Verherrlichung Gottes durch unser ganzes Christsein; dazu gehört auch unsere Verantwortung für die Welt und unsere Ausrichtung auf das Kommen des Herrn.

All unser Liturgieren wird immer ein

„Fest der Bettler"

sein (wie Luther an seinem letzten Lebenstag sich selbst und alle rechten Christen genannt hat.)[43] Zu ihrer keineswegs armen, sondern reich beglückten Schar gehören „jene Leute, die anerkennen, daß vor dem Handeln das *Empfangen* kommt, daß unsere Existenz eine verdankte ist. Christentum beruht nicht auf unserem eigenen Handeln, sondern auf der verkündigten und erfahrenen Liebe Gottes."[44]

Um beides, um die *Verkündigung* und um die *Erfahrung* der uns in der Sendung und Wirksamkeit Jesu Christi zugewandten *Liebe Gottes* geht es im Gottesdienst der Christenheit. Wir wissen aus dem Neuen Testament, daß dieser wohl schon seit den Tagen der Apostel (urkundlich bezeugt bei Justinus Martyr um 150 in Rom)[45] aus zwei Hauptteilen bestand: einem ersten Teil, der der Verkündigung des Wortes Gottes galt, und einem zweiten Teil, in dem das hl. Abendmahl gefeiert wurde. In der Apostelgeschichte (2,42) lesen wir von den ersten Christen in Jerusalem: „Sie blieben aber beständig in der Apostel Lehre und in der Gemeinschaft und im Brotbrechen und im Gebet." Die neutestamentliche Forschung hat nachgewiesen, daß in diesen Worten nicht von besonders idealen Gemeindeverhältnissen, sondern von der urgemeindlichen Gottesdienstpraxis schlechthin berichtet wird. Diese seinem Wesen und Auftrag angemessene

Zweiteilung des christlichen Gottesdienstes

wurde die ganze frühchristliche Zeit und das gesamte Mittelalter hindurch bis in unsere Tage hinein beibehalten. Auch Luther änderte nichts an ihr. Daß ihm, dessen Sendung es war, das Wort Gottes „wieder auf den Leuchter zu stellen", alles daran gelegen sein mußte, der „*viva vox evangelii*" (lateinisch; deutsch: der „lebendigen Stimme des Evangeliums")[46] den ihr gebührenden Raum im Gottesdienst zu geben, versteht sich von selbst. „Das Wort, das Wort, das Wort ... *das Wort tut's.* Denn ob Christus tausendmal für uns gegeben und gekreuzigt wäre, wäre alles umsonst, wenn nicht das Wort Gottes käme und teilte mir's aus und schenkte mir's und spräche: Das soll dein sein: Nimm hin und habe dir's!"[47]

Das Evangelium, das also den Grund unseres Glaubens bildet, ist nach seinem Namen (griechisch: „Euangelion" = „Gute Nachricht") und Inhalt die „*frohe* Botschaft" von der Erscheinung, Gegenwart und Zukunft des „Herrn aller Herren" (1. Tim. 6,15), bei dessen Geburt der Menschheit aus den überirdischen Bereichen „große Freude" verkündigt worden ist (Luk. 2,10) und der als der göttliche „Freudenmeister" (EKG 293,6) seinen Jüngern bei seinem Abschied aus unserem diesseitigen Lebensraum zugesagt hat: „Euer Herz soll sich freuen und eure Freude soll niemand von euch nehmen" (Joh. 16,22). „Viel Trübsal" (Apg. 14,22), physische und psychische „Angst der Welt" (Joh. 16,33) und „*eine* Traurigkeit über die andere" (Phil. 2,27) stören und behindern die Entfaltung unseres Menschseins und Christseins in dieser Welt. Welche „fröhliche Nachricht" kann unserem Dasein und Sosein Sinn und Hoffen geben und es damit „getrost und freudig" (Jos. 1,9) machen, wenn nicht diese? Jedenfalls wäre „die Feier unseres Glaubens" ein Versager, wenn in ihr nicht die

Freudenbotschaft

von Gottes Macht und Gnade laut würde.

Gottes Schenken und unser Empfangen aus der „Tiefe des Reichtums, der Weisheit und Erkenntnis Gottes" (Röm. 11,33) im Gottesdienst geschieht aber nicht nur in, mit und unter der Predigt seines *Wortes,* denn — so betonte der Reformator bei seiner Bemühung um einen evangeliumsgemäßen Gottesdienst immer wieder — „Gott hat in allen seinen Zusagen allgemein (immer) *neben dem Wort auch ein Zeichen* gegeben, zu mehr Sicherung oder Stärkung unseres Glaubens. (s. Seite 92ff.) Also gab er Noah zum Zeichen den Regenbogen (1. Mose 9,13). Also hat auch Christus in seinem Testament (dem hl. Abendmahl) getan und ein kräftiges alleredelstes Siegel und Zeichen an und in die Worte gehängt: Das ist mein eigen wahrhaftig Fleisch und Blut unter dem Brot und Wein. Denn wir armen Menschen, *weil wir in den fünf Sinnen leben,* müssen je und je ein äußerliches Zeichen haben neben den Worten, daran wir uns halten mögen".[48] Also: „Weil wir in den fünf Sinnen leben", benutzt der, der uns geschaffen hat, nicht nur unser Gehör (Joh. 5,24) als „Zufahrtsstraße"[49] seiner Gnade (nämlich bei der Wortverkündung), sondern auch unseren „Gesichts"-Sinn (Luk. 10,23; Joh. 1,14; Joh. 14,19), „Tast"-Sinn (Joh. 20,27; 1. Joh. 1,1) und „Geschmacks"-Sinn (Ps. 34,9; Luk. 14,24; Joh. 6,30ff., 51-54) als Empfangsgeräte seiner Lebenskräfte und Segensgaben (in dem Geschehen der christlichen Sakramente). Was in der Predigt der biblischen Freudenbotschaft nur in rhetorischen Formen geschehen kann, will im

Freudenmahl

des auferstandenen und darum lebendig unter uns gegenwärtigen Herrn in kommunikativer Gestalt *Ereignis* werden.

So gehört *beides,* Freudenbotschaft *und* Freudenmahl, zu einem *ganzen* evangelischen Gottesdienst. Leider ist es in unseren Gemeinden nicht mehr hinreichend bekannt, daß es für Luther keinen sonntäglichen Gottesdienst ohne Sakramentsfeier gegeben hat. Er hat überhaupt den überkommenen Gottesdienst nicht beseitigt, auch nicht in seinem Aufbau wesentlich geändert; er hat ihn lediglich vom unevangelischen Gedankengut gereinigt. Es gibt ein Liturgieren der Christenheit, das wie ein kontinuierlicher Strom *alle* Jahrhunderte der Kirchengeschichte durchzieht. Die kostbaren Stücke dieses wahrhaft christlichen und je und je evangelischen Erbgutes haben unsere reformatorischen Väter, deren „Protestantismus" eben *nicht* von der Polemik gegen die römische Kirche lebte, in die Ordnungen ihres Gottesdienstes mit eingefügt. Darum ist der lutherische sonntägliche Hauptgottesdienst mit Predigt und heiligem Abendmahl nichts anderes als eine

Evangelische Messe.

Diesem Tatbestand trug Luther damit Rechnung, daß er der von ihm 1526 herausgegebenen Gottesdienstordnung die Bezeichnung „Deutsche Messe" gegeben hat.[50]

Daß dieser reformatorische Gottesdienst mit Predigt *und* Sakramentsfeier im 18. und 19. Jahrhundert weithin zu einem bloßen „Predigtgottesdienst" zusammengeschrumpft ist, hat seinen inneren Grund in der Abkehr von der christlichen Wahrheit im allgemeinen und vom lutherischen Bekenntnis im besonderen. Der beginnende Vernunftglaube des 18. und 19. Jahrhunderts löste die gottesdienstlichen Formen auf, weil er mit „dem Geheimnis des Himmelreiches" (Matth. 13,11) nichts mehr anzufangen wußte.[51] In seiner Gefolgschaft wurde zwangsläufig die Feier des hl. Abendmahls aus dem Hauptgottesdienst verdrängt und von den ungeregelten Zufälligkeiten des menschlichen Verlangens abhängig gemacht. So hat sie auch unsere Generation nur noch als eine „Winkelsache" kleiner, am Sakrament besonders interessierter „Abendmahlsgemeinden" übernommen. Wenn an vielen Orten heute immer noch das Sakrament nur zu besonderen „Abendmahlszeiten" im Kirchenjahr gespendet wird, dann ist wohl die Frage berechtigt, ob eine solch spärliche Spendung des hl. Mahles noch einer „dem Evangelium gemäßen" Sakramentsverwaltung gerecht wird, die der Kirche nach Artikel VII der Augsburgischen Konfession aufgetragen ist (EKG Seite 709).

Im Gegensatz zu dieser weitverbreiteten *sakramentalen Unterernährung unseres heutigen Geschlechts* (Joh. 6,35) hat Wilhelm Löhe, der Diakonissenvater von Neuendettelsau, bereits

1844 geschrieben: „Im inneren Leben und in den Gottesdiensten der Gemeinde steht gleich dem Fels im Meere *Wort und Sakrament.* ... Ich möchte den Gedankengang der Liturgie des Hauptgottesdienstes mit einem *zweigipfeligen* Berge vergleichen, dessen einer Gipfel, wie etwa bei Horeb und Sinai, niedriger ist als der andere. Der erste Gipfel ist die *Predigt*, der zweite das *Sakrament des Altars*, ohne welches ich mir einen vollendeten Gottesdienst auf Erden nicht denken kann. Man ist bei dem Hauptgottesdienst immer im Steigen begriffen, bis man bei dem Tisch des Herrn angelangt ist, wo man nichts Höheres mehr über sich hat als den Himmel."[52]

Und 1938 hat der große reformierte Theologe Karl Barth geklagt: „Das, was wir heute im katholischen und im protestantischen Bereich als kirchlichen Gottesdienst kennen, ist ein Torso. Die katholische Kirche hat einen Sakramentsgottesdienst ohne Predigt ... wir haben einen Predigtgottesdienst ohne Sakrament. Es ist beides gleich unmöglich. ... Wir wissen nicht einmal mehr, daß ein *Gottesdienst ohne die Sakramente ein äußerlich unvollständiger Gottesdienst ist* ... Würde die Predigt nicht ganz anders gehalten und gehört und würde nicht auch ganz anders gedankt werden in unseren Gottesdiensten, wenn das alles auch sichtbar von der Taufe herkäme und dem Abendmahl entgegenginge?"[53]

In unseren Tagen hat der badische Landesbischof Prof. Dr. Heidland seiner Landes-Synode gesagt: „Der biblische Befund (über den christlichen Gottesdienst) bedeutet, daß die heutige Christenheit, zumal die evangelische, ihrem Herrn nicht mehr gehorcht und zwar nicht irgendwo, sondern im Zentrum ihres Lebens ... *Schon daß ein Gottesdienst, in dem keine Tischgemeinschaft gefeiert wird, „Hauptgottesdienst" genannt wird, verstößt gegen die Stiftung.* Der Predigtgottesdienst ist in Wahrheit ein „Nebengottesdienst". Erst recht verletzt es die Stiftung, daß diese Feier nicht häufiger begangen wird. Noch schlimmer ist, wie man dann diese Feier vom sogenannten „Hauptgottesdienst" abtrennt. Die oft zu hörende Ansage des Pfarrers, daß *„im Anschluß an den Gottesdienst"* das Abendmahl gefeiert werde, sowie der Abschluß desselben Gottesdienstes, wo der aaronitische Segen die Nichtkommunikanten geradezu heimschickt, ist mit dem Neuen Testament nicht zu vereinbaren. Sieht man gar auf das kleine Häuflein, das mit einer Mischung von Mut, Trotz und Verlegenheit in der lärmend und umständlich geräumten Kirche zurückbleibt, wird die Not vollends offenbar."[54]

So bedeutet es also keine „Neuerung", sondern die *Heimkehr in die gottesdienstliche Tradition der Gesamtchristenheit* (und vor allem auch der lutherischen Kirche), wenn wir *das Sakrament des Altars innerhalb des sonntäglichen Hauptgottesdienstes* mit der ganzen Gemeinde zusammen feiern.[55]

Welcher Christ bedürfte nicht der immer wieder neuen totalen Communio (lateinisch; deutsch: „Vereinigung") des Herrn mit der Ganzheit seines menschlichen Wesens? Und sollte dieses Wunder nicht möglichst oft an uns geschehen? Warum die Angst, es könnte uns zur Gewohnheit werden? Kann Liebe fürchten, sich an das Geliebtwerden zu gewöhnen? Solche Besorgnisse sind jedenfalls den Menschen völlig fremd, die unter einer *häufigen, regelmäßigen sakramentalen Begegnung mit dem Auferstandenen* leben.

Aus dem Gesagten wird deutlich geworden sein: Der lutherische Hauptgottesdienst bestand und besteht aus *zwei Hauptabschnitten*, die man kurz als *„Wortteil"* und als *„Sakramentsteil"* zu bezeichnen pflegt. Beiden wurde, auch schon sehr frühzeitig, ein *„Eingangsteil"* vorangestellt, dem ein zum Ende des Gottesdienstes hinführender *„Schlußteil"* entspricht.

Unser Gottesdienst

kreist demgemäß nach seiner ihm vorausgehenden Eröffnung um *vier liturgische Vollzüge* — man könnte auch sagen: „Ereignisse"; in ihnen geht es um

Anrufung (I)
Verkündigung und Bekenntnis (II)
Abendmahl (III)
Sendung (IV)

Diese vier, die Feier unseres Glaubens gestaltenden gottesdienstlichen Handlungen sollen in diesem Büchlein zum Zwekke des Verständnisses ihres Aufbaues und ihrer Inhalte, sowie zur Vertiefung unserer Teilnahme am gottesdienstlichen Geschehen näher betrachtet werden.

Bei jeder Beschäftigung mit dem Wesen und der Gestalt des Gottesdienstes sollte man eines nicht aus den Augen verlieren: Man ist Gott im Gottesdienst nicht näher, als man ihm sonst im Leben sein kann. Doch soll der Gottesdienst *darstellen, was die Nähe Gottes bedeutet.* Alles, was in ihm gesprochen und gehandelt wird, soll „durchscheinend werden für ein Stück Wirklichkeit, in dem die alten und neuen Möglichkeiten Gottes aufleuchten .... Dann wäre der Gottesdienst *keine Rückzugsinsel des Glaubens*, sondern ein *Erwartungsland der unbegrenzten Möglichkeiten Gottes.*"[56]

I.

ANRUFUNG

Dieser Teil unseres sonntäglichen Hauptgottesdienstes ist ein reiner Gebetsteil; denn die Gemeinde, die sich zum Hören des Evangeliums und zum Empfang des hl. Mahles versammelt hat, ist sich dessen bewußt, daß sie sich immer nur als *bittende* vor Gott befindet. Auch wenn wir auf der Brücke des göttlichen Wortes und Sakramentes „aus seiner Fülle Gnade um Gnade" nehmen (Joh. 1,16), werden doch nur die *leeren* Hände gefüllt und die *bedürftigen* Herzen gestillt. Unser Bitten geht bestenfalls über in die Anbetung, aber die Sinne bleiben im betenden Bezug zu ihrem großen, ewigen Gegenüber. So ergibt sich dieser dem weiteren gottesdienstlichen Geschehen vorgelagerte *Gebetsakt* aus dem rechten Selbstverständnis der Gemeinde als einer Schar von „Bettlern", die sich zum „Fest der Bettler", (s. Seite 35) nämlich zur Begegnung mit ihrem Herrn und König bereiten.

Dieser große, einheitliche und in sich geschlossene Anrufungsteil „unseres Gottesdienstes" beginnt mit dem *Introitus* (Psalmgebet) und führt über das *„Kyrie"* („Herr, erbarme dich") mit dem *„Gloria in excelsis"* („Ehre sei Gott in der Höhe") zum *Kollektengebet.* Dabei umfangen uns die Segensströme, die gerade diese meist sehr alten und dem Gottesdienst der Christenheit aller Zeiten und Konfessionen gemeinsamen Stükke durchziehen.

Wenn irgend möglich, sollte dieser gesamte Anrufungsteil *gesungen* werden; denn alle seine Stücke sind als Gesänge geschaffen worden. Deshalb ist es immer nur ein Notbehelf, wenn sie gesprochen oder gar nur gelesen werden. In letzterem Fall sollte stets bedacht werden, daß Lesen (ebenso wie „Reden") nicht ohne weiteres ein „Sprechen" ist.

Der Introitus

besteht seit alters aus dem Gesang eines Psalms und läßt sich bis in die früheste Zeit der Christenheit zurückverfolgen. Der Name „Introitus" (lateinisch; deutsch: „Eingang", „Eintritt") geht vermutlich auf Gregor den Großen (gest. 604) zurück und besagt, daß dieser Psalm beim *„Einzug"* der Gemeinde in ihr Heiligtum gesungen worden ist; der Gesang dieses Einzugspsalms verstummte, sobald die am Einzug Beteiligten ihre Plätze eingenommen hatten. Noch heute „zieht" in manchen Orten (besonders dort, wo die Sakristei nicht unmittelbar mit der Kirche verbunden ist,) der Liturg mit dem Kantor, dem Lektor, dem Mesner und den anderen im Gottesdienst dienenden Personen zu Beginn des Gottesdienstes in das Gotteshaus „ein". Bei Kircheneinweihungen, Konfirmationen, Visitationen und anderen außergewöhnlichen Gottesdiensten sind solche „Einzüge" fast überall üblich.

Wenn auch an den regulären Sonntagen ein besonderer „Einzug" der liturgischen „Amtsträger" mehr und mehr unterblieb, so hielt man doch am Psalmengesang an dieser Stelle fest; denn unsere Väter waren sich der *Bedeutung des Psalters* für das Leben der Kirche und des einzelnen Gläubigen stärker bewußt als wir. In manchen Kirchen und Gemeinden ist man von der Beteiligung der Gemeinde am Gesang des Introitus ganz abgekommen, und seine Ausführung wird lediglich einem zweigeteilten Chor überlassen. Entfällt er überhaupt, so singt die Gemeinde statt dessen das nach unserer Ordnung für den Eröffnungsteil vorgesehene Eingangslied (s. Seite 23) erst hier.

In unseren Tagen kann man der Meinung begegnen, die Psalmen seien als Gebete der alttestamentlichen Frommen zum großen Teil „vorchristlich" und höchstens *dann* noch maßgebend für die christliche Frömmigkeit, wenn man ihre geschichtliche Entstehung und Umwelt außer acht läßt. Demgegenüber halten wir fest: Der Psalter war das Gesang- und Gebetbuch Jesu, in dem er von Jugend an bis in seine letzten Augenblicke hinein lebte (Matth. 26,30; 27,46; Luk. 23,46; Joh. 13,18; 15,25;

19,24). In ihm begegnete er auch stets dem Zeugnis von seiner Gottessohnschaft (Luk. 20,42 f; 24,44); dasselbe gilt von seinen Jüngern und den Aposteln (Apg. 2,25; 4,25 f.; Röm. 15,9; Hebr. 3,7; u. a.). Aus dem Leben der Urgemeinde sind die Gebete und Lobgesänge aus den Psalmen überhaupt nicht wegzudenken (Eph. 5,19; Kol. 3,16; Jak. 5,13). Die Unterweisung im Psalter bildete von früh an einen wesentlichen Bestandteil des kirchlichen Taufunterrichts. Mit Psalmengesang zogen die Märtyrer in die Arena ein. [57] Um 324 berichtet der Kirchengeschichtsschreiber Eusebius, das biblische Gebot, dem Herrn zu „psalmodieren", werde auf dem ganzen Erdkreis, in allen Städten und Dörfern wie auf dem Felde, von den Gläubigen erfüllt. Es wundert uns nicht, daß gerade auch Martin *Luther* den Psalter besonders liebte, denn: „er sollte wohl ‚*eine kleine Bibel*' heißen, darin alles aufs schönste und kürzeste, was in der ganzen Bibel steht, gefaßt und zu einem feinen Handbuch gemacht und bereitet ist; so daß mich dünkt, der Heilige Geist habe selbst wollen die Mühe auf sich nehmen und eine kurze Bibel und Beispielbuch von der ganzen Christenheit oder allen Heiligen zusammenbringen, auf daß wer die ganze Bibel nicht lesen könne, hätte hierin doch fast die ganze Summe verfaßt in ein kleines Büchlein ... Wo findet man feinere Worte vor Freuden, denn die Lob- oder Dankpsalmen haben? *Da siehst du allen Heiligen ins Herz* ... Im Psalter wird der Beter gewiß ..., er sei in der ‚Gemeinschaft der Heiligen' ..." Darum bittet uns Luther, daß wir die Psalmen „mit Fleiß und Ernst annehmen, gebrauchen und üben, Gott zu Lob und Ehre, daß wir nicht mit unserer Undankbarkeit etwas Ärgeres verdienen ... Dazu helfe uns der Vater aller Gnade und Barmherzigkeit durch Jesum Christum, unsern Herrn. Welchem sei Lob und Dank, Ehre und Preis für diesen deutlichen Psalter und für alle seine unzählige, unaussprechliche Wohltat in Ewigkeit. Amen. Amen."[58]

Dieser Hochschätzung des Psalters stellt sich in unserem Jahrhundert Dietrich Bonhoeffer zur Seite: „In vielen Kirchen werden sonntäglich oder sogar täglich Psalmen im Wechsel ... gesungen. Diese Kirchen haben sich einen unermeßlichen

Reichtum bewahrt, denn nur im *täglichen Gebrauch* wächst man in jenes göttliche Gebetbuch hinein. In der alten Kirche war es nichts Ungewöhnliches, ,den ganzen David' auswendig zu können. Der Kirchenvater Hieronymus erzählt, daß man zu seiner Zeit in Feldern und Gärten Psalmen singen hörte. Der Psalter erfüllte das Leben der jungen Christenheit. Wichtiger als dies alles aber ist, daß Jesus mit Worten der Psalmen auf den Lippen am Kreuz gestorben ist ...«[59]

Übrigens ist in unseren Tagen festzustellen, daß gerade der moderne Mensch sich zur Aussage seiner Nöte und Klagen, aber auch seines Dankens und Bittens gerne der Gebetsworte der Psalmen bedient. Besonders in der Sprachgestalt mancher neuen Psalmen-Übersetzung findet er seine Fragen und Probleme, aber auch seine Zuversicht und Hoffnung ausgesprochen.[60]

Wenn Luther vom „Üben" der Psalmen sprach, dann meinte er damit den Psalmen-*Gesang*. Er wußte etwas davon, daß „Noten den Text lebendig machen";[61] deshalb „soll die Kraft Christi nicht bloß mit einfacher Sprache, sondern mit Psalmen und hellklingendem Gesang gefeiert werden."[62] Denn: „Bis orat, qui cantat" (lateinisch; deutsch: „Doppelt betet, wer singt").[63]

So hat auch die lutherische Kirche den *Psalmengesang* übernommen und gepflegt; und zwar hauptsächlich für die Gottesdienste *während der Woche*, die sie nach dem Muster der vorreformatorischen *„Stundengebete"* gehalten hat und in unseren Tagen zurückzugewinnen beginnt (Matutin, Vesper, Complet- d.i. Morgen-, Abend- und Nachtgebet). (EKG; Gottesdienstordnungen Nr. 30, 31, 32. Bayer. Gesangbuch S. 92*–126*)

Auch den Psalmengesang am Eingang des *sonntäglichen* Hauptgottesdienstes, eben den *„Introitus"*, ließ sie stehen und verteilte die Psalmen auf die einzelnen Sonntage so, wie dies schon die alte Kirche getan hatte. Luther schrieb dazu: „Die Introitus der Sonntage und die man singet auf die Feste Christi, als Ostern, Pfingsten, Weihnachten, loben wir, halten sie auch, obwohl die ganzen Psalmen uns dafür lieber wären, aus welchen sie genommen sind, wie man es einst gehalten."[64]

Der „Introitus" gehört zu den innerhalb des Kirchenjahres

wechselnden Stücken des Gottesdienstes. Um den Trost und die Kraft möglichst *vieler* Psalmen unter dem Kirchenvolk lebendig zu erhalten, hat schon die frühe Christenheit *jedem* Sonntag einen *anderen* Psalm zugeteilt. Deshalb hat jeweils das erste Wort dieses früher lateinisch gesungenen Introitus-Psalms den Sonntagen in der Passionszeit sowie in der nachösterlichen Freudenzeit ihre Namen gegeben.[65]

Wo aber heute die *Gemeinde* am Introitus beteiligt wird, kann ihr — im Unterschied zu einem Chor — wohl nicht *jeden* Sonntag ein *anderer* Introitus zugemutet werden. Unsere Gottesdienstordnung sieht deshalb vor, daß man den *gleichen* Introitus *mehrere* Sonntage hintereinander, über einen Abschnitt des Kirchenjahres hinweg, gebraucht.[66]

Der Introitus wird wie jeder Psalmengesang seit alter Zeit mit einer sogenannten „*Antiphone*" eröffnet. (Dieser griechische Ausdruck bedeutet „Vor-Vers", „Rahmen-Vers"). Die Antiphone ist ein Leitvers, der nicht nur musikalisch zum Psalmton (s. Seite 47) hinleitet, in dem der folgende Psalm gesungen werden soll. Der Leitvers gibt vielmehr dem Psalm auch eine bestimmte inhaltliche und der Kirchenjahreszeit gemäße Ausrichtung. Die Texte sind meist aus den Psalmen, selten aus anderen Büchern der hl. Schrift entnommen und nur in einigen wenigen Fällen frei gestaltet worden. „Sie sind Kleinodien der biblischen Sprache und des biblischen Denkens, und sie sind wert, der Vergessenheit entrissen und aufmerksam bedacht zu werden. Wer sich mit diesen Antiphonen befaßt, dem kann es nicht entgehen, daß die meisten auf den einen Ton gestimmt sind: ‚Gott, höre mein Gebet, neige deine Ohren zu der Stimme meines Flehens, schweige nicht über den Seufzern meines Herzens, erbarme dich meiner.' Das ist ein Urlaut der Frömmigkeit, und der hätte dieses Erbarmen schon verscherzt, der meinte, seiner nicht zu bedürfen."[67]

Die Antiphonen sind Gesangstücke, die von einem kleinen Chor (evtl. Konfirmanden, Jugendkreis; s. Seite 51) gesungen werden sollten. Eine musikalische Form dafür ist im „Kleinen Kantionale I" zu finden.[68]

Die Psalmen werden seit alters nach den sog. *„Psalmtönen"* gesungen. Diese stellen Melodie-Modelle dar, denen jeder Psalmtext unterlegt werden kann. Die neun Psalmtöne haben entweder einen mehr fröhlichen oder mehr ernsten Charakter; es paßt also nicht jeder Psalmton in jede Zeit des Kirchenjahres. In unserer Gottesdienstordnung ist zu jedem Introitus der ihm angemessenste Psalmton angegeben. (Zur besseren Einübung der Psalmtöne sollte man jeweils *einen* längere Zeit hindurch verwenden.*)

Alle Psalmtöne, wie überhaupt alle liturgischen Weisen, wollen im sog. *„Sprechgesang"* gesungen werden (also nicht nach dem geordneten Taktierungsschema unseres sonstigen Musizierens), ohne zu große Unterschiede in der Länge der Töne, ganz vom Sinn und der Betonung der *Worte* her, leicht und locker, nicht zu schleppend, aber auch nicht zu hastig.

In den Bekenntnissen Augustins ist zu lesen, daß Bischof Athanasius (295-373) für das Psalmsingen bereits die Regel aufstellte: „Ut pronuntianti vicinior esset quam canenti", (lateinisch; deutsch: „daß es dem feierlichen Sprechen näher sei als dem Singen").

Die Psalmtöne sind für den *Wechsel zwischen zwei Chören* (Chorhälften oder auch Chor und Gemeinde) geschaffen. Man zerstört also ihre Struktur, wenn man sie im Wechsel zwischen einem Einzelnen, etwa dem Liturgen, und einem Chor bzw. der Gemeinde singt (wie dies dagegen bei der Salution (Seite 60), dem Benedicamus (Seite 210) und anderen „responsorialen", d. h. auf Gemeindeantworten angelegten Stücken geschieht). Darum ist auch nach *unserer* Gottesdienstordnung der Introitus von einem Chor im Wechsel mit der Gemeinde zu singen. Der Wechsel zwischen Chor und Gemeinde erfolgt jeweils am *Ende*

* Zur Einführung des Psalmsingens in der Gemeinde ist der 8. Ton am besten geeignet, weil er der leichteste ist. Keinesfalls sollten die Psalmen, also auch unsere Introiten, in dem zwar einfachsten, aber auch unlebendigsten und deshalb langweiligen „Versikelton" gesungen werden, der – wie schon sein Name sagt – allein den „Versikeln", d. h. Kurzversen in unseren „Schlußversikeln" (s. Seite 130) zugehört.

eines Psalmverses, also nicht in der Mitte (wie es leider seit dem 19. Jahrhundert irrtümlicherweise weithin praktiziert wurde); so entspricht es altchristlicher Übung. Es ist auch der musikalischen Gestalt der Psalmtöne am angemessensten, die alle eine in der ersten Hälfte aufsteigende und in der zweiten Vershälfte absteigende Linie aufweisen. Es wirkt unnatürlich, wenn z. B. der Chor immer „nur nach oben“ und die Gemeinde stets nur „nach unten“ singt.

Jedes Psalmgebet wurde von der Gemeinde schon in der frühchristlichen Zeit mit dem

Gloria patri,

(lateinisch; deutsch: „Ehre sei dem Vater“) geschlossen:

> „*Ehre sei dem Vater und dem Sohne und dem Heiligen Geiste. Wie es war* (wörtlich übersetzt: „wie *sie* war“, nämlich die „Ehre“ — Ehrung und Verherrlichung — des Dreieinigen Gottes) *im Anfang, jetzt und immerdar und von Ewigkeit zu Ewigkeit. Amen.*“[69]

Damit hat sich schon rein äußerlich der *christliche* Gebrauch des Psalters von seiner Verwendung im *alttestamentlichen* Gottesvolk unterschieden. Aber es wurde damit auch das veränderte innere Verständnis der Psalmen im christlichen Raum deutlich gemacht: Die Kirche nimmt die Psalmen inhaltlich von *Christus* her in Besitz. „Wenn wir mit den Worten der Psalmen ‚aus der Tiefe‘ rufen (Ps. 130,1), dann tun wir es, weil Jesus Christus es mit eben jenen Worten getan hat. Wenn wir mit den alten Lobgesängen Gott preisen, der ‚hoch über den Mächten des Abgrundes seinen Thron habe‘ (Ps. 33,14), dann deshalb, weil wir Jesus Christus kennen, von dem ein Hymnus im Neuen Testament rühmt, *er* sei *der* Herr, ‚vor dem sich beugen sollen aller derer Knie, die im Himmel und auf Erden und unter der Erde sind.‘ (Phil. 2,10). In den alten Worten bedenken wir den Weg, den *er* über diese Erde ging, und gehen mit, so gut es uns gelingen will. Wir vertrauen darauf, daß wir dabei unser eigenes

Wort und unseren eigenen Weg finden werden und daß er, den wir mit den Worten der Psalmen anreden, unsere Stimme hören wird."[70] Von dem Kirchenvater Augustinus wissen wir, daß er in den Psalmen die „Stimme Christi" vernommen hat, „die mit uns zum Vater ruft."[71]

Mit dem Gloria patri hat die christliche Kirche die Psalmen gleichsam auf den Namen des Dreieinigen Gottes „getauft", zu dessen ewiger Ehre und Verherrlichung sie dienen sollen. In den theologischen Streitigkeiten um die Lehre von der heiligen Dreieinigkeit (4. Jh.) wurde das Gloria patri zu einem Bekenntnis der Einheit und Wesensgleichheit von Vater, Sohn und Geist.

Das jedem Introitus angefügte Gloria patri wird *auch* nach dem Psalmton-Modell der vorangegangenen Psalmodie und im Wechsel zwischen den beiden Gruppen – Chor und Gemeinde oder nur aushilfsweise zwischen Liturg, bzw. Kantor und Gemeinde – gesungen. (Vom Sonntag Judika bis zum Karsamstag fällt das Gloria patri weg.)

Nach dem Gloria patri wird gewöhnlich die Antiphone vom Chor wiederholt, um uns noch einmal den Leitgedanken des vorausgegangenen Introitus einzuprägen.

Wo immer ein

Chor

in Erscheinung tritt, geht es nicht darum, den Gottesdienst mit musikalischen Beigaben und konzertierenden Einlagen auszuschmücken. „Er sollte nicht als eine auch entbehrliche Dekorationsfigur für seltene Festgottesdienste angesehen werden."[72] Auch sollte er selbst seinen Auftrag nicht in erster Linie in der Veranstaltung von Kirchenkonzerten sehen. Wo er zu solchen in wirklich guter Form fähig ist, wird sich die Gemeinde darüber freuen. Aber seine *eigentliche Aufgabe* ist es, die Gemeinde und den Liturgen in dem lebendigen Hin und Her der Liturgie zu vertreten oder zu unterstützen. Der Chor soll dem Volk Gottes behilflich sein bei der *Darbringung des „neuen Liedes"* (s. Seite 24ff.). Die „Neuheit" des mit Christus verbundenen und in Christus verborgenen Lebens ist nicht nur eine „innerli-"

che Angelegenheit, sondern sie will auch in einer „neuen" Weise des Singens zum Ausdruck gebracht werden. Das *einstimmige Chorsingen* will der Welt ein Gleichnis sein von der Leibhaftigkeit der Gemeinde, die „ein Herz und eine Seele" (Apg. 4,32), „einmütig" (Apg. 1,14; 2, 1, 46) und nicht vielstimmig ist. Der *mehrstimmige Chorgesang* bedeutet immer erst einen zweiten Schritt; aber auch er soll die Gemeinde das Geheimnis lehren, wie ein schöner Zusammenklang selbständiger Stimmen nur durch das gegenseitige Aufeinanderlauschen und durch Einordnung in das Ganze entsteht: Wer nur auf *seinen* Weg sieht (Jes. 53,6), geht nicht nur selbst „in die Irre", sondern verdirbt das „neue Leben", das immer *ein Leben der Gemeinschaft* ist. So kann die Gemeinde von einem rechten Chor nicht nur in musikalischer Beziehung viel lernen.

Ein Chor wird in der Regel von einem *„Kantor"* (lateinisch; deutsch: „Sänger", Vorsänger) geleitet, der nicht immer auch zugleich den Dienst des Organisten versehen muß. Chor und Kantor sind ebenso *liturgische „Amtsträger"* wie der Liturg am Altar oder der Prediger auf der Kanzel, wie der Lektor, der am Lesepult die Schriftlesungen und Abkündigungen liest, die Kirchenvorsteher, die das Dankopfer einsammeln, der Mesner, der das Gotteshaus und seine Einrichtung zum heiligen Dienst vorbereitet, u. a. Helfer. Alle diese „Ämter" bestehen in der Christenheit schon seit den Tagen der Apostel und erweisen die Vielfalt der Gnadengaben, die der Herr seiner Gemeinde geschenkt hat (1. Kor. 12,4-31; Eph. 4,11-16; 1. Petr. 4,10 u. a.). Es war eine ungesunde Entwicklung des kirchlichen Lebens, daß man die Gemeindemitglieder nicht mehr tätig und mitverantwortlich in den Mitvollzug der Liturgie hineinstellte und den gesamten Gottesdienst den Pfarrer allein „halten" ließ. Wir freuen uns, daß uns unsere Gottesdienstordnung von dem „Ein-Mann-System" befreit. Indem sie auch *Laienkräften* gottesdienstliche Aufgaben überträgt, führt sie den urevangelischen Gedanken vom *„Priestertum aller Gläubigen"* (1. Petr. 2,9) einer gesunden Verwirklichung im Herzstück des Gemeindelebens entgegen, und das ist eben im Gottesdienst. Sie entbindet damit gleichzeitig den Pfarrer von Funktionen, die nicht unbedingt und speziell nur *seine* Sache sind. Die für sein Amt entscheidenden Stücke, also die Predigt, die Spendung des Sakraments, die Gebete und Segnungen, treten sogar dann, wenn ihm die anderen liturgischen Obliegenheiten durch Helfer abgenommen werden, noch deutlicher und gewichtiger in Erscheinung.

Unter den verschiedenen gottesdienstähnlichen „Ämtern" fällt dem *Chor* eine nicht geringe Aufgabe zu. Nur wo kein Chor vorhanden ist, tritt der Liturg an dessen Stelle. Aber ein kleiner Chor aus dem Kreis der Konfirmanden oder der Gemeindejugend oder einigen Gemeindegliedern wird sich erfahrungsgemäß überall ohne Schwierigkeit bilden lassen. Gerade die Jugend ist am liebsten dort mit dabei, wo sie nicht nur zuhören und zuschauen, sondern selbst „mitmachen" kann. Deshalb bleibt nach unserer Gottesdienstordnung der Liturg an seinem Platz, wenn der Introitus, das Kyrie und das Gloria im Wechsel zwischen Chor und Gemeinde ausgeführt werden. Der Altar muß keineswegs immer „besetzt" sein!

Unmittelbar auf den Introitus, der den als „Anrufung" bezeichneten Teil unseres Gottesdienstes eingeleitet hat, folgt (vgl. Bayer. Gesangbuch S. 14*)

das Kyrie mit dem Gloria.

Was bedeuten diese beiden, uns so vertrauten „Anrufungen" des Herrn?

„Kyrios" (griechisch) heißt „Herr". Und *„Kyrie eleison"* (Matth. 15,22) heißt *„Herr, erbarme dich!"* Um diese Worte der zum Gottesdienst versammelten Christenheit in ihrer weltumstürzenden Bedeutung ermessen zu können, muß man wissen: Mit diesem Zuruf wurde im römischen Weltreich, in dem Christus geboren wurde, der Kaiser begrüßt, wenn er auf dem Forum, im Tempel, im Zirkus oder im Theater erschien. Wenn nun die Christen den Titel „Kyrios" *ihrem* „Herrn" beilegten, so bekannten sie damit: „Jesus Christus imperator mundi", d. h. „Jesus Christus ist der Beherrscher der Welt." Alle Zeitgenossen mußten das an *Christus* gerichtete „Kyrie eleison" als eine Absage an die göttliche Verehrung der irdischen Machthaber verstehen. Der ganze Nimbus des politischen Zeremoniells kam unter diesem „Kyrie" der christlichen Liturgie ins Wanken. So bedeutet unser „Kyrie" in erster Linie einen *Huldigungsruf des Volkes Gottes an seinen unter ihm lebendig gegenwärtigen „König aller Könige"* (1. Tim. 6,15). Indem man dem Herrn „Eleison" („Erbarme dich") zuruft, *ehrt* man ihn; denn diese Bitte enthüllt das uneingeschränkte Vertrauen auf den, dessen Macht keine Grenzen hat. Das „Kyrie eleison" ist also zunächst *kein Sündenbekenntnis*. Wenn aber ein Christ in der ganzen Unvollkommenheit seiner menschlichen Existenz vor seinen Herrn tritt, um von ihm zu erbitten und zu empfangen, was ihm fehlt – und dazu ist er ja in den Gottesdienst gekommen –, dann wird er sich des wesensmäßigen Unterschiedes zwischen Gott und Mensch bewußt, des notvollen Abstandes zwischen dem Schöpfer und seinem von „allen Sünden, vom Tod und von der Gewalt des Teufels" (Luther in der Auslegung des 2. Glaubensartikels) bedrohten, und deshalb heil-losen Geschöpf. Das „Kyrie eleison" ist also ein aus unserer *gesamten menschlichen Ohnmacht* und Armut, Hilfsbedürftigkeit und Lebensnot aufsteigender Gebetsseufzer. Nicht nur unsere „Unwürdigkeit, Sünde und Schuld", sondern *alle* Anliegen unseres Menschentums, die persönlichen und allgemeinen, seelischen und leiblichen Bedrängnisse unserer Existenz, werden in und mit dem „Kyrie" dem zu Füßen gelegt, dem „alle Gewalt gegeben ist im Himmel und auf Erden" (Matth. 28,18), der bei den Seinen ist „alle Tage bis an der Welt Ende" (Matth. 28,20) und der jetzt zu dieser Stunde und in diesem Gottesdienst bei uns Einzug hält. Wilhelm Löhe erklärte den tiefen und umfassenden Sinn des Kyrie: „So wenig der Bettler am Wege mit seinem ‚Seid so barmherzig!' seine Sünde bekennen will, so wenig die Kirche mit dem Kyrie. *Nicht die Sünde, die Not wird bekannt* … Ganz als Bettlerin, nicht nur als Sündenbekennerin, rief auch schon das kananäische Weiblein (Matth. 15,22) ihr Kyrie eleison."[73]

Wir wissen heute, daß das „Kyrie eleison" schon im dritten

Jahrhundert vielfach in „Litaneien“ verwendet wurde und daß es bereits dort nicht *nur* um Sündenvergebung flehte. Auch die von Luther verdeutschte Litanei (EKG 138) läßt die ungeheure Weite erkennen, die das Kyrie für Luther umfaßte, und welche Nöte und Anliegen er darin beschlossen sah. *Das ganze christliche Leben ist ohne das Kyrie nicht zu denken; es ist Bittruf, Bekenntnis und Lobgesang zugleich.* Daß das „Herr, erbarme dich“ *dreimal* hintereinander gebetet wird, ist wohl keine willkürliche und zufällige Beschränkung gegenüber den in vorreformatorischen Liturgien noch häufigeren Kyrie-Rufen. Die Zahl 3 ist seit alters die zeichenkräftige Zahl der Heiligen Dreifaltigkeit.

Wie der Introitus wird auch das Kyrie *im Wechsel zwischen Chor und Gemeinde* (nur notfalls zwischen Liturg bzw. Kantor und Gemeinde) gesungen. Seine einfache Fassung lautet:

Chor: (oder Kantor oder Liturg):	Gemeinde:
Kyrie eleison.	Herr, erbarme dich.
Christe eleison.	Christe, erbarme dich.
Kyrie eleison.	Herr, erbarm dich über uns.

Liturg und Gemeinde können statt dessen auch ein ausgeformtes Kyrie beten, bei dem die *Kyrie-Rufe* gesprochen oder in derselben Weise wie in der sonst üblichen Fassung[74] gesungen werden:

Liturg: Herr Jesus Christus, du bist vom Vater gesandt, zu heilen, was verwundet ist:
Herr, erbarme dich.

oder: Chor (oder Kantor oder Liturg): Kyrie eleison.

Gemeinde: Herr, erbarme dich.

*

Liturg: Du bist gekommen, die Sünder zu rufen: Christus erbarme dich.

oder: Chor (oder Kantor oder Liturg): Christe eleison.

Gemeinde: Christus, erbarme dich.

*

Liturg: Du bist zum Vater heimgekehrt, um für uns einzutreten: Herr, erbarme dich.

oder: Chor (oder Kantor oder Liturg): Kyrie eleison.

Gemeinde: Herr, erbarme dich.

oder: Herr, erbarm dich über uns.

*

Liturg: Christus, der Herr, erbarme sich unser. Er vergebe uns unsere Sünde und führe uns zum ewigen Leben.

Gemeinde: Amen.

An das Kyrie schließt sich unmittelbar das

„Gloria in excelsis"

(lateinisch; deutsch: *„Ehre sei Gott in der Höhe") an:* (s. EKG S. 14*ff.)

„Ehre sei Gott in der Höhe
und auf Erden Fried,
den Menschen ein Wohlgefallen.«[75]

Das ist eine Huldigung an die Hoheit Gottes; es ist der *Lobgesang,* mit dem die himmlischen Heerscharen das Wunder der Menschwerdung Gottes über den Gefilden Bethlehems gepriesen und angebetet haben (Luk. 2,14). Darum wird das Gloria auch „Hymnus angelicus" (lateinisch; deutsch: „Hymnus der Engel") genannt. Wenn wir ihn im Gottesdienst singen, stimmen wir als irdische Gemeinde ein in den Chor der Engel vor Gottes Thron. Dort, „in der Höhe“ (vgl. dazu S. 149) werden Zeit und Raum ausgetan und wir erhalten einen Vorgeschmack jenes Tages, an dem „alle Kreatur, die im Himmel ist und auf Erden und unter der Erde und im Meer“, dem, „der auf dem Thron sitzt“, darbringen wird „Lob und Ehre und Preis“ (Offbg. 5,13) und „wo Gott sein wird alles in allem“ (1. Kor. 15,28). Die Vorahnung der künftigen Herrlichkeit wird dem Menschen, der Gott allein die *„Ehre“* gibt, auch schon heute und hier darin zuteil, daß er unter solcher Huldigung des Höchsten den *„Frieden“* empfängt, „der höher ist als alle Vernunft“ (Phil. 4,7). Diese Geborgenheit mitten in aller Bedrohtheit unserer Existenz ist die leibhaftige Erfahrung des Wunders, daß auf denen, die Gott anbeten, sein *„Wohlgefallen“* (d. h. seine Gnade) ruht. Zur Ausführung des „Gloria in excelsis“ ist zu sagen: Die Worte „Ehre sei Gott in der Höhe“ singt entweder der Liturg (stehend von seinem Platz aus) oder ein Chor; dann fährt die Gemeinde fort mit dem Rest der Botschaft: „und auf Erden Fried, den Menschen ein Wohlgefallen.“

Die alte Kirche hat schon im 4. Jahrhundert diese Huldigung der Engel verbunden mit dem „Großen Gloria“, dem sog. *„Laudamus“* (lateinisch; deutsch: „Wir loben dich“), einem in Sprache und Weise gewaltigen Lobgesang der irdischen Gemeinde an ihren dreieinigen Herrn:

I	Wir loben dich,
II	wir benedeien dich,
I und II	wir beten dich an,
I	wir preisen dich,
II	wir sagen dir Dank
I und II	um deiner großen Ehre willen.
I	Herr Gott, himmlischer König,
II	Gott, allmächtiger Vater.
I und II	Herr, eingeborner Sohn,[76] Jesu Christe, du Allerhöchster.
I	Herr Gott, Lamm Gottes,
II	ein Sohn des Vaters,

I der du hinnimmst die Sünd der Welt: erbarm dich unser;
II der du hinnimmst die Sünd der Welt: nimm an unser Gebet;
I und II der du sitzest zu der Rechten des Vaters: erbarm dich unser.
I Denn du bist allein heilig,
II du bist allein der Herr,
I du bist allein der Höchst, Jesu Christe,
II mit dem Heilgen Geist in der Herrlichkeit Gott des Vaters.
I und II Amen.[77]

Auch dieser Lobgesang der Christenheit ist – wie schon das Kyrie (vgl. S. 52) – die Absage an alle vergötzten Größen dieser Welt. („Wir loben *dich*, wir benedeien *dich*, wir beten *dich* an, wir preisen *dich* ... um *deiner* großen Ehre willen, *Herr*, ... *König*, Christe, du *Allerhöchster* .. du bist allein *heilig* ... du bist *allein der Herr, du bist allein der Höchst* ...“) Auch hier wird die Alleinherrschaft des Kyrios Christos feierlich proklamiert. Auch hier, ja gerade hier verspüren wir etwas von dem Vorrücken der Königsbanner unseres Herrn gegen die Heere der Finsternis, das sich im Gottesdienst der Kirche ereignet.

Anstelle dieses mächtigen Laudamus kann die Gemeinde auch das Lied „Allein Gott in der Höh sei Ehr“ (EKG 131) singen und zwar entweder alle 4 Strophen zusammen oder nur die erste, denn nur *sie* kann als Lobpreis der Heiligen *Dreifaltigkeit* und damit als Ersatz für den theologischen *Gesamt*-Inhalt des Laudamus gelten, während die Strophen 2, 3 und 4 jeweils nur Gott den Vater oder nur den Sohn oder nur den Heiligen Geist anbeten. Statt des Liedes EKG 131 kämen an dieser Stelle auch in Betracht: EKG 83,6; 84,3; 112,5; 126,4; 144,3; 187,2; 200,11; 228,3.

Aber an den *Festtagen* des Kirchenjahres und in der *voll* ausgestalteten „Feier unseres Glaubens“, in der dem „Wortteil“ auch der „Sakramentsteil“ folgt, sollte stets – heute auch aus ökumenischen Gründen – das alt-liturgische, *allen* christlichen Kirchen gemeinsame Laudamus erklingen. Überhaupt dürfte der in ihm aufleuchtende, unvergleichliche Lobpreis der geheimnisvollen Dreieinigkeit Gottes „nicht so stiefmütterlich vernachlässigt werden, wie es meist geschieht. Er *muß* gar nicht im Ganzen von der Gemeinde allein gesungen werden; es ist lebendiger, wenn Chor und Gemeinde abwechseln in der auf Seite 55f. mit der Bezeichnung I und II dargestellten Weise, oder wenn der Chor mit Orgel oder mit Flöten, gegebenenfalls auch mit Posaunen den Gemeindegesang begleitet. Es gibt viele Singweisen für das Gloria und das Laudamus aus alter und neuer Zeit.“[78] Es kann kein gewaltigeres Singen und keine gewichtigeren Worte geben als die in diesem Lobgesang. Mit ihnen können Menschen vorwärts stürmen, die von Gott „in Fahrt gebracht“ sind. Mit ihnen können Christen je und je den von ihnen in ihrem Alltag geforderten Dienst bewältigen. „Ein solcher Hymnus ist in sich bereits ein ganzer Gottesdienst, ein vollständiges Glaubensbekenntnis, eine große Eucharistie (griechisch = Danksagung). Er bedarf immer wieder neuer Interpretation. Aus vielerlei Gründen sind die hymnischen Stücke des Gottesdienstes dem heutigen Menschen unverständlich, ja unzugänglich geworden. Doch geschieht nichts anderes in ihnen als in den Lob- und Dankliedern, die die Gemeinde zuweilen auch recht unbesehen anstimmt. Wie das Glaubensbekenntnis bezeugen auch diese Lobgesänge, daß der Glaube an Gott nicht aus dem Menschen selbst begründet, sondern von jenseits seiner selbst, aus Gottes Wirklichkeit geschenkt ist.“[79]

Wie nahe das Gloria dem Kyrie inhaltlich verwandt ist, können wir daraus ersehen, daß auch *mitten in diesem Lobgesang das „Eleison“* aufbricht: „Herr Gott, Lamm Gottes, ... erbarm dich unser“. Übrigens stehen auch schon im alttestamentlichen Psalter der flehentliche Ruf aus der Tiefe und der freudige Lobpreis unmittelbar nebeneinander. Ebenso hat die christliche Kirche (z. B. in alten Festtagshymnen) ein „Kyrieleis“ und ein „Halleluja“ unmittelbar hintereinander wie in einem Atemzug gesungen; so in dem Osterhymnus „Christ ist erstanden“ (EKG 75) und in dem Lobgesang auf Christi Himmelfahrt „Christ fuhr gen Himmel“ (EKG 90). Auch Luther läßt jede Strophe in seinem das Weihnachtswunder preisenden Choral „Gelobet seist du, Jesu Christ" (EKG 14) in einem „Kyrieleis" ausklingen.[80] Dieses *Ineinander von Bittruf und Lobpreis in einem und demselben Huldigungsakt* ist ein starker, gleichnishafter Ausdruck der *Doppelseitigkeit unserer christlichen Existenz,* die immer *zugleich* unter der Sünde *und* unter der Gnade lebt. Aus diesem *„Zugleich"* strahlt das Herzstück der Entdeckung Luthers von der „Rechtfertigung des Sünders aus Gnaden allein." Wer sich sinnenfällig (hörbar, sichtbar und betastbar — vgl. 1. Joh. 1,1) dieser in Christus menschgewordenen „Gnade" überläßt, ist ein „simul iustus et peccator" (lateinisch; deutsch: „ein Gerechtfertigter und Sünder zugleich"); oder wie es Luther gesagt hat: „Wir sind Sünder und doch (schon) Kinder (Gottes), Kinder und doch (noch) Sünder. Es ist die wunderbare und milde Barmherzigkeit Gottes, die in uns zugleich Sünder und Nicht-Sünder sieht."[81] Aufgrund dieser theologischen Polarität ihrer Botschaft über unser Christsein sind beide Stücke, *das Kyrie und das Gloria,* auch zusammen als *eine liturgische Einheit* zu singen. Sie waren von jeher auch musikalisch aus einem Guß. „Nur daß der erste Ruf mehr die einmütige Bitte vor der göttlichen Majestät, der zweite mehr die freudige Teilnahme an dem Lobgesang der himmlischen Heerscharen zum Ausdruck bringen will."[82] In alten Gottesdienstordnungen ist weithin nur die Rede vom „Kyrie *mit* angehängtem Gloria", ja oft wurde unter der Überschrift „Kyrie" auch der ganze Gloriatext *mit* abgedruckt.[83]

Das Kyrie mit dem Gloria wird wie der Introitus im Wechsel zwischen dem Chor und der Gemeinde ausgeführt. Nur wo wirklich nicht einmal ein kleiner Konfirmandenchor vorhanden wäre, könnte dessen Teil vom Kantor oder Liturgen übernommen werden. Der Liturg bleibt auch bei diesen Stücken auf seinem Platz, denn er tritt dabei nicht als Künder des Gotteswortes auf, sondern stellt sich in das Beten der Gemeinde und des Chores mit hinein.

Die in diesem Buch erklärte Gottesdienstordnung läßt uns allsonntäglich die unzerreißbare innere *Einheit von Kyrie und Gloria* erleben. Der ganze als Anrufung bezeichnete Gebetsakt, der (wie schon auf Seite 42 gesagt) mit dem Introitus einsetzte, wird nicht mehr durch eine dem Kyrie vorangestellte „Ermahnung“ und eine zwischen das Kyrie und das Gloria eingeschobene „Gnadenverheißung“ unterbrochen, wie sie nach dem Beispiel Calvins (nicht Luthers!) in die Gottesdienstordnung der Alt-Preußischen Union (1898) und auch in die erste Agende der Bayerischen Landeskirche (1854) Eingang gefunden haben. Man meinte eben im belehrungsfreudigen 19. Jahrhundert, das auf ein bloßes „Sündenbekenntnis“ eingeengte Kyrie durch ein ermahnendes „Bußwort“ (vielfach fälschlicherweise als „Beichte“ bezeichnet) und das auch in seiner Weltweite verkannte „Gloria in excelsis“ durch ein begründendes „Gnadenwort“ (zu Unrecht oft auch „Absolution“ genannt) für die Gemeinde „psychologisch vorbereiten“ zu müssen. Aber die Ordnung unseres Gottesdienstes kann auf eine solche pädagogische Heranführung an das Kyrie und Gloria durch ein „Sündenbekenntnis“ mit nachfolgender „Gnadenverkündigung“ verzichten, weil sie ja beidem schon im „Confiteor“ (s. Seite 26) des Eröffnungsteiles Ausdruck verliehen hat. Sicherlich können wir aber den ganzen Eingangsteil viel stärker als eine geschlossene Einheit erleben, wenn unsere „Anrufung“, die mit dem Psalm begann und über das Kyrie mit dem Gloria zum Kollektengebet fortschreitet, nicht mehr durch ermahnende und belehrende Anreden des Pfarrers an die Gemeinde unterbrochen wird. Das Liturgieren des Herzens vollzieht sich nicht nach einem logisch aufgebauten Entfaltungsplan; es ist vielmehr ein meditatives Kreisen um bestimmte Einsichten, die einander in herzbezwingenden Wiederholungen laufend ablösen. Der Liturg hat an dieser Stelle des Gottesdienstes nicht zu „predigen“; *alle* Stücke dieses Anrufungsteiles sind an *Gott* gerichtet. Gerade durch dieses Zurücktreten des Liturgen wird das evangelische Verständnis des Gottesdienstes sichtbar. Denn hier wird klar, daß Gottes Wort von uns als Bitte und Lobpreis (Psalm, Kyrie, Gloria) Gott „zurückgegeben“ werden kann,[84] und daß die Gemeinde damit ihre Antwort als Dankopfer darbringt.

Der mit dem Wort „Anrufung“ überschriebene erste Teil der Liturgie unseres sonntäglichen Hauptgottesdienstes stellt, wie schon gesagt (s. Seite 42), einen in sich geschlossenen Gebetsakt dar, der mit dem Psalmgebet des Introitus begann (s. Seite 43ff.), mit dem Kyrie und Gloria (s. Seite 51ff.) fortgesetzt worden ist und nunmehr mit dem *Tagesgebet* (s. Seite 65f.) des jeweiligen Sonn- oder Feiertages beschlossen wird.

Dazu begibt sich der Liturg an den Altar und betet dort zuerst ein stilles Gebet für seinen Dienst.[85] Dann wendet er sich der Gemeinde zu, die sich nun von ihren Sitzen erhebt. Dabei wollen wir daran denken:

Das Stehen

im Gottesdienst ist der sinnenfällige Ausdruck der wachen Bereitschaft sowie des gesammelten und gespannten Wartens. Es ist außerdem eine Ehrenbezeugung vor dem, der in unseren Lebensraum hereintritt und uns begegnen will. Ihm tun wir mit unserem Aufstehen kund: „Adsum!" (lateinisch; deutsch: „Siehe, hier bin ich" 1. Sam. 3,4). Weil unsere leiblichen Gebärden im Gottesdienst stets auch ein Ausdruck unserer *inneren* Haltung sind (s. Seite 17ff.), gilt es, wirklich in gesammelter Zucht zu stehen und sich keine Nachlässigkeit zu erlauben, wodurch wir die Ehrfurcht mißachten würden, die uns vor Gott geziemt.

Dem nunmehr vom Liturgen zu betenden Gebet geht

die Salutation

voraus. Das lateinische Wort „salutatio" heißt „Gruß", besagt aber in der Liturgie mehr, etwa soviel wie „Heilsanwünschung". Da eben jetzt der Liturg zum ersten Mal in diesem Gottesdienst die Gemeinde vom Altar aus anspricht*, hat die zwischen ihm und ihr gewechselte „Salutation" den Sinn einer gegenseitigen persönlichen Fürbitte und Segnung. Sie ist Ausdruck der brüderlichen Gemeinschaft, in der Liturg und Gemeinde als Glieder am Leibe Christi (1. Kor. 12,27) stehen.

* Falls der Gottesdienst mit einer „Begrüßung" eröffnet wurde, ist diese ja vom Lesepult aus geschehen (s. Seite 20)

Die Worte: *„Der Herr sei mit euch"* sind alttestamentlichen Urspungs (Richter 6,12; Ruth 2,4; Esra 1,3; 2. Chron. 15,2), begegnen uns aber auch im Neuen Testament (Luk. 1,28; 2. Thess. 3,16). Jesus selbst und der Apostel Paulus haben die im Volke Israel üblichen Gruß- und Segensformeln immer wieder gebraucht. So nimmt es nicht wunder, daß sie sich auch im gottesdienstlichen Leben der Kirche von Anfang an bis heute erhalten haben. Es ist auch verständlich, daß sich Christen im Gottesdienst anders „begrüßen" als auf der Straße. Der Liturg sagt der Gemeinde nicht „Guten Tag" oder etwas ähnliches; vielmehr ist sein „Gruß" eine Anrufung des Kyrios, auf den der Liturg und die Gemeinde schon während des ganzen bisherigen Gottesdienstes ausgerichtet sind. Die Worte sollen besagen: Der Kyrios, der als der Auferstandene zu allen Zeiten und in allen Räumen lebendig ist, „sei *mit* euch", d. h. er umfange euch auch jetzt und hier mit seiner Gegenwart und allem, was sie zu schenken vermag. Er nehme euch hinein in die Verwirklichung seines Heilswerkes auf Erden und in die von ihm begonnene Wende der Geschichte und Neuschöpfung der Welt. Das ist aber *mehr* als ein frommer „Wunsch". Die Salutation ist *Zuspruch der Gegenwart des Herrn* an die, die sich zum Gottesdienst versammelt haben.[86] In diesem Gebets-„Gruß" des Bruders am Altar erneuert sich für uns das Wunder, das am Ostertag begonnen hat: „Am Abend aber desselben ersten Tages der Woche, da die Jünger versammelt und die Türen verschlossen waren aus Furcht vor den Juden, kam Jesus und trat mitten ein und spricht zu ihnen: Friede sei mit euch!" (Joh. 20,19). Das Grußwort seiner Boten ist je und je mit realen Segenswirkungen erfüllt, und von ihnen durchwirkt steht die Gemeinde in jedem Gottesdienst aufs neue als „Gemeinde des *Herrn*" vor Gott.

Sie beantwortet diesen segensmächtigen Zuspruch mit den ihn fortsetzenden Worten: *„und mit deinem Geist."* Auch dieser „Gegengruß" hat seine Wurzeln schon im Neuen Testament (vgl. Gal. 6,18; Phlm. 25; 2. Tim. 4,22) und im Gottesdienst der Urgemeinde. (Während er in der mittelalterlichen Kirche vielfach nur von den Ministranten gesprochen wurde, hat ihn die Reformation der Gemeinde zurückgegeben.) – Es zeugt von offensichtlicher Gedankenlosigkeit, wenn manche an dieser Stelle singen: „Und mit *seinem* Geist." Sie meinen dann, daß der Herr sie *selbst* „mit seinem Geist" geleiten möge. Sie denken offenbar gar nicht daran, daß auch der *Pfarrer*, der sie „gegrüßt" hat, derselben Segnung und Hilfe des Kyrios bedarf wie sie selbst. Und da in Christo *alle Getauften Brüder und Schwestern* sind, darf die Gemeinde den Liturgen im gemeinsamen Gottesdienst mit dem brüderlichen „Du" anreden: „Der Herr sei auch mit *deinem* Geist."

In diesem Zusammenhang sei bemerkt, daß die in unseren Tagen bei liturgischen Handlungen der Kirche, besonders in Predigten und Ansprachen der Pfarrer, auftauchende gesellschaftliche Anrede „*Sie*" im Gottesdienst einer zur Gliedschaft am Leibe Christi (1. Kor. 12,12) zusammengefügten Gemeinde *fehl am Platze* ist; denn dadurch wird die *Gemeinschaft zwischen Christus und seinen Getauften* denen, die an ihr teilhaben, aus dem Blickfeld gerückt (vgl. dazu S. 121). Dagegen wendet sich auch Reinhard Mumm: „Neuerdings kam die Sitte auf, an Stelle des „Du" die konventionelle Anrede „Sie" im Gottesdienst zu gebrauchen. Plötzlich tritt hier eine Distanz ein, die es bisher nicht gab. Die liturgischen Handlungen werden unversehens in einen formellen, gesellschaftlichen Akt verwandelt wie beim Standesamt, und aus der Predigt wird eine Rede oder ein Vortrag wie in einem Hörsaal. Folgerichtig wäre es, künftig zu sagen „Der Herr sei mit *Ihnen*", und die Gemeinde müßte antworten „und mit *Ihrem* Geiste." Solche grotesken Formulierungen sind uns glücklicherweise erspart geblieben. Auch der Segen wird wohl weiterhin mit der Anrede „Ihr" und „Euch" gespendet werden. Die Anrede „Du" und die Anrede „Sie" sollten ihren Platz behalten und dort gebraucht werden, wo sie hingehören. Unser Gottesdienst wird nicht verbessert, wenn in ihn die Anrede „Sie" einzieht. Im Gegenteil: er verliert dadurch seinen Charakter als die *Versammlung der Familie Gottes* und entartet zu einer säkularen Gesellschaft."[87]

Wir sollten nie vergessen, wie sehr der „Geist" des Dieners

am Wort und Sakrament unserer Fürbitte bedarf, wenn er an den Altar treten und auf die Kanzel gehen muß. Was immer ein Pfarrer in seinem Dienst an der Gemeinde innerhalb und außerhalb des Gottesdienstes zu tun hat, kann er nur „in, mit und unter" dem Heiligen Geist (griechisch: „Pneuma"), also als ein „Geistlicher" (griechisch: „Pneumatikos") ausrichten. Kein menschlicher „Geist", auch nicht der klügste und gläubigste Theologenverstand, kann „Geistliches" schaffen, sondern nur *„der Herr"*, der allein *„der* Geist" *„ist"*. (2. Kor. 3,17).

Wilhelm Löhe hat einmal gesagt: „Unter der Salutation schürzt sich durch Gruß und Gegengruß jedesmal der Knoten der Liebe und Eintracht zwischen Pfarrer und Gemeinde aufs neue. Das Bewußtsein kirchlicher Zusammengehörigkeit erneuert sich bei jeder Wiederholung."[88]

Der Salutation schließt sich eine vom Liturgen zu singende oder zu sprechende

Einladung zum Gebet

an. Diese besteht schon in den ältesten, uns seit dem 4./5. Jahrhundert erhalten gebliebenen Gottesdienstordnungen[89] aus einem einzigen Wort: „Oremus!" (lateinisch; deutsch: *„Laßt uns beten!")* Gottesdienstbesucher unserer Tage meinen, diese „bisher übliche Aufforderung" sei „zweifellos sprachlich veraltet" und man solle sie in die Worte „Wir beten" umformulieren.[90] Das „Laßt uns beten!" laute wie ein Kommando und man könne doch das Beten nicht befehlen, vor allem dann nicht, wenn man „nicht in der Stimmung" dazu sei. Luther dachte aufgrund der Weisheit und Weisungen einer biblischen Theologie und Seelsorge darüber anders. Darum schrieb er an den Pfarrer Georg Scarabäus in Hannover: „Wenn Du sagst, Du wärest nicht in Gebetsstimmung, dann mußt Du Dich gerade dagegen (gegen diese deine Stimmung) erheben und sprechen: ‚Ob ich nun beten kann oder nicht, ob ich würdig bin oder nicht, so muß ich doch beten, Gott hat's *befohlen*:' ‚Bittet', ‚betet', ‚klopfet an', ‚suchet'! (Matth. 7,7). ‚Dem widersteht fest im Glauben'!"

(1. Petr. 5,9: „euerem Widersacher, dem Teufel").[91] Der Mensch kann als Gottes Geschöpf nur bittend zu Gott kommen und mit ihm reden, und er ist darauf angewiesen, das zu tun. Gott *will* das, weil eben das die natürliche Verwirklichung des natürlichen Verhältnisses zwischen ihnen beiden ist. Gott ist ja gerade auch darin *Gott,* daß er sich vom Menschen so angehen läßt. Weil er ihn liebt und zu sich rechnet, eben darum will er, daß er ihn, indem er (Gott) ihn (den Menschen) gefunden hat, wieder suche, um ihn wieder zu finden. *Gottes Gebetsgebot* ist ein Erweis dessen, daß er mit dem Menschen gemeinsame Sache gemacht hat und immer wieder machen will. Über diese, alles Verstehen übersteigenden Zusammenhänge sollte der Liturg mit den Gemeindegliedern immer wieder sprechen, nicht zuletzt in der Seelsorge (wo nötig, Einzelseelsorge), damit nicht nur das persönliche, sondern auch das gottesdienstliche Gebet der Erhörung gewiß sei,[92] die, weil der Gegenstand das Verhalten Gottes ist, den Charakter der Hoffnung und nicht den eines Problems oder einer offenen Frage hat. Von Karl Barth stammen die theologisch beachtlichen und seelsorgerlich hilfreichen Worte: „Bitten ist im Blick auf die Erhörung ein völlig unproblematisches Tun; sonst kann es nicht die Bitte des rechten Gebetes sein; problematisch kann hier immer nur das sein, *ob* unser Bitten eben dieses völlig unproblematische Tun *ist.*"[93]

Übrigens ist die anstelle von „Laßt uns beten!" für zeitgemäßer gehaltene Formulierung „Wir beten" absolut nicht problemfrei, denn sie läßt uns sofort fragen: „Ist das denn wahr?" Jedenfalls ist es nicht nachprüfbar. Darum sollten wir der *Einladung* zum Gebet mit Freuden folgen in der lutherischen Zuversicht, daß das Gebet „Anteil hat an Gottes Weltregierung": „Es geschehe, was da wolle, so richten wir alles durchs Gebet aus, welches allein die allmächtige Kaiserin ist. Durchs Gebet leiten wir, was geordnet ist; bringen zurecht, was geirret ist; tragen, was nicht gebessert werden kann; überwinden alles Unglück und erhalten alles Gute."[94]

Wenn in der alten Kirche der Ruf *„Laßt uns beten!"* ertönte, fiel die Gemeinde auf die Knie und es trat eine Zeit vollständiger

Stille ein, in der *jedermann* still vor Gott bringen konnte, was er *persönlich* auf dem Herzen hatte. Hierbei war auch Gelegenheit zu einem lauten freien Gebet solcher Gemeindemitglieder gegeben, die mit dem „Geist des Gebets“ (Sach. 12,10) begabt waren und in der gebotenen Zucht der Gedanken und der Sprache öffentlich „Bitte, Gebet und Danksagung tun“ konnten „für alle Menschen“ (1. Tim. 2,1). Auch unsere jetzige Gottesdienstordnung ermöglicht an dieser Stelle eine

Gebetsstille,

für die viele Gottesdienstbesucher dankbar sind, weil sie in ihr Gott für ihr persönliches Erleben danken, bzw. bitten können.

Nach einigen Minuten, die eben von jedem Gottesdienstbesucher zum „stillen Gebet“ genutzt werden sollten, betet der Liturg

das „Tagesgebet“,

d.h. das im Proprium (Kirchenjahresordnung) der Liturgie für jeden Sonn- oder Feiertag angebotene Gebet. „Die Formulierung der Gebetstexte war lange Zeit dem Liturgen selbst anheimgegeben, sei es, daß er sie frei schaffen wollte, sei es, daß er einen vorher von ihm oder von jemand anderem niedergeschriebenen Text vortrug.“[95] Da aber diese persönlichen Gebete oft gar keinen Bezug auf die Zeit des Kirchenjahres hatten, bzw. an den in der Kirchenjahresordnung der Gemeinde der Reihe nach ins Blickfeld tretenden verschiedenen Heilstaten Gottes und ihre Auswirkungen auf unser Menschsein und Christsein vorbeileiteten, hat man „in Rom schon seit dem Beginn der lateinischen Liturgie feste Stilgesetze geschaffen“[96] und bald darüber hinaus in sog. „Sakramentarien“ oder „Altarbüchern für die Messe“ „Orationen“ (lateinisch; deutsch: „Gebete“) für jeden Sonn- und Festtag im Jahreskreis *festgelegt*. In diesem, dem betreffenden Tag zugeordneten, d.h. eben als *„Tagesgebet“* bezeichneten Gebet faßt der Liturg die im Gottesdienst während der vorausgegangenen Gebetsstille von der Gemeinde dargebrachten „stillen" Gebete zu einem kurzen Gebet zusammen, für das schon sehr früh der Name „*Collecta*" bezeugt ist. Walafried Strabo von Reichenau (gest. 849): „Collectas dicimus, quia necessarias earum petitiones compendiosa brevitate colligimus id est concludimus" (lateinisch; deutsch: „Wir nennen diese Gebete Kollekten, weil wir in ihnen die notwendigen Bitten in zusammenraffender Kürze zusammengefaßt haben.") Während uns sonst der Begriff „Kollekte" als Bezeichnung für eine kirchliche Sammlung irgendwelcher Liebesgaben, meist Geldgaben, bekannt ist, bedeutet das Wort an dieser Stelle der Liturgie die „Sammlung" und *Zusammenfassung der zuvor unhörbar oder vernehmlich vor Gott gebrachten Gebete der Gläubigen.*[97]

Das Kollektengebet

bildet also den Abschluß des ganzen Anrufungs-Aktes, der mit dem Introitus begonnen und sich über Kyrie und Gloria bis hierher bewegt hat; es soll somit nicht auf die folgenden Schriftlesungen vorbereiten, mit denen es nur ganz selten in einem inneren Zusammenhang steht. Vielmehr ist es „ein allgemeines, alle angehendes und alle zusammenschließendes Gebet, in dem die wesentlichen und gerade nötigen Bitten der Gemeinde Jesu Christi in *einer* Bitte konzentriert sind, einer Bitte von der Einfalt und der Weihe der Vaterunser-Bitten. Gerade darin liegt ihre in anderthalb Jahrtausenden noch nicht erschöpfte Kraft, daß hier in einer vollendet knappen Form ebenso konkret wie in ihrer Gültigkeit die Jahrhunderte überdauernd Gott angerufen wird im Namen Jesu Christi."[98]

Die der Kollekte gestellte Aufgabe erfordert eine kurze und „zusammenfassende" *Form.* Darum hat schon die alte Kirche für die Kollekten eine ganz bestimmte Modellgestalt entwickelt, in der Eingang und Schluß jedesmal in einem mehr oder weniger ähnlichen, meist sogar gleichen Wortlaut wiederkehren, die aber den mittleren Teil, die eigentliche Bitte, auswechselbar läßt. Das bedeutet für die Gemeinde eine hilfreiche Unterstützung, um das Gebet mitbeten zu können. Wer Luthers Morgen- und Abendsegen kennt,[99] weiß, daß beide *auch* nach einem solchen „Modell“ geformt sind. Solch ein „Gebetsmodell“ hält die richtige Mitte zwischen einem ständig im gleichen Wortlaut wiederkehrenden Gebet, bei dem der Hörer leicht „abschaltet“, und einem immer wieder neu formulierten, das uns wegen seiner unbekannten Worte und Inhalte das Mitbeten erschwert oder meist ganz unmöglich macht.

Das *Modell der Kollekten* besteht gewöhnlich aus drei Teilen: 1. Anrede (lateinisch „Initium“), 2. Bitte (lateinisch „Oratio“), 3. Beschluß (lateinisch „Conclusio“).

Die *Anrede* an Gott den Vater oder an den Herrn Christus oder an den Heiligen Geist ist in der Regel sehr kurz. An sie schließt sich meist ein Sätzlein an, das an eine besondere Eigenschaft der Angeredeten erinnert oder danksagend Bezug nimmt auf seine Verheißungen und Heilstaten, die ja die Voraussetzungen für unser Beten bilden. An den Festtagen oder in den besonderen Zeiten des Kirchenjahres wird dabei gewöhnlich an jene Geheimnisse des Himmelreiches gedacht, die uns an dem betreffenden Fest oder in der betreffenden Kirchenjahreszeit besonders verkündigt werden.

Die darauf folgende *Bitte* – der Hauptteil der Kollekte – wird meist eingeleitet mit den Worten: „Wir bitten dich“ oder „Verleihe uns ...“.

Der *Beschluß* setzt unser Beten jedesmal (in Gedanken an Joh. 16,23b) in Beziehung zu Christus, dem alleinigen Mittler des Heils, befiehlt das Gebetsanliegen seiner hohenpriesterlichen Fürsprache (Hebr. 7,25) und bezeugt, daß wir um der ewigen Herrschaft des dreieinigen Gottes willen der Erhörung unseres Flehens gewiß sein dürfen.

Um den Wert und die Bedeutung der Kollekte richtig würdigen zu können, muß man folgendes festhalten: *Alle Gebete*, die *im Gottesdienst* gebetet werden, sind nach Inhalt und Form *anders geartet als das Gebet „im Kämmerlein“* (Matth. 6,6). In der gottesdienstlichen Versammlung der Gemeinde „trägt nicht der einzelne Gläubige vor Gott, was sein Herz an Dank und Sorge bewegt (obwohl auch der Gottesdienst der Gemeinde Raum schafft für das stille Gebet des einzelnen (s. Seite 65), sondern *hier spricht die Gemeinde*, die ganze Kirche aus, was sie vor Gott zu sagen hat, und sie nimmt den einzelnen Beter mit hinein in ihr Gebet; der einzelne Beter „stimmt ein", so wie ein Sänger mit einstimmt in den vollen Chor, der schon vor ihm seine Stimme erhoben hat und der nun auch *seine* Zunge löst und den Klang *seiner* Stimme mit der seinen vereinigt . . . Wer

mit der Kirche beten

will, der muß aus dem engen Käfig seines kleinen und selbstsüchtigen Ich in die Welt kommen, wo er mit seinen Brüdern und Schwestern vor Gott steht, bereit, mit ihnen und für sie zu beten und statt Erde und Himmel, Menschen und Gott mit *seiner* Sache zu bemühen, vielmehr *die großen, weltweiten Anliegen der ganzen heiligen Kirche* auf sein Herz zu nehmen und mit zu vertreten vor dem Thron der Majestät. Damit das recht geschehe, bleibt das Gebet der Kirche nicht der Eingebung des Augenblicks überlassen (wenngleich unter bestimmten Voraussetzungen auch das „freie Gebet" in der Gemeinschaft sein Recht haben mag);[100] sondern die Kirche betet *in „gebundener" Sprache*, in einem durch den Gebrauch der vielen Mit-betenden ehrwürdigen Wortlaut; die Christenheit bewahrt und gebraucht mit besonderer Andacht und Liebe bestimmte Gebete, die im christlichen Gottesdienst durch die Jahrhunderte hindurch beheimatet sind. Wer mit der Kirche beten will, freut sich, wenn seine Lippen die gleichen Worte formen dürfen, die von Tausenden und Abertausenden in vielen Geschlechtern als Gebetsworte gebraucht worden sind. Er weiß sich dann – oft auch bis in den Gleichklang der Sprache hinein – eingefügt in die unübersehbare Schar der Beter, in die *Gemeinschaft der betenden Kirche*, und vertraut darauf, daß diese starken, von Generationen „durchbeteten" Worte besser als seine eigenen stammelnden oder wohlgesetzten Gebetsworte auch seine kleine Seele, schwach und unerfahren im Gebet, wie sie ist, mit hinauftragen werden zum Herzen des Vaters."[101] Die Schar derer ist unübersehbar, die dankbar bezeugen, daß sie erst am Gebet der Kirche, am Gebet *mit* der Kirche überhaupt richtig beten gelernt haben.

Das Gebet der Kirche ist ihnen die Brunnenstube ihres persönlichen Gebetslebens geworden. Das Gebet der Kirche wird auch zum Gebet des Einzelnen „im Kämmerlein" das notwendige Korrektiv bilden müssen, damit dieses wirklich der Sache Gottes und seines Reiches diene. „*Das liturgische Beten im Gottesdienst* muß zwei Bedingungen erfüllen: Es muß wiederholbar sein. *Es muß von vielen Menschen*, die voneinander verschieden sind, *zugleich vollzogen werden können*. Der einzelne Christ kommt mit ganz verschiedenen Stimmungen in den Gottesdienst; wer Sorgen hat, kann sich vielleicht nicht ohne weiteres auf ein freudiges Loblied einstellen, und wer abgespannt ist, vermag nicht jedes Gebet denkerisch mitzuvollziehen. In solchen Situationen kann und darf er sich von der Gemeinschaft tragen lassen; er braucht nicht alles verstandesmäßig mitzudenken, sondern kann sich in das Gebet der Kirche hineinstellen und sich davon mitnehmen lassen. Die Liturgie redet in Bildern, Gleichnissen und Motiven der Bibel. Sie ist im Wortsinne „Dichtung": verdichtete Wiedergabe der biblischen Botschaft in Gebet, Lobpreis, Zeugnis. Die Sprache der Liturgie umschreibt in Bildern die Geheimnisse (Mysterien) des Heils. Sie vereint Fühlen und Denken in einer unvergleichlichen Weise, ohne ihre Spannung zu leugnen. Sie umgreift oft in einem einzigen Bild gegensätzliche Pole einer Wahrheit, die eine lehrhafte Darstellung des Glaubens streng nacheinander ansprechen muß. Sie vergegenwärtigt Vergangenes und schaut Künftiges vorweg. Die liturgische Sprache redet oft in heilsgeschichtlichen Gegensätzen (Paradoxa), die ihren letzten Grund haben in dem Wunder der Menschwerdung Gottes, in dem „fröhlichen Wechsel" (Luther), „den Gott mit dem Sünder eingeht".[102]

Eine stattliche Reihe der heute in unseren Gottesdiensten gebeteten Kollekten besteht aus – zum Teil schon von Luther selbst gefertigten – Übersetzungen aus den ältesten lateinischen „Sakramentarien" (Altarbücher für die Liturgie der Messe und die mit ihr zusammenhängenden Riten) der vorreformatorischen Kirche des 6. bis 9. Jahrhunderts (s. Seite 65). Wegen ihrer einmaligen, auch den heutigen Menschen ansprechenden Substanz sind sie für den Gottesdienst in unserer Zeit *neu übertragen* worden. Neben ihnen stehen uns aber auch zahlreiche *neu erarbeitete*, der Kollektenform angepaßte Gebete zur Verfügung.[103]

Bei der Gestaltung gottesdienstlicher Gebete sollten wir u.a. auch beachten: Gebete, die für die Liturgie der Kirche bestimmt sind, dürfen sich ganz gewiß nicht in einer zu schweren Theologensprache ergehen, sie sollten aber auch nicht von der Zeitungssprache unserer Zeit geprägt sein. *An der Sprache der Kirche wird erkennbar, ob ihr Denken und Reden dem Heiligen Geist oder dem Zeitgeist unterworfen ist.* Jedenfalls sollten wir uns darüber klar sein: Alles Beste der Kirche wird nicht von der Sprache her, sondern aus inneren Kräften erneuert.

Es liegt im Wesen der Kollekten, daß sie zu den allsonntäglich *wechselnden* Bestandteilen der Gottesdienstordnung gehören. Aber gerade wenn eine Kollekte regelmäßig am gleichen Sonntag im Kirchenjahr *wiederkehrt*, lernt sie ein treuer Kirchgänger doch allmählich immer besser kennen.

Die Kollekten werden nach einer ganz bestimmten, auch schon jahrhundertealten Weise im sog. „Kollektenton" *gesungen*. Wir wollen nicht meinen, gegen ein gesungenes Gebet Stellung nehmen zu müssen. Welche gewichtigen Gründe ließen sich dagegen vorbringen? Es ist höchstens dem einen oder anderen in der Gemeinde ungewohnt, daß die Gebete des Gottesdienstes vom Liturgen gesungen werden. Aber sind nicht unsere Choräle zum größten Teil *auch* gesungene Gebete? *Das gesungene Gebet* ist auch nicht „etwas Katholisches", wie vielleicht mancher meint. Martin Luther hat die Gebete im Gottesdienst gesungen. Abermals sei daran erinnert: „Bis orat, qui cantat!" „Doppelt betet, wer singt!" (s. Seite 45). Die lutherische Kirche ist dem Reformator in dieser Übung bis ins 19. Jahrhundert hinein gefolgt. Jedenfalls kann nicht bestritten werden: Das Singen der Kollekte nötigt den Liturgen, ihren Wortlaut *langsamer* und ohne falsche Betonung vorzutragen; dadurch wird der Gemeinde der innere Mitvollzug des Gebetes wesentlich erleichtert.

Bei der Kollekte wendet sich der Liturg

zum Altar

wie bei allen Gebeten im Gotteshaus. Das ist eine alte, gute Sitte, die man nicht ohne zwingenden Grund preisgeben sollte. Unsere Väter haben ihre Gotteshäuser so gebaut, daß sich das Hauptportal im Westen und der Hochaltar *im Osten des Raumes* befand,[104] weil der Christenheit in ihrem Herrn der „sol invictus", „die unbesiegbare Sonne", das „ewige Licht" (Joh. 8,32) erschienen ist. Wenn wir uns also beim Beten in der Kirche dem im Osten gelegenen Altar zuwenden, so machen wir damit sichtbar: „Herr, wir warten auf den ‚Aufgang aus der Höhe' (Luk. 1,78). Wie die aufgehende Sonne den Horizont erleuchtet, so hat uns deine Auferstehung am Ostermorgen einen neuen Weltentag heraufgeführt. Der Glanz deiner Erscheinung erfülle unsere Nacht!"[105]

Aber auch wo der Altar vielleicht aus bautechnischen oder anderen (liturgisch meist nicht unproblematischen) Gründen *nicht* im Osten des Kirchengebäudes steht,[106] sollte sich der Liturg *beim Beten dem Altar zuwenden*, um mit der Gemeinde gemeinsam „ausgerichtet" zu sein. Das hat mit einer „dinglichen" Heiligkeit des Altars gar nichts zu tun (obwohl es ein Aberglaube ist, daß es keine „heiligen Dinge" gäbe), sondern es ist der Ausdruck der verschiedenen *inneren* Haltung, in der sich der Liturg einmal von der „Rücksicht" auf Menschen lösend ganz Gott zuwendet und ein andermal von Gott her die Menschen anredet. Der Pfarrer soll ja beim Gebet der Gemeinde die Gemeinde nicht „anpredigen". Zum Altar gewendet ist er auch der Notwendigkeit enthoben, betend ein Buch in der Hand zu halten und statt dessen nicht die Hände zu falten. Auch Luther hat die Wendung zum Altar für zeichenhaft sinnvoll gehalten und angeordnet: „Der Pfarrer soll die Epistel lesen mit dem Angesicht zum Volk gekehrt, aber die Kollekte mit dem Angesicht zum Altar gekehrt."[107] Daß unsere Altäre – ebenso wie die Kanzeln und Lesepulte – mit einem „*Antependium*" (lateinisch; deutsch: „Vorhang", „Behang") in den *Farben des Kirchenjah-*

res geschmückt sind, erinnert uns ebenfalls daran, daß alles, was an ihnen geschieht, seinen Grund und Ausgang hat in dem Heil, dessen Geschichte uns im Laufe eines Kirchenjahres (von Altar, Kanzel und Lesepult) verkündet wird.[108]

Wenn wir die Kollekte mit unserem „*Amen*“ beantworten, so bezeugen wir damit, daß wir das stellvertretend für uns gesprochene Gebet uns zu eigen machen (vgl. Seite 31). Gleichzeitig bekräftigen wir damit, daß der ganze bisherige Teil des Gottesdienstes als ein in sich geschlossener Akt der

„*Anrufung*“

von uns selbst mitvollzogen worden ist. Vergessen wir nicht: Das Gebet unserer liturgierenden Herzen ist der Innenraum der „Feier unseres Glaubens“.

II.
VERKÜNDIGUNG UND BEKENNTNIS

Weil Christus seiner Gemeinde in Wort und Sakrament begegnen will (s. Seite 35ff.), hat „unser Gottesdienst" (in seiner vollen Gestalt) zwei Höhepunkte: eben das Wort der Verkündigung und die Feier des Herrenmahles.

Nach Abschluß des unter der Überschrift „Anrufung" entfalteten Eingangsteiles unserer Liturgie stehen wir nun vor ihrem *ersten* „Gipfel": *Gott wird zu uns reden in seinem hl. Wort.* Er läßt uns sein Wort aber nicht nur in der Predigt sagen, sondern auch durch die Schriftlesungen verkündigen. Auch für Luther erging die „viva vox evangelii", die „lebendige Stimme des Evangeliums" (s. Seite 36) nicht erst, wenn das Wort der hl. Schrift durch das „Predigtamt" ausgelegt wurde, sondern schon, wenn dieses Wort vorgelesen wurde. Es muß ja auch keineswegs jeder Schriftabschnitt erst „erklärt" werden, um uns in den letzten Tiefen unseres Wesens zu erreichen. Eine schlichte Evangeliumslesung oder eine klare, unmißverständliche apostolische Mahnung „trifft" uns manchmal stärker und wirksamer als eine müde, zu gedankliche, zu lange oder mit Problemen überladene Predigt. *Die ursprüngliche Gestalt des Wortes, das einst die Kirche begründet hat, will und kann auch heute noch unmittelbar Gemeinde bauen.* Es ist eine gnadenreiche Erfahrung, wie tief biblische Worte mitunter in uns haften bleiben, auch wenn keine Auslegung damit verbunden gewesen ist. Zur Menschwerdung Gottes „gehörte" es nicht nur, daß er in dem Kind in der Krippe zu Bethlehem einging „in unser armes Fleisch und Blut" (EKG 15,2), sondern daß er auch *sein* Wort einbettete *in die Stimme der Propheten und Apostel.* „Wer *euch* hört, der hört *mich*" (Luk. 10,16). Ganz wunderbar sagte Luther einmal: „Laß dein Dünken und Fühlen fahren und halte von dieser Schrift als von dem allerhöchsten, edelsten Heiligtum, als von der allerreichsten Fundgrube, die nimmermehr genug ergründet werden mag, auf daß du göttliche Weisheit finden mögest, welche Gott hier so albern und schlicht vorlegt, daß er allen Hochmut dämpfe. *Hier* wirst du *die Windeln* und die Krippe finden, da Christus innen liegt, dahin auch der Engel die Hirten weist; schlecht und geringe Windeln sind es, aber teuer ist der Schatz Christus, der drinnen liegt."[109]

Die frohe Botschaft von unserem Heil liegt eingeschlossen in der Ur-Kunde, „die in der Bibel zu finden ist", und muß aus dieser immer wieder neu „entbunden" werden. Das geschieht, indem die biblischen Bücher vor der zum Gottesdienst versammelten Gemeinde „aufgetan" werden, nämlich *im Vorlesen ihrer Texte und* im Bezeugen ihrer Wahrheit *durch die Predigt.* Dabei erleben wir allsonntäglich das

Gegenwärtig-Werden des Herrn im Bibelwort

des Alten oder Neuen Testamentes. In der hl. Schrift haben wir den urkundlichen, „dokumentarischen" (oder wie man heute sagt „datengemäßen") Niederschlag der Selbst-Vorstellung und Selbst-Mitteilung Gottes an jene Menschen, die einmal die biblischen Bücher geschrieben und dabei Kunde gegeben haben von dem, „was kein Auge gesehen hat und kein Ohr gehört hat und in keines Menschen Herz gekommen ist, was Gott bereitet hat denen, die ihn lieben" (1. Kor. 2,9). Wenn sie auch in vergangenen Zeiten gelebt haben und ganz andere Probleme hatten als wir, so ist der dreieinige Gott, der vor aller Zeit gewesen ist (vgl. Ps . 90,2), von Ewigkeit zu Ewigkeit „derselbe" (Hebr. 13,8) und lebendig (Offbg. 1,18). In der modernen Parole „Gott ist tot" ist nur der Wunsch der Vater des Gedankens, weil eine Anerkennung der Wirklichkeit Gottes gleichbedeutend ist mit dem Eingeständnis der persönlichen Abhängigkeit von einem übergeordneten, außermenschlichen Gegenüber. Ein solches Bekenntnis hat aber in dem Weltbild des heutigen Menschen keinen Platz. Unser Jahrhundert huldigt dem mit tödlichen Energien geladenen Wahn, daß dem „homo faber" (lateinisch;

deutsch: dem produzierenden, „fabrizierenden Leistungsmenschen") aufgrund seiner Wissenschaft und Technik alles machbar und Gott damit überflüssig geworden, also „tot" sei. Aber die Behauptung vom „Tod Gottes" ist genauso wie die seiner ewigen Existenz nur eine Frage des Glaubens oder Unglaubens ihrer Verteidiger oder Bestreiter.[110] In diesem Zusammenhang und auch bei anderen Gesprächen über die Bedeutung der hl. Schrift für unser Menschsein sollten wir uns der Worte Pascals erinnern: „Menschen und menschliche Dinge muß man kennen, um sie zu lieben. Gott und göttliche Dinge muß man lieben, um sie zu kennen."

Weil die Jünger Jesu von Nazareth sinnenfällig erlebt und erfahren haben, daß über ihren Meister der Tod keine Macht mehr hatte (2. Tim. 1,10), waren sie dessen gewiß, daß die Worte, die sie von ihm vernommen hatten, Worte *des* Lebens sind, das allein den Namen „Leben" verdient: „Worte des ewigen Lebens" (Joh. 6,68). Deren einmalige, allem Weltgeschehen überlegene weltgeschichtliche Bedeutung hat Jesus selber vor seinem Abschied den Seinen erklärt in dem für seine Kirche und ihre Theologen und vor allem für unser persönliches Christsein fundamentalen Satz: „Himmel und Erde werden vergehen, aber meine Worte werden nicht vergehen" (Matth. 24,35). Diese Zusage aus dem Munde „Christi, des Sohnes des lebendigen Gottes" (Joh. 6,69) wird von keiner menschlichen Text- und Literaturkritik jemals außer Kraft gesetzt werden können. Aus all diesen Gründen kreist der Gottesdienst der Christenheit von Anfang an um *das Wort Christi*, ihres Herrn, und um *das seines Vaters*, der schon „vorzeiten manchmal und mancherleiweise geredet hat zu den Vätern durch die Propheten" (Hebr. 1,1), und um *das des Heiligen Geistes*, in dem der Auferstandene als der „Herr" (2. Kor. 3,17) in unserem Leben gegenwärtig ist, um uns in *„alle Wahrheit"* zu leiten (Joh. 16,13): Wahrheit bedeutet in der Sprache der Bibel das Zu-Gesicht-Bekommen einer Realität, und zwar der die Natur und Geschichte und unser Heute und Hier beherrschenden Wirklichkeit und Wirksamkeit Gottes. Alle menschliche, auch die heutige Wissenschaft ist trotz der Exaktheit ihrer Antworten auf unsere Lebensfragen nicht die höchste Gestalt von Erkenntnissen. *Diese* Gestalt wird nur *dem* Denken zuteil, das orientiert bleibt am Worte der Bibel: „So ihr bleiben werdet an meiner Rede, so seid ihr meine rechten Jünger und werdet die Wahrheit erkennen, und die Wahrheit wird euch freimachen" (Joh. 8,31f.) – frei nämlich von den Illusionen eurer emanzipierten Geistigkeit, von den Utopien eurer widergöttlichen Selbstverwirklichung. Jedenfalls geht es bei der Verkündigung der biblischen Botschaft nicht nur um die sachliche Weitergabe älterer oder neuerer, für die menschliche Gesellschaft nützlicher religiöser „Wahrheit*en*" oder moralischer Grundsätze, sondern um die *persönliche Begegnung mit dem, der „die Wahrheit"*, d. h. die unser geistleibliches Menschentum auffangende, befreiende und vollendende Wirklichkeit Gottes *„ist"* (Joh. 14,6).

Von diesem geheimnisvollen Geschehen im Verkündigungsteil unseres Gottesdienstes hat Luther einmal mit folgenden Worten gesprochen, an die wir bei jedem Lesen und Hören der hl. Schrift – auch außerhalb des Gottesdienstes – denken sollten: „Freilich kannst du sprechen: *Die Schrift,* die ich lese, ist nur Buchstabe; aber sie *gibt* dennoch, weil sie über diesen Mann (Jesus, den Christus Gottes) geschrieben hat, *das Leben.* Das ist das größte Wunder, daß sich *Gott* so herabläßt und *senkt sich in die Buchstaben* und spricht: Hier findet *mich* der Mensch gemalet. Trotz dem Teufel! *Diese Buchstaben sollen die Kraft geben, die Menschen zu erlösen.*"[111]

Es ist eben tatsächlich so: Wie jedes *menschliche* Wort, so ist auch *Gottes* Wort nicht losgelöst zu denken von der *Person* dessen, die es spricht. *Wo das Wort Gottes erklingt, gesprochen wird, da ist immer Gott selbst dabei.* Auch wenn es sich dabei um Worte aus der Vergangenheit handelt – „Gott *sprach*" –, so werden diese noch in dem Augenblick, da wir sie *hören,* zu einer göttlichen „Mitteilung" in der Gegenwart – „Gott *spricht*" –.

Um dieses in der Geschichte der menschlichen Erfahrung wohl einzigartige, aber immer wieder aufleuchtende *Ereignis* uns Menschen des Jahrhunderts der Technik in einem uns einprägsamen Bild zu sagen, sei auf folgendes Gleichnis hingewiesen: „Hier liegen wir, ein Haufen von Glühbirnen, ohne eigene Leuchtkraft, von gläserner Zerbrechlichkeit, nutzlos; dort läuft eine Schnur in ein Gewinde aus, keiner kann ihr ansehen, daß eine Kraft in ihr stecke. Sie wird aber leuchtend offenbar, wenn eine Glühbirne in das Gewinde eingeschraubt wird. Lasse dich einschließen in die Kraft des Geistes, die aus der Bibel herausströmt, sie wird dich zum Leuchten bringen! Einen anderen Beweis gibt es nicht, aber er genügt, und wir verlangen glaubend nicht *mehr,* auch keine Sicherung und Verfügbarkeit. Einem Bibelbuch auf dem Bücherbord kannst du es nicht ansehen, daß es etwas anderes ist als irgendein anderes Buch: viele Seiten mit vielen Buchstaben bedruckt. Aber wenn dieses Buch in der Versammlung im Namen Jesu Christi laut wird, dann wirst du erfahren, daß es *ein Buch* ist *wie kein anderes!*"[112]

Aufgrund dieser Erfahrung lokalisierte Luther die Existenz der Kirche im Hörbereich des Wortes Gottes: „Wo das Wort klingt, da *ist* Gott, da *ist* sein Haus. Und wenn er aufhörte, zu reden, so wäre auch nimmer sein Haus da. Wenn es auch klänge auf dem Dach oder unter dem Dach und gleich auf der Elbbrükke, so ist's gewiß, daß er *da* wohne."[113]

Im Rahmen des sonntäglichen Hauptgottesdienstes erleben wir die *Selbstvergegenwärtigung Gottes durch sein Wort* gleichsam in

drei Wellen,

die seine Stimme aus der Ewigkeit an die Küsten unserer Existenz tragen:

Erste Welle: Die Epistellesung;
Zweite Welle: Die Evangeliumslesung;
Dritte Welle: Die Predigt.

Jeder Welle entspricht eine Rückströmung, die unseres Herzens Antwort mit zurücknehmen will an den Ausgangsort:

Rückströmung nach der Epistel:
Halleluja und Wochenlied der Gemeinde;

Rückströmung nach dem Evangelium:
Das Credo (Glaubensbekenntnis) der Gemeinde;

Rückströmung nach der Predigt:
Predigtlied, Dankopfer und das
Allgemeine Kirchengebet der Gemeinde.

Dies hier gebrauchte Bild von der Dünung des Wortes Gottes und dem Sog der Antwort der Gemeinde entspricht der Vorstellung Luthers vom Wesen eines evangelischen Gottesdienstes: „Es soll in ihm nichts anderes geschehen, denn daß unser lieber Herr selbst mit uns rede durch sein heiliges Wort und wir wiederum mit ihm reden durch Gebet und Lobgesang."[114] Dieser „Wellenbewegung" sollen jetzt unsere Überlegungen gelten.

Nach dem Befund der liturgiewissenschaftlichen Forschung stoßen wir bei der Betrachtung dieses Teiles unseres Gottesdienstes auf „Urgestein", d. h. wir haben es auch schon in diesem „Wortteil" (wie auch im nachfolgenden „Sakramentsteil") mit den ältesten, noch aus der apostolischen Zeit der Kirche stammenden Stücken der christlichen Liturgie zu tun. Wenn der Bezug zwischen dem Herrn und seiner Gemeinde im Bilde einer bräutlichen Verbindung gesehen werden darf (Joh. 3,29; Mark. 2,19f.; Offbg. 21,9; 22,17), dann ist es nur zu verständlich, daß die Braut in der Zeit, da der Geliebte sichtbar von ihr „genommen ist" (Matth. 9,15), von der Erinnerung an seine Worte und von der Vergegenwärtigung seiner Werke lebt.

Die Urgemeinde tat dies, indem sie immer wieder aus den Berichten über sein Leben und Wirken las. Dafür gab und gibt es

Schriftlesungen.

Für diese stehen bis heute zwei Möglichkeiten zur Verfügung. Die eine ist die, die biblischen Bücher *durchlaufend* zu lesen in einer sog. lectio continua (lateinisch; deutsch: „zusammenhängende Lesung"). Diese schon aus alter Zeit stammende Weise ist für jeden, der den Inhalt der Bibel, den Geist und Zusammenhang ihrer Bücher näher und immer noch näher kennenlernen will, die beste, ja sie ist eigentlich für ein tieferes Bibelstudium unerläßlich. (Darauf sollten die Gemeinden in der Seelsorge regelmäßig hingewiesen werden, denn es geht dabei um die Vergegenwärtigung des Wortes Gottes, also um Gottes Anwesenheit in unserem Alltagsleben!)

Die andere Form, die auch bereits in den Tagen Leos des Großen (gest. 453) bezeugt ist, ist die, die hl. Schrift *in Abschnitten* zu lesen, die aus allen ihren Texten ausgewählt und bestimmten Tagen, besonders den Sonn- und Festtagen des Kirchenjahres, als eine diesem Datum entsprechende lectio propria (lateinisch; deutsch: *„eigene Lesung")* zugeordnet sind. Ihre Reihe war begreiflicherweise für die Verlesung in den Gottesdiensten die geeignetste. Auf ihre Bedeutung sind die Gemeinden auch immer wieder hinzuweisen, etwa in dem Sinn: „Das *Kirchenjahr* ist nicht eine willkürliche Setzung von Menschen, sondern ein Werk des Heiligen Geistes, welcher aus dem Erbe Christi schöpft und Sein Erbe Gestalt gewinnen läßt in der Welt, damit auch durch diese Gestalt das Wort Christi verkündigt werde (Joh. 16,14). Die Ordnung des Kirchenjahres erweist sich geradezu als Schlüssel zur hl. Schrift; schwer zugängliche Stellen werden erschlossen, dunkle Stellen empfangen plötzlich ein Licht, wenn sie an einem ganz bestimmten Tage des Kirchenjahres gelesen werden."[115]

In der frühesten Christenheit las man aus den hl. Büchern „so lange, bis alle versammelt waren". Die früher unbestimmte *Zahl der Lektionen* wurde aber nach einiger Zeit auf vier (im Kirchenkreis von Antiochia), bzw. auf drei (im Bezirk von Alexandria) – worin noch ein oder zwei alttestamentliche, vor allem prophetische Stücke eingeschlossen waren – und schließlich seit dem 6. Jahrhundert im Abendland *auf zwei, nämlich eine „Epistel" und ein „Evangelium" beschränkt.* Die Auswahl der „Perikopen" (griechisch; deutsch: die aus dem Zusammenhang eines biblischen Buches „herausgehauenen" Abschnitte) und ihre Zuordnung zu den einzelnen Sonn- und Festtagen des Kirchenjahres hat die Kirche schon in den ersten Jahrhunderten ihres Bestehens getroffen. Sie gaben das ganze Mittelalter hindurch der gottesdienstlichen Verkündigung das Wortes Gottes ihr spezifisches Gepräge. Auch Luther hat diese Reihen übernommen und bewußt keine neuen aufgestellt:[116] „Daß wir die Episteln und Evangelien, nach der Zeit des Jahres geteilt, wie bisher gewohnt halten, hat die Ursach: Wir wissen nichts sonderliches an dieser Weise zu tadeln."[117] Auch das bekannte Predigtbuch („die Hauspostille" von 1532)[118] des Reformators hält sich an *die überlieferte Ordnung der Texte.* Sie blieb in der lutherischen Kirche Deutschlands in Geltung bis in die Zeit der Aufklärung im 18. Jahrhundert, wo man aus dem Wunsch nach Abwechslung vielfach überhaupt auf die Lesungsordnung verzichtete und aus Gründen einer zeitgemäßen Abwertung des persönlichen Umgangs mit der Bibel sich nur noch mit *einer* Lesung (Epistel *oder* Evangelium) begnügte. Auch die unter dem „Wiedererwachen des evangelischen Lebens"[119] im 19. Jahrhundert entstandenen landeskirchlichen Gottesdienstordnungen beschränken sich mit geringen Ausnahmen auf *eine* Altarlesung. *Wir* sollten uns jeden Sonntag von neuem darüber freuen, daß die bei uns geltende Agende die *„doppelte Schriftlesung"* (Epistel *und* Evangelium) innerhalb der Ordnung des Hauptgottesdienstes wieder zur Regel gemacht hat.[120] Wer meint, daß die Zweizahl der Lesungen, einer Epistel- und einer Evangeliumslesung, den heutigen Menschen, der das rechte Hören verlernt hat, überfordere, der möge an die in erschreckendem Maße dahinschwindende Bibelkenntnis in unseren Gemeinden denken. Soviel an uns liegt, sollten wir doch *alles* tun, daß das Wort des Herrn nicht „teuer" wird (1. Sam. 3,1) in unserer Zeit. Ausgerechnet unsere lutherische Kirche, die – manchmal mit Recht, manchmal zu Unrecht – so „stolz" darauf ist, die „Kirche des Wortes" zu sein, sollte sich nicht nur mit *einer* Schriftlesung begnügen wollen, während im Gottesdienst anderer christlicher Konfessionen, einschließlich der römischen Messe, die *doppelte* Lektion ganz selbstverständlich ist.

Für den einzelnen Christen und für den inneren Aufbau der Gemeinde ist es von großer Bedeutung, daß an den Sonn- und Festtagen des Kirchenjahres *alljährlich die gleichen Episteln und Evangelien* gelesen werden. Denn diese Texte bilden eine *„eiser-*

ne Ration" für alle, die „Ohren haben, zu hören" (Matth. 11,15). Außerdem werden wir durch eine solche Lesungs-Ordnung davor bewahrt, immer nur nach dem Gutdünken des jeweiligen Pfarrers ausgewählte Schriftabschnitte zu hören. Die *vorgegebenen* Texte wehren einer persönlichen Einseitigkeit und Vergeßlichkeit. Wir werden im Rahmen dieser Lektionsreihen im Laufe eines Kirchenjahres durch die ganze Mannigfaltigkeit und den unerschöpflichen Reichtum der biblischen Bücher geführt: was uns zu unserem Heil vordringlich zu wissen wichtig und notwendig ist, hören wir auf diese Weise „alle Jahre wieder". Und wir erfahren dabei: auch wenn uns die frohe Botschaft der hl. Schrift noch so oft begegnet, so ist sie doch nie auszuschöpfen. Wir werden darum nicht in jedem Gottesdienst darauf warten, „etwas Neues zu hören" (Apg. 17,21) – *dazu* kommen wir ja *nicht* in die Kirche! –, sondern freuen uns darauf, das Unentbehrliche, uns vielfach schon zur Hilfe gewordene Bleibende immer wieder neu zu hören und uns von seiner Weisheit und Tröstung die ganze Woche hindurch begleiten zu lassen.[121]

Wer den Inhalt der den einzelnen Sonn- und Festtagen zugeordneten Episteln und Evangelien paarweise betrachtet, muß feststellen, daß beide eigentlich nur an den Festtagen und an ganz wenigen Sonntagen in einem deutlichen inneren Zusammenhang miteinander stehen. Daran können wir – wie auch auf anderen Gebieten des kirchlichen Lebens – erkennen, daß die alte Kirche die Geheimnisse der Offenbarung Gottes nicht in der Form kunstvoller Grundrisse verkündet hat.

Die Bibel ist ein sehr unsystematisches Buch, zusammengesetzt aus ganz verschiedenen Schriften. Demgemäß ist *auch* die Liturgie *nicht* dazu da, die wunderbare *Mannigfaltigkeit des biblischen Zeugnisses* nach lehrhaften Gesichtspunkten zu ordnen; das verdürbe die echte Gottesbegegnung. Darum war sowohl die alte wie die reformatorische Kirche frei von dem im 19. Jahrhundert auftauchenden Bemühen mancher Theologen, jedem Sonntag ein besonderes, sich durch die Lieder, die Gebete, die Lesungen und die Predigt hindurchziehendes „Thema" oder

„Leitbild" zu geben. Wenn sich unseren Vätern ein solches – z. B. in den Festzeiten des Kirchenjahres – von selbst anbot, haben sie es selbstverständlich aufgegriffen. Wo es aber fehlte, haben sie sich solcher Konstruktionen enthalten und sich an der Unterschiedlichkeit und *Vielgestaltigkeit der doppelten Lesungen* gefreut.

Die Lektionen der hl. Schrift erfolgten sowohl in der alten und mittelalterlichen wie in der reformatorischen Kirche in der Regel *nicht vom Altar aus*. Der Altar ist der Tisch des Herrn und die Stätte des Gebetes. Erst das 19. Jahrhundert hat ihn auch als „Rednerpodium" für Ansprachen und Predigten, sowie für die Schriftlesungen in Gebrauch genommen. In jener Zeit fing man auch an, die Bibel auf den Altar zu legen. Die Reformatoren haben den Begriff einer „Altarbibel" nicht gekannt; sie haben die hl. Schrift nicht auf die Altäre, sondern auf die Kanzeln zurückgeholt. Für die liturgischen Schriftlesungen gab es *das „Lektionar"* („Lesebuch")[122], das seinen Platz *auf dem Lesepult* hatte. Dieses wurde und wird auch heute noch „Ambo" genannt (= „Erhöhung" von dem griechischen Wort „anabainein" = „hinaufsteigen"). Das Pult stand und steht also auf einem erhöhten Platz, denn der Vorleser soll von allen gesehen werden. Es diente auch je und je dem Diakon als Standort bei den Fürbitten des „Allgemeinen Kirchengebetes" (s. Seite 131). Das Lesepult ist oft sehr kunstvoll gearbeitet und nicht selten mit den Symbolen (den „Sinnbildern") der vier Evangelisten geziert, wird oft von der Gestalt eines Engels (Offbg. 14,6) oder eines Diakons getragen. Es stand seitwärts zu Füßen des Altars, häufig auch aus akustischen Gründen am Eingang in den Chorraum. Wo *zwei* Lesepulte zur Verfügung standen, diente das an der Südseite zur Verlesung der Epistel, das an der Nordseite zur Verlesung des Evangeliums; darum spricht man bis heute von einer „Epistel-" und einer „Evangeliumsseite" des Chorraums.[123] Auf alle Fälle sollten auch heute die Schriftlesungen von einem Lesepult aus vorgenommen werden.[124] Man unterschätze nicht die *zeichenhafte Bedeutung des Ortswechsels:* Altar – *Lesepult.* Sie macht nämlich anschaulich: Die Lektionen sind innerhalb der

Liturgie etwas, was sich von den Gebeten, die am *Altar* vollzogen werden, wesensmäßig unterscheidet.

Ebenso wie der Wechsel liturgischer Orte (Altar-Lesepult-Kanzel) gehört der *Wechsel liturgischer Amtsträger* zum Gottesdienst. Bereits in der frühesten Christenheit wurden die biblischen Lektionen nicht vom „Bischof", d. h. vom eigentlichen Leiter der Gemeinde, sondern von „Diakonen", also von seinen Mitarbeitern, auch von den „Presbytern" (d. h. den „Ältesten" = Kirchenvorstehern) und anderen Laienkräften vorgelesen; sie wurden in der Ausübung ihres Dienstes „Lektoren" (lateinisch; deutsch: „Vorleser") genannt. Dieses *Amt des Lektors*, das weithin verlorengegangen ist, sollten wir möglichst rasch wieder zurückgewinnen. Es hat sich doch sehr bewährt, wenn Gemeindeglieder in die Bresche springen und einen „Lesegottesdienst" halten können, falls der Pfarrer aus dienstlichen oder persönlichen Gründen verhindert ist. Aber wir sollten die Lektoren, nachdem sie von der Kirchenleitung zu ihrem Dienst bevollmächtigt und bestätigt und in einem Gemeindegottesdienst unter Gottes Wort und Gebet in ihr Amt eingeführt worden sind,[125] nicht nur dann und wann einmal als „Lückenbüßer" einsetzen, sondern sie – stehen mehrere zur Verfügung, dann in geordnetem Wechsel – *jeden* Sonntag zu den Schriftlesungen in den Gottesdienst einschalten. – Freilich, auch Lektoren sollten ebenso wie die Pfarrer stimmlich und sprachtechnisch geschult sein. Denn das richtige *Vorlesen will erlernt und geübt werden.* „Um einen Luther-Bibeltext richtig vorlesen zu können, ist es notwendig, daß man ihn vorher mit seinem eigenen *Herzen* durchfühlt und durchdacht habe und daß man beim Vorlesen sich ganz in den Text hineingebe und sich vergesse."[126] Der Lektor soll seinen Mund lediglich der Rede Gottes *leihen* (Jes. 51,16). Der Gefahr des zu persönlich geprägten Vorlesens wirkte das in der alten Kirche noch ganz selbstverständliche *Singen der Schriftlesungen* entgegen. Auch Luther hat seiner „Deutschen Messe" (1526) Beispiele für den Gesang der Episteln und der Evangelien beigegeben.[127] Er wollte die Schriftlesungen nach der Weise der Psalmtöne gesungen haben und wählte,

„weil Christus ein freundlicher Herr ist und seine Reden lieblich sind", für das Evangelium den sechsten Ton und für die Epistel den achten, „weil St. Paulus ein ernster Apostel ist".[128] Wer die Lektionen einmal nach Luthers Regeln hat singen hören, wird das nie wieder vergessen und entdecken, wieviel eindringlicher und meditativer (d. h. zum Nachdenken zwingender) die *gesungenen Lesungen* gegenüber den gesprochenen sind. Die alten Lektionstöne bedeuten eine große Hilfe zum rechten Hören des Wortes Gottes.

Aber ob nun die Lesungen gesprochen oder gesungen werden, wir wollen dabei immer nur um das eine bitten: daß „unser Herz brennen" möge, wenn „Er mit uns redet" (Luk. 24,32). Die biblischen Texte, die als Schriftlesungen den einzelnen Sonn- und Festtagen des Kirchenjahres zugeordneten Perikopen, werden – wie oben schon (Seite 82) gesagt wurde – vom Lektor am Lesepult aus dem dort liegenden Buch verlesen. Auf seinem Einband stehen die Worte: *„Lutherisches Lektionar"*, weil den in ihm enthaltenen Schriftlesungen die *Bibelübersetzung Martin Luthers* zugrunde gelegt ist.[129] Wenn diese in unseren Tagen, mitunter sogar verständlicherweise als „altertümelnd", „unzeitgemäß", „überholt" bezeichnet wird, so ist ihre geniale charismatische Originalität jedoch trotz aller anderen modernen Übersetzungen bis heute unerreicht.[130]

Diese Feststellung bedeutet aber nicht, daß der Text der Luther-Bibel allen Zeiten „sakrosankt" (d. h. „hochheilig", „ein unantastbares Heiligtum") bleiben müßte. Er wurde auch seit seinem ersten Erscheinen noch von Luther selbst und dann von seinen Nachfahren in den Jahrhunderten immer wieder einmal „revidiert" (d. h. „durchgesehen und überarbeitet"). Jede Generation steht vor der Aufgabe, daß ihre Zeitgenossen die Bibel Luthers nicht nur als ein universales Literatur-Kleinod behandeln. Sie sollen ja aus diesem Buch das *Wort Gottes* hören und weitergeben. Weil aber die Begriffe und Worte der menschlichen Sprache einem fortwährenden formalen und inhaltlichen Wandel unterworfen sind, bedarf es immer wieder – besonders aber in Zeiten eines solchen geistigen Umbruchs wie in unseren

Tagen – der Bemühungen der Kirche, ihren Zeitgenossen den nicht *nur* „geschichtlich gebundenen", sondern *zeitlosen Schatz der deutschen Bibel Martin Luthers* in einem immer wieder neuen Übersetzungs-Versuch nahezubringen. Was für eine Übersetzung brauchen wir nun *heute?* Wir brauchen „eine, die den Menschen der Gegenwart nachgeht, weil dies die Liebe gebietet; aber zugleich eine, die ganz der hl. Schrift angemessen und sachgemäß ist und ihren Reichtum und ihre Tiefe nicht auf Kosten ihrer Substanz losschlägt",[131] *der* Substanz, die Luther in geradezu klassischer Sprachgestalt zu verkündigen verstanden hat.

Die eigentliche „Verkündigung" in diesem Teil unseres sonntäglichen Hauptgottesdienstes beginnt mit der

Ansage der Lesungen:

a) Zu den *Episteln* etwa mit den Worten: „Die Epistel des 1. Sonntags im Advent[132] steht geschrieben im Brief des Apostels Paulus an die Römer" (oder: „im 1. Petrus-Brief" oder: „im Buch der Offenbarung des Johannes" oder: „in der Apostelgeschichte des Lukas" oder· „im Buch des Propheten Hesekiel") im soundsovielten Kapitel."[133]

b) Zu den *Evangelien* lautet die Ansage etwa so: „Das hl. Evangelium dieses Tages (Festes) steht geschrieben bei Matthäus (Markus, Lukas, Johannes) im soundsovielten Kapitel."

Mit einer so schlichten Ankündigung der Texte soll jede schwülstige Übertreibung und Erweiterung („Vernehmet mit gebührender Andacht"), auch jedes schulmeisterliche, liturgiepädagogische Erklären („Als Schriftlesung hören wir jetzt") unterbunden werden. Es könnte aber dann und wann, besonders bei Epistel-Texten, zweckmäßig erscheinen, den Hörer mit einem kurzen *„Präfamen"* (lateinisch; deutsch: „Vorwort") an die Botschaft des Textes heranzuführen. Dies müßte aber gut bedacht und sorgfältig formuliert werden.[134]

Daß *die Epistel vor dem Evangelium* gelesen wird, hat geschichtliche Gründe: Der Urgemeinde standen die erst nach

70 n. Chr. geschriebenen Evangelien noch nicht zur Verfügung, wohl aber die Briefe der Apostel, die für sie die Bedeutung seelsorgerlicher „Lehrbücher" hatten; als solche werden sie auch in den Inhaltsverzeichnissen unserer bisherigen „Lutherbibeln" angegeben. Die

Epistel

(griechisch; deutsch: „Brief") enthält einen Abschnitt aus den Briefen der Apostel. Wenn wir diese Dokumente hören, wollen wir daran denken: Gerade das apostolische Wort verkündigt uns die Fortdauer und Gegenwart des Heilshandelns Gottes in der nach-pfingstlichen Zeit der Welt. Aber neben diesen eigentlichen Briefabschnitten wurden je und je und werden bis heute auch Stellen aus der Apostelgeschichte des Lukas und der Offenbarung des Johannes als „Epistel" gelesen. Schließlich hatten und haben

auch alttestamentliche Lektionen

hier ihren Platz, nachdem man auf eine eigene dritte Lesungsreihe für sie verzichtet hatte. Sie gehören *auch* in den Gottesdienst der *christlichen* Gemeinde, weil das Alte Testament mit dem Neuen eine innere Einheit bildet: es begündet und illustriert die neutestamentlichen Texte. „In Christus wird das Alte Testament nicht alt."[135]

Die Episteln sind von ihren Verfassern zur Auferbauung und Ausrichtung des Glaubens an die von ihnen selbst gegründeten Gemeinden geschrieben worden. Diese Aufgabe erfüllten sie aber nicht nur an der ersten Christenheit, sondern zu allen Zeiten der Kirche. Darum müssen sie auch der Gemeinde von heute im Gottesdienst nahegebracht werden.

Die Epistel wird – *auch* wenn an ihrer Stelle eine alttestamentliche Perikope verlesen wurde – von uns mit einem

„Halleluja"

beantwortet. Der Gesang des „Halleluja" (hebräisch; deutsch: „Gelobt sei Jahwe" = Gott) ist ein Erbgut des alttestamentlichen Gottesdienstes. Es wurde meist in Verbindung mit oder nach einem Psalm gesungen. Die Christenheit hat es von dort übernommen. Als das *nach* Weihnachten, Karfreitag, Ostern und Pfingsten lebende Gottesvolk des Neuen Bundes hat sie noch viel *mehr* Grund zum Lobpreis Gottes als *das* Volk, das die Stunde der Erfüllung der ihm gegebenen Verheißung nicht erkannt hat (Jes. 1,3; Luk. 19,41–44).

Der Kirchenvater Hieronymus (gest. 420) berichtet vom Gottesdienst der christlichen Gemeinde in Bethlehem; dort wurde allsonntäglich zwischen den Lesungen vom Chor ein Psalm gesungen, den das Volk mit dem „Halleluja“ beantwortete. Von Hieronymus beraten, hat diesen liturgischen Brauch Papst Damasus (368–384) in der ganzen römischen Kirche, zunächst für die Osterzeit, eingeführt. Gregor der Große (590–604) dehnte ihn auf *alle* Sonn- und Feiertage aus. „Die Hochblüte des nach ihm benannten Gregorianischen Choralgesanges der Kleriker hat im *Halleluja-Jubilus*[136] ihr höchstes Können ausgebreitet, und die andächtige Gemeinde wird in einer Zeit, die noch nicht durch die Reize der Harmonie verwöhnt war, bei der nimmermüden Wiederholung der auf und nieder perlenden Klänge und bei dem weit ausgedehnten Endvokal ‚a‘ den vollkommensten Ausdruck seliger Freude erlebt haben.“[137]

Die lutherische Reformation hat das Halleluja zwischen den Schriftlesungen beibehalten. Luther wollte es sogar auch in den Fastenzeiten gesungen haben; denn, so sagte er in der „Formula Missae“ (1523): „Halleluja enim vox perpetua est ecclesiae; sicut perpetua est memoria passionis et victoriae eius.“ (lateinisch; deutsch: „Das Halleluja ist nämlich die ewige Stimme der Kirche, gleichwie auch das Gedächtnis an Seine Passion und an Seinen Sieg ewig ist.“)[138] Christi Sieg feiert die Kirche an *jedem* Sonntag im Jahr. Wenn ihr Halleluja, das eben eine „vox victoriae“ („die Stimme des Auferstehungssieges“) ist, verstummen würde, wäre die Kirche tot (Jes. 38,18 f.). Darum wollen wir unsere Lippen freudig auftun zu diesem Ruf der Anbetung dessen, der uns in den Schriftlesungen seines Wortes würdig achtet, und dabei daran denken, daß dieser Ruf der Himmlischen am

Ende der Tage das Weltall erfüllen wird, wenn der Herr „das Reich eingenommen" hat (Offbg. 6,6). Wo ein liturgischer Chor (Konfirmanden) mit einer gewissen Regelmäßigkeit im Gottesdienst mitwirkt, wird er am Halleluja in folgender Weise beteiligt:

Nachdem die Gemeinde das Halleluja (meist in der Form des V. oder VIII. Psalmtones) gesungen hat, singt der Chor den in der Agende jedem Sonn- und Feiertag zugeordneten, dem Psalter entnommenen *„Halleluja-Vers"*. Danach wiederholt die Gemeinde ihren Halleluja-Ruf. In der österlichen Freudenzeit singt der Chor sodann noch einen weiteren Halleluja-Vers und die Gemeinde wiederholt darauf nochmals das Halleluja.[139]

Nach dem Halleluja setzt sich die Gemeinde wieder, nachdem sie von der Salutation (vor der Kollekte) an gestanden hat.

Nun singt sie das

Lied der Woche

oder des (auf diesen Sonntag fallenden) Festtages. Es steht heute an der Stelle eines liturgischen Gesanges, der früher nach der Epistel vom Chor an den Chorstufen gesungen wurde. Darum wurde dieser Gesang „Graduale" oder *„Graduallied"* genannt (lateinisch „gradus" = „Stufe"). Die Reformation ersetzte diesen „Gesang auf den Stufen" durch einen deutschen Choral und machte gerade durch seine Plazierung im Verkündigungs-Teil des Gottesdienstes deutlich, daß auch die zu „Gebet und Loblied versammelte *Gemeinde*" (s. Seite 27) *an der Verkündigung beteiligt* ist. „Sollte im Gottesdienst neben dem *gesprochenen* Wort nicht auch das *gesungene* Wort zu einem Hören auf die Anrede Gottes führen können?"[140] Schon in der Urgemeinde gehörte das Singen zu dem „In-der-Lehre-bleiben" (Apg. 2,42) und zur brüderlichen „Zurechtsetzung" (Kol. 3,16; Eph. 5,19), und mit beidem haben es ja die Episteln im besonderen zu tun.

Das Lied an dieser Stelle bringt auch einen Ruhepunkt in den Ablauf des Gottesdienstes: Da können die Gedanken der Epistel in uns weiterschwingen und sich zugleich einstellen auf das folgende Evangelium, das oft die Auswahl des Liedes für den betreffenden Sonntag bestimmt hat. Es wechselt wie die beiden Lesungen allsonntäglich. Weil es aber in jedem Jahr am gleichen Sonntag wiederkehrt, prägt es sich im Laufe der Zeit mehr und mehr ins Gedächtnis der Gottesdienstbesucher ein. Auf diese Weise vermittelt uns diese *feststehende Liederreihe* einen wertvollen Schatz des besten und wichtigsten Liedgutes der Kirche. Sie ergänzt unseren „Vorrat" an Liedern, von denen wir für die Zeiten der Not ja gar nicht genug auswendig gelernt haben können, und bewahrt uns vor Einseitigkeiten, was sowohl den Inhalt wie die Melodien unserer Choräle betrifft. Man nennt dieses Lied zwischen den Lesungen das *„Lied der Woche"*, weil wir es eben nicht nur im Gottesdienst des betreffenden Sonntages, sondern auch während der auf ihn folgenden Woche (bei Hausandachten und anderen Gelegenheiten) immer wieder singen sollen.[141] Erscheint das Wochenlied zu lang, so kann es aus besonderen Gründen und Anlässen auch einmal gekürzt werden. Außerdem können seine Strophen im Wechsel zwischen Chor und Gemeinde gesungen werden – eine Möglichkeit, die die Gemeinde nicht so schnell ermüden läßt und ihr Singen frisch und lebendig erhält.

Man sage nicht, daß man nur singen könne, wenn man dazu „in Stimmung" sei! Sooft wir das Gesangbuch zum Singen aufschlagen, sollten wir daran denken, daß einem Menschen, der unter der Gnadenbotschaft Christi lebt, die „große Freude" (Luk. 2,14) nicht nur ermöglicht, sondern übertragen, *aufgetragen* ist: „Siehe, ich habe dir *geboten*, daß du getrost und freudig seiest" (Jos. 1,9). (Über das Singen der Gemeinde siehe auch S. 23ff.) „Singen hat nichts zu tun mit der Welt", hat Luther gesagt, „Sänger sind nicht voll Sorgenfalten, sondern fröhlich und schlagen die Sorgen mit Singen aus und hinweg."[142] „... Denn die Musica ist eine Gabe Gottes, nicht ein Menschengeschenk. So vertreibt sie auch den Teufel ..."[143] – „... denn er kann nicht bleiben, wo ein Herz fröhlich ist!"[144]

Nach dem Lied der Woche kommt das

Evangelium

zur Verlesung. „Es ist nicht selbstverständlich, aber es ist ein Gesetz, das es in allen Liturgien gibt, daß die *letzte der Lesungen* durch einen Abschnitt aus den Evangelien gelesen wird."[145] Damit sollte schon in der ältesten Christenheit eine sachliche Rangordnung unter den Büchern des Neuen Testamentes zum Ausdruck gebracht werden, bei denen *den Evangelien der Vorrang* zukommt. Sie enthalten die „Frohe Botschaft", die Erfüllung aller vorausgegangenen Heilsgeschichte und den Strahlpunkt für alle kommenden Zeiten. Die mittelalterliche Liturgik gab darüber hinaus der Reihenfolge der beiden Schriftlesungen im Gottesdienst noch eine symbolische Deutung: „Die Epistel geht voraus, so wie der Herr die Apostel vor sich her sandte" (Luk. 10,1).[146]

Auch die Kirche der Reformation hat zwischen dem Wort ihres Herrn und dem seiner Boten unterschieden. Wohl nimmt der Heilige Geist *beide* als „Werkzeuge" und „Vehikel" (lateinisch; deutsch: „Fahrzeuge") (Luther) der Vergegenwärtigung Christi bei uns und in uns in seinen Dienst. Es ist aber nicht dasselbe, ob wir – wie in den Evangelien – einen glaubwürdigen Zeugenbericht vernehmen über das Leben des in Jesus von Nazareth in die Geschichte dieser Welt und damit auch in unsere heutige Existenz als „Heiland" (Luk. 2,11) hineingegebenen Christus Gottes und seine Worte und Taten, oder ob wir – wie in den Episteln – aus den Seelsorge-Briefen der Apostel an die ersten Gemeinden belehrt werden über die Konsequenzen der Botschaft und des Heilswirkens des Herrn für die Glaubensentscheidung und den Lebensstil seiner Christen. Darum bildet die Lesung des Evangeliums auch in den heutigen Ordnungen des Hauptgottesdienstes den Höhepunkt und Abschluß der Lektionen. Das kommt auch darin zum Ausdruck, daß *das Evangelium* als „caput" und als „principale"[147] (lateinisch; deutsch: als *„Haupt" der biblischen Bücher* und als „vorrangig" unter den liturgischen Lesungen) den Hauptgottesdiensten im Ablauf des

Kirchenjahres und den wechselnden Ordnungen der Stücke im Proprium – Introiten, Gebete, Gesänge zu den einzelnen Festtagen – ihr spezifisches Gepräge gegeben hat.

In unseren Tagen werden Gemeindeglieder – leider nicht selten – verunsichert durch die Behauptung moderner Theologen, die Evangelien seien nicht als historische Berichte über das Leben Jesu, seine Worte und Taten, sondern nur als „Glaubenszeugnisse der ersten Gemeinden" zu verstehen. Dazu ist zu sagen: Selbstverständlich ist jedes Stück des Neuen Testamentes ein Glaubenszeugnis seines Verfassers; aber sie alle berichten unmittelbar *Erfahrenes;* sie „bezeugen", was sie mit ihren Sinnen „gehört, gesehen und betastet" haben (1. Joh. 1,1). Sie *sind* also das, was man gemeinhin einen *„historischen Bericht"* nennt. Aber die Berichterstatter der Evangelisten glaubten nicht erst auf das Zeugnis von anderen hin, sondern, weil sie das Berichtete in seiner Transparenz (Jenseitigkeit) nicht mit dem Kopf „begriffen" (Joh. 1,5), sondern mit dem Herzen (Luk. 24,32) „erkannt" hatten: „Wir haben geglaubt und erkannt, daß du bist Christus, der Sohn des lebendigen Gottes" (Joh. 6,69).

Wer seinen Unglauben gegenüber der Botschaft Jesu damit rechtfertigen zu können meint, daß die Evangelien aus der Sicht des „Nachher" geschrieben worden seien, d. h. aus der durch das Ostergeschehen „gewandelten" Situation, wo von „historischer Berichterstattung" keine Rede mehr sein konnte, der vergißt, daß die geschichtliche Persönlichkeit Jesu von Nazareth ihren Jüngern ausdrücklich versprochen hat, sie würden sogar erst „nachher" durch den „anderen Tröster", den Heiligen Geist, „erinnnert" werden an alles, was ihr Meister ihnen gesagt hat (Joh. 14,16;26). So bleibt es dabei: Der im Heiligen Geist gegenwärtige Christus spricht in seinem Evangelium in unserem jeweiligen Heute und Hier zu uns (vgl. Seite 105).

Schon Hieronymus (gest. 420) bezeugt, daß es zu seiner Zeit üblich war, dem Lektor Leuchter mit brennenden *Lichtern* voranzutragen, wenn er mit dem Lektionar zur Lesung des Evangeliums an das Lesepult ging.[148] Das geschieht auch heute noch in den nicht-protestantischen christlichen Kirchen. Dieser schöne symbolische Brauch hat Beziehung auf das Wort Christi: „Ich bin das Licht der Welt“ und auf die von seinem Wort ausgehende Erleuchtung unseres Lebens (Joh. 8,12; Eph. 5,14).

Mit dem bekannten Hinweis darauf, daß wir „in den fünf Sinnen leben“ (s. Seite 37) betonte auch Luther immer wieder die theologische

Bedeutung sinnenfälliger Symbole

für unser geist-leibliches Leben.[149] Auch aus unserem gesellschaftlichen Miteinander oder – wie man heute „soziologisch“ sagt – aus der „Kommunikation“ mit unseren „Mitmenschen“ sind Zeichen und Gebärden der Verehrung und Dankbarkeit, der Liebe und Gemeinschaft, der Freude und Festlichkeit gar nicht wegzudenken. Das gilt aber ebenso für die „Feier unseres Glaubens“ im Gottesdienst. Darum hat Luther bei der Lektion des Evangeliums den *Gebrauch von Leuchtern* [150] ausdrücklich „weder verboten noch geboten“, sondern freigestellt.[151]

Doch die grundsätzliche Freiheit von *nicht notwendigen* Formen darf nicht zu einem gesetzlichen Verzicht auf *mögliche* Formen des religiösen Ausdrucks verkrampft werden. „Es ist auf alle Fälle unlutherisch, wenn sich eine vorsätzliche Formlosigkeit als besonders „protestantisch“ vorkommt oder als Zeichen für den Eifer um eine Sache oder als Erweis des Geistes und der Kraft erachtet.[152]

Diese „Formlosigkeit“ wird gerade auch in unseren Tagen von „modernen“ Pfarrern wieder als ein „Bekenntnis zur evangelischen Freiheit“ praktiziert. Das ist eine Selbsttäuschung, denn eine Formlosigkeit gibt es auf Grund unserer geist-leiblichen Existenz überhaupt nicht. Es gibt nur gute, d. h. ihrem Inhalt angemessene und schlechte, d. h. ihrer Sache unangemessene Formen. Dazu sagt Wilhelm Stählin in seiner heute noch sehr wichtigen und lesenswerten Schrift „Vom Sinn des Leibes“: „Man soll nur ja nicht zugunsten einer ‚Liturgie ohne liturgische Haltung‘ … das Herrenwort ins Feld führen, daß wir ‚Gott anbeten‘ sollen ‚im Geist und in der Wahrheit‘ (Joh. 4,24). Als ob der ‚Geist', von dem das Johannesevangelium und mit ihm das ganze Neue Testament redet, etwas zu tun hätte mit unserer sogenannten Innerlichkeit, als ob darin irgendein Gegensatz zu der leibhaften Fülle und sinnlichen Gegenwart läge, als ob der Mangel an geprägter Form und Ordnung ein Anzeichen geistlicher Lebendigkeit wäre, und als ob nicht vielmehr der Geist Gottes, ohne den freilich jeder Gottesdienst ein leeres, äußerliches Werk ist, gerade auch den menschlichen Leib zu seinem Tempel und Werkzeug gebrauchen wollte!«[153] Eine Empfehlung der Formlosigkeit ist oft auch nichts anderes als eine Rechtfertigung schlechter Manieren, genau wie im gesellschaftlichen Leben jeder Generation.

Sicher ist kein Symbol nötig zur Stillung der elementaren Lebensnotdurft, weder Glocke noch Kerze noch liturgisches Gewand (siehe die Aufstellung der liturgischen Symbole in Anmerkung[158]). *Es gehört zur Natur des Symbols, daß es keinen Nutzeffekt hat, sondern Zeichen des Überflusses und Überschwanges eines seelischen Vorgangs ist,* der nicht „nur geistig", nur „innerlich" bleiben kann, sondern sich äußern, d. h. zum sinnenfälligen Zeichen eines geist-leiblichen oder leib-geistigen Geschehens werden muß. Paul Althaus hat uns bei der Erörterung der mit diesen Feststellungen auftauchenden Gedanken und Probleme geraten, gleichnisweise an die irdische Liebe zwischen Menschen zu denken: „Das Beste, was wir dem Geliebten opfern können, ist gewiß die tägliche Gabe unseres Vertrauens, unseres zarten Dienstes. Aber es wohnt in der Liebe ein Überschwengliches, dem jede Tat zu geringe ist. *Die Herzenshingabe bedarf, über das Gute hinaus, der Welt des Schönen, um sich genugzutun.* Wir schmücken den geliebten Menschen und bringen ihm das Schönste, das wir finden können, als Gabe dar. Liebe übt Verschwendung. Es gehört zum Adel, den Gott uns verlieh, daß die Liebe nicht die Bedürfnisfrage zu stellen braucht, sondern verschwenden darf ... Auch die Liebe zu Gott kann heilige *Verschwendung* üben. ‚Arme habt ihr allezeit bei euch, mich aber habt ihr nicht allezeit' (Joh. 12,8). So hat Jesus das kostbare Salböl sich gefallen lassen.«[154]

Es erschien also dem Herrn Christus sinnvoller, durch den sich nutzlos verströmenden Wohlgeruch das über die Maßen Unalltägliche der göttlichen Gegenwart feiernd zu bezeugen. Bermerkenswert ist auch, daß gerade die Armen so etwas viel besser verstehen als die Satten.[155]

Erfreulicherweise gibt es in einer von der Vereinigten evang.-luth. Kirche Deutschlands (VELKD) erarbeiteten „Handreichung zur Gestaltung des Verkündigungsteiles im Hauptgottesdienst" die Anregung: „Während der Lesungen können zwei Altarhelfer mit brennenden Leuchtern links und rechts des Lektors stehen; sie können ihn zum Lesepult und vom Lesepult weg begleiten."[156] Wir sollten von diesem Vorschlag Gebrauch machen, wo es möglich ist.

Gerade weil im Lebensraum des heutigen, von seiner Wissenschaft und Technik berauschten Menschen alles machbar und kein Platz für Gott zu sein scheint, können uns die Symbole Sinnbilder, *sinn-liche Helfer zur Vergewisserung bestimmter Glaubensinhalte* sein.[157] Außer den Lichtern, die den Lektor bei der Lesung des Evangeliums in die Mitte nehmen, gibt es im evangelischen Gottesdienst noch viele Symbole, über deren Sinngehalt wir immer wieder einmal meditieren sollten.[158]

Denn Zeichen und Symbole gehören nach dem Willen unseres Schöpfergottes zu den Ausdrucksmöglichkeiten des Menschen und damit auch zur Sprache des Glaubens.[159] „Sprache" aber ist nicht nur etwas Gesprochenes, sondern auch etwas Gehörtes. Nicht nur wir selber *geben* Zeichen, sondern uns werden und sind Zeichen *gegeben*, mit denen *Gott* uns etwas sinnenfällig übermitteln will, z. B. in, mit und unter den Sakramenten, die uns Christus geschenkt hat. Niemand kann diese wahrhaft schöpferischen Zeichen „verstehen", weil sie *mehr als bloße „Zeichen"* sind: Sie *„bedeuten"* nicht nur etwas, sondern unter ihnen *ereignet* sich etwas an uns.

Eine zeichenhafte Bedeutung hat es auch, wenn wir uns nach der Ankündigung des Evangeliums durch den Lektor von den Plätzen erheben. (vgl. dazu das auf S. 60 über das „Stehen" im Gottesdienst Gesagte!) Wir nehmen sozusagen mit unserer

Körperhaltung teil an der Ehrenbezeugung für den jetzt mit und in seinem Wort einziehenden „König aller Könige" (1. Tim. 6,15; vgl. Matth. 21,11). Der Brauch, sich gen Osten zu wenden, wenn die Worte der Lesung begannen, ist schon seit dem 4. Jahrhundert nachweisbar.[160] Wir empfangen den bei uns einziehenden Herrn mit dem uns *auch* aus der alten Kirche überlieferten Ruf[161]:

„Ehre sei dir, Herre".

Er wird nach der einfachen Tonfolge der Salutation „Der Herr sei mit euch" gesungen (s. Seite 60). Wir tun mit diesem Zuruf kund, daß wir den Herrn „mitten unter uns" wissen (Matth. 18,20), wenn sein Wort verkündet wird.

Nach der Evangeliumslesung bringen wir ihm Dank, Preis und Anbetung dar mit den Worten

„Lob sei dir, o Christe."

Auch sie sind in der gleichen Weise wie das „Ehre sei dir, Herre" zu singen und gehören – wenn auch aus späterer Zeit stammend – zum liturgischen Erbgut der christlichen Kirche.

Falls die Voraussetzungen dafür gegeben sind, kann ein Chor innerhalb oder nach einer der beiden Schriftlesungen eine Epistel- oder Evangelien-Motette singen.

Wenn man bei dem Bilde von der dreifachen Wellenbewegung bleiben will, die im Wortteil des Hauptgottesdienstes zwischen der Verkündigung des Wortes Gottes und der Antwort unseres Herzens hin- und hergeht (s. Seite 77), dann hat die *zweite Welle* des göttlichen Gesprächs mit uns in der Evangeliums-Lesung unser Lebensland erreicht. Wir beantworten *sie* mit dem

Glaubensbekenntnis.

Begehen wir unseren Gottesdienst als „Feier unseres Glaubens" (s. Seite 34), dann versteht es sich eigentlich doch ganz von selbst, daß an irgend einer Stelle dieser Feier – nicht das, *was*, sondern – das, *woran* wir glauben, d. h. *worauf wir unser Ver-*

trauen setzen (s. Seite 100), verkündet wird. Wir wären fröhlichere und tatkräftigere Christen, wenn wir – jeder einzelne für sich persönlich oder in Gruppen und Kreisen – *gerade auch in unserem Alltag* über die in unserem Glaubensbekenntnis zusammengestellten Botschaften aus den ewigen Bereichen öfter nachdenken und uns von ihnen leiten lassen wollten.

Das Glaubensbekenntnis der Christenheit wird lateinisch „*Credo*" genannt („credo" heißt auf deutsch: „ich glaube"; das ist das erste Wort des früher im christlichen Abendland und bis 1975[162] auch in den Gottesdiensten der röm.-kath. Kirche nur lateinisch gesprochenen Bekenntnisses). In der theologischen Fachsprache heißt das Glaubensbekenntnis seit alters „*Symbolum fidei*". Es wurde bereits gesagt (s. Seite 92 f.): Symbole sind sichtbare oder hörbare Zeichen, die den, der sie sieht oder hört, auf *eine hintergründige Wirklichkeit* hinweisen, die aber von unseren Sinnen noch nicht erfaßt werden kann. „Die Sprache der Symbole ist die *Brücke* zwischen den beiden Welten, deren Bürger der Mensch ist – der Welt, die bereits besteht, und der kommenden Welt, die die Hoffnung gibt, die Unzulänglichkeiten der unsrigen würden wieder gutgemacht."[163] Jedes „Fest der Bettler", das wir im Gottesdienst vollziehen (s. Seite 35), findet gleichsam auf dieser Brücke statt. Vom überweltlichen und doch in dieser Welt und unserem Lebensraum befindlichen Fundament und Unterbau dieser Brücke kündet das von ihr „sprechende" Symbolum, Zeichen, Bekenntnis unseres Glaubens. Darüber sagte Luther einmal in einer Predigt: „Diese Bekenntnisse haben *wir* nicht gemacht noch erdacht, die Väter auch nicht; sondern, wie eine Biene den Honig aus mancherlei schönen, lüstigen Blümlein zusammenzeucht (sammelt), also ist dies Symbolum aus der lieben Propheten und Apostel Büchern, das ist, aus der ganzen hl. Schrift fein kurz zusammengefaßt, für die Kinder und einfältigen Christen, damit mans billig nennet: Der Apostel Symbolum oder Glauben. Denn es ist also gestellet, daß mans nicht hätte besser und feiner so kurz und klar fassen können. Und ist von alters her also in den Kirchen geblieben, daß es entweder die Apostel selbst zusammengestellt haben oder aus ihren Schriften oder Predigten von ihren besten Schülern zusammengebracht worden ist."[164]

Die Christenheit besitzt *drei* allen christlichen Konfessionen gemeinsame Credo-Formen:

Das „*Apostolicum*", so genannt, weil – nach einer alten, auch in der frühchristlichen Malerei dargestellten Legende – jeder der zwölf Apostel ein Sätzlein dazu beigesteuert haben soll.

Das „*Nicaenum*", jenes Bekenntnis, das die alte Kirche auf der ersten allgemeinen Kirchenversammlung in Nicäa 325 zur Abwehr theologischer Streitigkeiten über die Gottheit Christi erarbeitet und auf der zweiten allgemeinen Synode zu Konstantinopel 381 erneuert hat.

Eine dritte Form, das sog. „*Athanasianum*" hat sich wohl wegen seiner zu theologischen und zu langen Formulierungen im gottesdienstlichen Gebrauch der Kirchen nicht durchgesetzt. Es ist nach dem Kirchenvater Athanasius (gest. 373) benannt, stammt aber aus dem 6. Jahrhundert und geht auf die theologische Arbeit des Ambrosius und Augustinus zurück. (Es enthält ausführliche Darlegungen über die Heilige Dreieinigkeit und über das Verhältnis der „göttlichen und menschlichen Natur" in Jesus Christus.) Die Scholastik (eine Theologenschule des 12. und 13. Jahrhunderts) bezeichnet das Athanasianum als ein dem Apostolicum und dem Nicaenum gleichwertiges Symbol. Die reformatorischen Kirchen billigten ihm die gleiche Wertung zu. Darum fand es auch 1580 Aufnahme in das Konkordienbuch der lutherischen Kirchen. Es hat aber nur in der Anglikanischen Kirche Bedeutung erlangt.

Von diesen drei Bekenntnissen ist das *nicaenische* (auf Betreiben Kaiser Heinrichs II., der in Bamberg residierte) unter Benedikt VIII. im Jahre 1014 in den sonntäglichen Hauptgottesdienst gekommen, während das *Apostolicum* seinen Platz in der *Taufliturgie und im Stundengebet* behielt. Die Kirchenordnungen der Reformation haben an dieser Entwicklung festgehalten und für *die Hauptgottesdienste mit Feier des hl. Abendmahles* den *Gesang des Nicaenums* angeordnet.[165] Das Apostolische Glaubensbekenntnis wurde außer bei der hl. Taufe (und später in den evangelischen Kirchen auch bei der Konfirmation) nur in den „Nebengottesdiensten" (in der Frühe oder am Nachmittag des Sonntags oder unter der Woche vor oder nach der Predigt), d.h. also bei den abendmahlslosen Gottesdiensten gesprochen[166]. Dagegen begegnet uns heute im sonntäglichen „Hauptgottesdienst" (mit Predigt *und* Sakramentsfeier!) meist das Nicaenum.

In der nunmehr in allen christlichen Kirchen des deutschen Sprachgebietes gebrauchten ökumenischen Fassung[167] lauten die Glaubensbekenntnisse:

Das Apostolicum	und **Das Nicaenum**[168]
Liturg: Ich glaube an Gott,	Wir glauben an den einen Gott,
Erster Artikel	
Gemeinde: den Vater, den Allmächtigen, den Schöpfer des Himmels und der Erde,	den Vater, den Allmächtigen, der alles geschaffen hat, Himmel und Erde, die sichtbare und die unsichtbare Welt.
Zweiter Artikel	
Und an Jesus Christus,	Und an den einen Herrn Jesus Christus,
seinen eingeborenen Sohn, unsern Herrn,	Gottes eingeborenen Sohn,
	aus dem Vater geboren vor aller Zeit: Gott von Gott, Licht vom Licht, wahrer Gott vom wahren Gott, gezeugt, nicht geschaffen, eines Wesens mit dem Vater; durch ihn ist alles geschaffen.

	Für uns Menschen und zu unserm Heil ist er vom Himmel gekommen,
empfangen durch den Heiligen Geist, geboren von der Jungfrau Maria,	hat Fleisch angenommen durch den Heiligen Geist von der Jungfrau Maria und ist Mensch geworden.
gelitten unter Pontius Pilatus, gekreuzigt, gestorben und begraben,	Er wurde für uns gekreuzigt unter Pontius Pilatus, hat gelitten und ist begraben worden,
hinabgestiegen in das Reich des Todes,	
am dritten Tage auferstanden von den Toten,	ist am dritten Tage auferstanden nach der Schrift
aufgefahren in den Himmel;	und aufgefahren in den Himmel.
er sitzt zur Rechten Gottes, des allmächtigen Vaters;	Er sitzt zur Rechten des Vaters,
von dort wird er kommen,	und wird wiederkommen in Herrlichkeit,
zu richten die Lebenden und die Toten.	zu richten die Lebenden und die Toten;
	seiner Herrschaft wird kein Ende sein.

Dritter Artikel

Ich glaube an den Heiligen Geist,	Wir glauben an den Heiligen Geist, der Herr ist und lebendig macht, der aus dem Vater und dem Sohn hervorgeht, der mit dem Vater und dem Sohn angebetet und verherrlicht wird, der gesprochen hat durch die Propheten,

die heilige christliche	und die eine, heilige,
Kirche,	allgemeine und
Gemeinschaft der Heiligen,	apostolische Kirche
	Wir bekennen die eine Taufe
Vergebung der Sünden,	zur Vergebung der Sünden.
	Wir erwarten die
Auferstehung der Toten	Auferstehung der Toten
und das ewige Leben.	und das Leben der kommenden
	Welt.
Amen.	Amen.

Beide Bekenntnisse[169] beginnen sachgemäß mit der Erklärung, daß die Menschen, von denen sie gesprochen oder gesungen werden, *glauben*. Sie glauben nicht nur, *daß* es den dreieinigen Gott *gibt*, von dem in den drei Artikeln („articulus" = lateinisch; deutsch: „Gelenk", „Glied", „Teilchen", „Stück", „Abschnitt") die Rede ist, sondern sie glauben *an* ihn.

An einen *Menschen* glauben heißt: nicht nur für wahr und möglich halten, daß er existiert; *an* einen anderen glauben heißt sich an ihn halten, sich ihm anvertrauen, sich auf ihn verlassen. *„Sich verlassen"* bedeutet wörtlich: sich selbst hinter sich lassen, gleichsam aus sich ausziehen, sich einem „Du", das außerhalb unseres „Ich" ist, überlassen. Sich auf *Gott* verlassen heißt: *„sich ihm lassen ganz und gar"* (vgl. EKG 109). Mit unserem Glaubensbekenntnis wollen wir also nicht nur aufzählen, was Gott nach dem Zeugnis der hl. Schrift getan hat und tun wird – so notwendig und gut es zweifellos ist, dem Unglauben, Atheismus und Nihilismus des Zeitgeistes, den es schon je und je gegeben hat und den es bis ans Ende der Zeit geben wird, immer wieder eine Zusammenfassung der christlichen Lehre gegenüberzustellen. In den Worten „Ich glaube *an*" oder „Wir glauben *an*" geht es nicht nur um das Für-wahr-halten von empfangenen *Erkenntnissen*, sondern um den *Akt der Auslieferung des Menschen an das göttliche Gegenüber*, „bei dem kein Ding unmöglich ist" (Luk. 1,37): „Herr, du bist mir zu stark gewesen und hast gewonnen" (Jer. 20,7).

Die Wahrheit der Freudenbotschaft der Bibel, die im Credo sozusagen im „Telegrammstil" oder als „Verbum abbreviatum" (lateinisch; deutsch: „Gottes Wort in Kurzform") zusammengefaßt ist, bildet das Fundament unseres Glaubens, und die Erfahrung ihrer Wirklichkeit drängt ein zur Freude, zum Frieden und zur Hoffnung befreites (Röm. 8,21) Herz dazu, von dem an ihm geschehenen Wunder *Zeugnis* abzulegen. „Ich will erzählen, was er an meiner Seele getan hat" (Ps. 66,16), täglich an mir tut und über meinen Tod hinaus an mir tun wird. Es liegt in der Natur eines solch überströmenden Beglücktseins, daß aus dem Gedächtnis der großen Taten Gottes, das dem Bekenntnis unseres Glaubens zugrunde liegt, ganz von selbst ein *Dankgebet* wird. In diesem Sinn hat Luther immer wieder gemahnt, „den Glauben" (er meinte das Credo) wie das Vaterunser täglich zu beten.[170] Es war für ihn kein „Nachweis" unseres Christseins, sondern *ein Gespräch mit Gott*,[171] ein „sacrificium laudis" (lateinisch), d. h. auf deutsch ein *„Lobopfer"*, mit dem wir bekennen und zugleich Gott danken, daß wir den Schatz seines Wortes von ihm haben.[172] Dieser vielseitigen Bedeutung und des Reichtums unseres Bekenntnisses sollten wir uns bewußt bleiben, so oft wir es sprechen und beginnen mit den Worten: „Ich glaube an", bzw. „Wir glauben an".

Unser „glauben" kreist um das *Geheimnis der Heiligen Dreieinigkeit.* Ihre Wirklichkeit und Wirksamkeit in der Geschichte der Welt und unseres Lebens bezeugen die beiden Glaubensbekenntnisse. Gott hat sich als Vater, Sohn und Heiliger Geist, als unser Schöpfer und Erlöser und als der heute und hier gegenwärtige Herr nicht nur unserem Erkenntnisvermögen, sondern unserem Herzen zu erkennen gegeben. Widerspiegelung dieser Erkenntnis und Erfahrung seines Waltens sind die „drei Artikel" des christlichen Bekenntnisses.

Im *ersten Artikel* wird bezeugt, daß Gott der *All*mächtige (griech. der „Pancreator" = der „All-Herrscher") ist. „Außer ihm ist kein Gott" (Jes. 44,6). Durch das Bekenntnis, daß er *„Himmel und Erde" geschaffen* hat, wird in der Sprache des Altertums ausgedrückt, daß es *außer ihm nichts* gibt, das *göttlich* wäre. Die Wirklichkeit der von ihm ins Dasein gerufenen Welt hat aber außer den unserer wissenschaftlichen Forschung zugänglichen Bereichen noch andere, „unsichtbare" Dimensionen, die, wie *„alles" – durch ihn und zu ihm „geschaffen" sind* (Kol. 1,16). „Die Dinge sind durch sein Wort gemacht und ohne dasselbe ist nichts, was gemacht ist" (Joh. 1,3) und „er hat alles geschaffen, daß es im Wesen sein sollte" (Weisheit 1,14) und nicht ins Nichts zurücksinke. Auch daß *wir* „wirklich" sind, ist sein Werk; wir brauchen uns also nicht erst „selbst verwirklichen". Weil *Leben nur durch sein Schöpferwort entsteht* (Ps. 33,9), ist er auch *unser* „Vater", dem wir mit Leib, Geist und Seele geborgen und zugleich verantwortlich zugehören. Er wartet auf die Antwort des Dankes und Lobpreises seines menschli chen Geschöpfes. (vgl. S. 26)

Der *zweite Artikel* bildet die spezifische Mitte aller *christlichen* Bekenntnisse. Er sagt aus, warum wir aufgrund der Berichte des Neuen Testamentes über *Jesus Christus an* ihn glauben. Er ist „der eine Herr", (hier ist wirklich „der einzige" gemeint; vgl. S. 30 u. Anm. 32), also auch unser Herr, dessen ewige Gottheit (Joh. 1,1–2; Kol. 1,11–13) das Nicaenische Bekenntnis aus guten Gründen gegen alle alte und neue Irrlehre noch nachdrücklicher betont als das Apostolicum. Sodann wird das *Wunder der Menschwerdung*des *„eingeborenen"* (Anm. 32) *„Sohnes"* Gottes *„zu unserm Heil"* – außer dem es eben „kein Heil" gibt und nichts heil ist (Apg. 4,12) – bezeugt. Gott ist nicht der biologische Vater Jesu, sondern er ist – gleichsam als „der zweite Adam" (vgl. Röm. 5,18f.; 1. Kor. 15,22) – eine neue Schöpfung Gottes mitten in der Geschichte der Nachkommen Adams und Evas. Sie geschah „durch den Heiligen Geist" von der „Jungfrau Maria".

Zweifellos „liegt hier ein Notstand vor für jeden Christen."[173] Aber Nöte, die uns der menschliche und als solcher immer begrenzte Verstand bereitet, kann man nicht beseitigen, sondern nur „durchstehen im Glauben" (unter Beziehung auf Jes. 55,8ff.). Die Erinnerung an die nicht adamitische Geburt Jesu Christi ist *die* Stelle unseres Glaubensbekenntnisses, die uns jedesmal zur *Anbetung der Gottheit Jesu Christi* Anlaß gibt. Luther erzählte in einer Weihnachtspredigt folgende Geschichte: Es sei einmal der Teufel in eine Kirche zur Messe gekommen und da man die Worte gesungen habe „Et homo factus est" (lateinisch; deutsch: „und ist Mensch geworden") und die Leute gestanden und nicht niedergekniet hätten, habe er einen aufs Maul geschlagen und ihn gescholten und gesagt: „Du grober Schelm, schämst du dich nit, daß du so stehest wie ein Stock und nit vor Freuden niederfällst? Wenn Gottes Sohn *unser* Bruder worden wäre wie der eure, wüßten wir nit, wo wir vor Freuden bleiben sollten."[174]

Die „große Freude", die „allem Volk" auf Erden in der heiligen Nacht „widerfahren" ist (Luk. 2,14), kann nicht *be*-griffen (Joh. 1,5), sondern nur *er*-griffen werden. Sind wir uns wirklich sicher, daß das für das menschliche Denken „Unmögliche" auch für *Gott* „unmöglich" ist (vgl. Luk. 1,37)? Im Grunde ist *alles* unmöglich, was in den Bekenntnistexten steht. „Sie sind Heilszusage; das Heil aber kommt nicht vom Menschen."[175] Der Glaubende, der gelernt hat, *sich* zu *ver*lassen (s. Seite 100), kann ein Geheimnis als *Geheimnis* stehen lassen.

Nach der Feststellung von *Kreuzestod und Begräbnis* des Herrn wird seine *Auferstehung von den Toten* bezeugt. Auch über die Ostergeschichten des Neuen Testamentes wurde seit jeher eifrig diskutiert. Sie können nicht mit wissenschaftlichen Methoden „bewiesen", aber auch nicht widerlegt werden – sie können „nur" geglaubt werden. Aber auch ihnen gegenüber gilt: Gott wäre nicht *Gott*, wenn seine Macht am Tode eine Grenze hätte.

Das Ostereignis ist die Mitte unseres Heiles. Alles Vorhergehende: Christi Kommen und Wirken, seine Worte und Taten, sein Leiden und Sterben, laufen auf den einen Punkt, auf unsere Erlösung vom Tode zu. Seine Auferweckung ist der Anbruch seiner *Herrschaft* (Luk. 1,33 ff.), deren *„wird kein Ende sein"*; denn *„er ist aufgefahren in den Himmel; von dort wird er kommen ... in Herrlichkeit, ... zu richten die Lebenden und die Toten."*

Der zweite Artikel des Credos lobpreist *das eigentliche Herz-*

stück unseres auf das Evangelium von Jesus Christus gegründeten Glaubens. Sooft unsere Gedanken seine Aussagen umkreisen, werden Herz und Lippen fröhlich und lobsingen dem, der sie *erlöst* hat (Ps. 27,23). Dabei verstehen wir jedesmal von neuem den „Wandsbecker Boten“, der an seinen „Freund Andres“ geschrieben hat: „Wer nicht an Christus glauben will, der muß sehen, wie er ohne ihn raten kann. Ich und Du können das nicht. Wir brauchen jemand, der uns hebe und halte, weil wir leben, und uns die Hand unter den Kopf lege, wenn wir sterben sollen; und das kann Er überschwänglich, nach dem, was von ihm geschrieben steht, und wir wissen keinen, von dem wir's lieber hätten ... Wir wollen an ihn glauben, Andres, und wenn auch niemand mehr an ihn glaubte“.[176]

Der *dritte Artikel* bekundet die *Gegenwart des Christus Gottes in unserem Heute und Hier* und zwar im Walten des Heiligen Geistes, der – weil er Tod und Teufel entmachtet hat – *„der Herr ist und lebendig macht“* (2. Kor. 3,17). *Der Heilige Geist ist der lebendige Kontakt zwischen Gott und dem Menschen.* Seine pfingstliche „Einwohnung“ in unsere Welt (Joh. 14,23) beschenkt uns mit der Gewißheit: Gott „ist nicht fern von einem jeden unter uns“ (Apg. 17,27) und der Auferstandene ist „bei uns alle Tage bis an der Welt Ende“ (Matth. 28,20). „Christus ohne den Geist wäre nicht wirklich und der Geist ohne Christus wäre nicht wahr“.[177] *Das Werk des Geistes ist die „eine, heilige, allgemeine und apostoliche Kirche“.* (Das Wort „Kirche“ kommt von dem griech. „Kyriakae“, d. h. „die dem Herrn Gehörige“; lateinisch heißt Kirche: „ecclesia“, das bedeutet: die aus dem Menschheitsganzen „Herausgerufene“, die „Auserwählte“.) Im lateinischen Text unseres Credos lautet die Stelle: „Credo ... unam, sanctam, *catholicam* et apostolicam ecclesiam.“ Es sind wohl viele Glieder am Leibe der Christenheit, aber es ist *ein* Leib (Röm. 12,4; 1. Kor. 12,22 f.; Eph. 4,4 ff.), an dem Christus das Haupt ist (Eph. 4,15f.). Und diese „eine, heilige und apostolische Kirche“ ist „allgemein“, das soll besagen: *„weltumfassend“*, d. h. *„katholisch“* – einerlei, ob es sich um den römischen oder evangelischen, anglikanischen oder griechisch-orthodoxen oder einen anderen Teil handelt. (Das Wort „katholisch" ist, wie schon gesagt, der griechischen Sprache entlehnt; in ihr bedeutet der Ausdruck „kath holän thän gän", „über die ganze Welt verbreitet", also: „weltumfassend".) Das ganze Heilshandeln des dreieinigen Gottes hat eine „katholische", d. h. der ganzen Welt geltende Tendenz: „Also hat Gott die *Welt* geliebt ..." (Joh. 3,16). Das Wort „Katholizismus" bedeutet etwas anderes als der Begriff *„Katholizität"*. Jedem Absolutheitsanspruch (d. h. Anspruch auf Alleingültigkeit) einer Konfessionskirche, auch der des römischen „Katholizimus", steht die „Katholizität" der christlichen Kirche im Wege. Zu der *wesensmäßig* „katholischen" Kirche *Gottes* gehören auch *wir;* und unsere lutherische Kirche hätte diesen Anspruch niemals nur der römischen überlassen sollen. Vielmehr sollten wir selbst im Bewußtsein der inneren Grenzen *jedes* Kirchentums auf Erden in fröhlicher Gewißheit bezeugen, daß *auch den Kirchen der Reformation ein „katholischer", d. h. weltweiter Auftrag* und eine besondere Berufung unter den anderen christlichen Konfessionen *gegeben* ist.

Im Ausstrahlungsbereich dieser einen Kirche „erinnert" (Joh. 14,26) *der Heilige Geist* durch die hörbare Stimme (Jes. 40,3) seiner Freudenboten (Apostel = Bote) und durch die *sichtbaren Gaben* seiner Sakramente – durch sinnenfällige, leibhaftige „Instrumente" (s. Seite 37) – die Menschheit daran, daß Gott sie nicht sich selbst überlassen, sondern ihr durch sein *Wort*, durch das Geschenk der hl. *Taufe* und durch die Gaben des hl. *Mahles* Anteil an seiner ewigen Herrlichkeit schenken will. Im Herrschaftsbereich des Heiligen Geistes hat der jeweilige Zeitgeist mit seinen vom „Vernünftigen" und „Machbaren" berauschten Ideologien keine Macht mehr. Die in den Lebenszusammenhang mit dem Auferstandenen hinein „getauften", d. h. „eingetieften" Kinder Gottes (Gal. 3,26; 1. Joh. 5,2) stehen durch die an ihnen *geschehene* Verbindung Gottes mit ihnen in dieser Welt als *„die Gemeinschaft der Heiligen"*. Die Bibel versteht unter „Heiligen" nicht Menschen mit einer außerordentlich hohen moralischen Qualität. „Hinter dem Sund", d. h. hinter der

Trennung des Geschöpfes von seinem Schöpfer, „sind wir allzumal Sünder" (Röm. 3,21) und „da ist keiner, der Gutes tue, auch nicht einer" (Röm. 3,22 ff.). Wir sind „Heilige", weil wir *teilhaben an den Gaben dessen, der „allein heilig ist"* (s. Seite 56), so wie es Luther gepredigt hat: „Wer ein Christ ist, der tritt mit dem Herrn Christo in die Gemeinschaft aller seiner Güter: weil nun Christus heilig ist, so muß er auch heilig sein oder leugnen, daß Christus heilig sei. Bist du getauft, so hast du das heilig Kleid angezogen, das Christus ist, wie Paulus sagt (Gal. 3,27). Das Wörtlein „heilig" heißt, daß etwas Gottes eigen ist und ihm allein gebührt, das wir deutsch heißen „geweihet".[178]

Da alle Liebe, die wir von Gott empfangen, nur vergebende Liebe sein kann, lobpreist das Credo die hl. *Taufe* als eine an uns „zur *Vergebung der Sünden*" geschehene göttliche Aktion. Diese hat es aber nicht nur mit unserer Vergangenheit zu tun. Sooft uns nach einer Beichte zugesichert wird: „Deine Sünden sind dir vergeben" (Matth. 9,2), wird uns eine „neue Zeit" geschenkt; da bricht ein neues Erkennen und Erfahren, ein neues Leben und Wesen an (2. Kor. 5,17). Im Ausblick auf diese „neue Zeit" kann man mit den letzten Worten des Credos jubilieren: *„Wir erwarten die Auferstehung der Toten"* (2. Petr. 3,13; Joh. 5,21) *„und das Leben der kommenden Welt"* (Offbg. 21,1–5). „Wo der Geist geistet, vollendet sich die Vollendung."[179]

Begonnen hat diese *Vollendung* bereits mit Pfingsten. Sie wird erfahren, wo immer Menschen „des Geistes Erstlinge empfangen" (Röm. 8,23). Und „das Leben der kommenden Welt" umleuchtet unser Christsein *schon heute und hier*. „Wo der *Kommende* als der *Nahe* erkannt wird, bleibt *die Freude*."[180]

Ahnen wir, wie unaussprechlich reich ein Menschenleben ist, das mit den Worten des christlichen Glaubensbekenntnisses *die Wirklichkeit* bezeugen kann, *die uns trägt*, der wir unsere ganze Existenz verdanken und von der wir auch nach dem Erdenleben umfangen sind? Aus ihrer „Fülle" nehmen wir von einem Augenblick zum anderen „Gnade um Gnade" (Joh. 1,16). Weil es im Credo um diese *Begnadigung*, ja, um die fortgesetzte und *unvergängliche Beglückung unserer vergänglichen Existenz* geht, wollen wir es nicht hersagen wie die Paragraphen einer Vereinssatzung, denen man zustimmen muß, wenn man zu diesem Verein gehören will. Vielmehr wollen wir über jedem einzelnen Sätzlein des Credos unsere *Herzen überströmen lassen von Dank und Preis für die großen Taten Gottes*: das alles hat der Herr der Welt und ihrer Geschichte für *uns* getan, dies alles tut er für *uns*, dies alles wird er für *uns* tun! Begreifen wir nun, warum man das Glaubensbekenntnis ein „Lobopfer" (Hebr. 13,15) der ihrem Herrn begegnenden Gemeinde genannt hat (s. Seite 101)? Es ist die Rückströmung jener Welle, die unter der Verlesung des hl. Evangeliums unser Lebensland erreicht hat. Es ist *die Entfaltung unseres „Amen" auf das vernommene Wort des Herrn.* Es ist ein feierlicher Hymnus derer, die, von den Geheimnissen des dreieinigen Gottes überwältigt, „verkündigen von Tag zu Tag sein Heil" (Ps. 96,2).

Mit solchen Erkenntnissen über das Credo der Kirche beschenkt, wollen wir „davon singen und sagen" (EKG 16,1). Seinem hymnusartigen Charakter entspricht es, daß es schon in der alten und in der reformatorischen Kirche *gesungen* wurde. Auch Luther sagte: „Es gefällt uns nicht übel, daß man das *Symbolum Nicaenum singe*, wie je und je gewöhnlich gewesen."[181] Der Anhang zur Lutherischen Agende I, das „Kleine Kantionale I" zu dieser Agende und manche landeskirchlichen Ausgaben des Evang. Kirchengesangbuches bieten dafür verschiedene Möglichkeiten an (vgl. EKG S. 64*), nach denen beide Bekenntnisse entweder von der Gemeinde allein oder im Wechsel zwischen Chor und Gemeinde, bzw. zwischen zwei Hälften der Gemeinde in einstimmiger rezitativer Weise gesungen werden können.[182] Singt der Chor das Credo allein, so kann die Gemeinde darauf mit einer Amen-Strophe (am besten Lied EKG 134) antworten.

Unsere Gottesdienstordnung sieht folgende Möglichkeiten der Ausführung des Glaubensbekenntnisses vor:

1. Mindestens in den Gottesdiensten mit hl. Abendmahl und an den Festtagen sollte das *Nicaenum* von der Gemeinde entweder gemeinsam gesprochen oder gesungen werden.

2. Wenn das nicht, wie es das richtige wäre, allsonntäglich so gehandhabt wird, kann an den gewöhnlichen Sonntagen im Gottesdienst ohne Sakramentsfeier das *apostolische* Glaubensbekenntnis gemeinsam gesprochen oder gesungen werden. Wenn wir das tun, dann wollen wir uns von *diesem* Credo an unsere *Taufe* erinnern lassen, bei der es die Eltern und Paten zum ersten Mal über uns gesprochen haben, und daran denken, daß auf dem Inhalt dieses Bekenntnisses alle Verheißung und Hoffnung unseres Christseins beruht.
3. Statt des Nicaenums oder Apostolicums kann auch *Luthers Glaubenslied* „Wir glauben all an einen Gott" (EKG 132)[183] gesungen werden, das in der reformatorischen Zeit zunächst nach dem Nicaenum, später da und dort an dessen Stelle gesungen wurde. Es war Luther eben wichtig, daß die Gemeinde ihr Lobopfer (Hebr. 13,15) nicht spricht, sondern *singt*; darum gab er ihr lieber ein Lied, um das Sprechen des Credos möglichst auszuschalten.

   Weil Luther in dem sog. „Ambrosianischen Gesang": *„Te Deum laudamus"* (lateinisch; deutsch: „Dich, Gott, loben wir") mit Recht ein „Credo" aus dem 3./4. Jahrhundert gesehen hat, holte er ihn als „Dritt-Symbolum" oder „Bekenntnis, welches man zuschreibt St. Ambrosio und Augustino" in den reformatorischen Gottesdienst herein[184] und gab ihm eine deutsche Fassung für zwei Chöre.[185] Auch dieses „Te deum laudamus verdeutscht" kann anstelle des Nicaenums oder Apostolicums in unserem Hauptgottesdienst gesungen werden (EKG 137, „Herr Gott, dich loben wir"). Ebenso kann hier Rudolf Alexander Schröders Credo-Lied (EKG 133) aus dem Jahre 1937 der Gemeinde zum Lobpreis dessen dienen, der sich mit *uns* eingelassen hat und dem *„wir* uns lassen ganz und gar" (EKG 109).
4. Wird das Glaubensbekenntnis *gesprochen*, so sollte das *keinesfalls durch den Liturgen allein* geschehen. Ein pastorales Solo-Credo hat es vor dem 19. Jahrhundert in der ganzen lutherischen Kirche nicht gegeben. Es ist aber leider später da und dort üblich geworden. Gott ist der *Gemeinde* in seinem

Wort begegnet. Deshalb kann *sie* sich nicht von der Antwort des Dankens und Lobens, Preisens und Anbetens beurlauben und den Liturgen an ihrer Stelle reden lassen. Im Gottesdienst muß eben *jeder* aus der Gemeinde *aktiv* werden, wenn er nicht dem Baume gleichen will, an dem der Herr Frucht suchte und keine fand (Luk. 13,6).

Allgemein gilt: Das Credo wird vom Liturgen *am* Altar und *zum* Altar mit den jeweils zwei ersten Worten („*Ich* glaube" oder „*Wir* glauben") intoniert, d. h. „angesungen" oder „angesprochen". Auf diese Weise hört die Gemeinde, in welche der beiden Formen (Nicaenum oder Apostolicum) sie singend oder sprechend einstimmen soll.

Neuerdings meint man, den Gebrauch des Glaubensbekenntnisses für den Gottesdienstbesucher durch eine Aufforderung oder Einleitung erleichtern zu müssen.[186] Eine Notwendigkeit dafür besteht nicht. Werner Jetter hat recht mit der Behauptung: „Das Bedürfnis, den seltenen und sporadischen (unregelmäßigen) Kirchengängern alles zu erklären, was man jeweils im Gottesdienst macht, macht ihnen diesen auch nicht vertrauter ... *Jedes Übermaß an Ausdeutung ist der Tod der Symbolik.*"[187] (Über Symbole s. Seite 92 ff.) Eine mit ihrer Gottesdienstordnung vertraute Gemeinde weiß, *was* der Pfarrer „tut", wenn er zum Credo an den Altar tritt. Freilich muß sie immer wieder über den Sinn und Inhalt ihres gottesdienstlichen Bekennens informiert werden.[188] Die ganze „Feier unseres Glaubens" bedarf einer *fortlaufenden liturgischen Unterweisung der Gemeinde*. Selbst *wenn* wir einmal im Religions- und Konfirmandenunterricht in die Ordnung unseres Gottesdienstes eingeführt wurden, sollten wir uns doch – gerade als „Erwachsene" – in eigens *dafür* veranstalteten Gemeindezusammenkünften nicht nur den Text unseres Glaubensbekenntnisses, sondern den *aller* Stücke unserer Liturgie *immer wieder* einmal erläutern und ihre Bedeutung für unser Leben nicht nur lehrhaft, sondern seelsorgerlich nahebringen lassen. Unter einer regelmäßigen Betrachtung, Entfaltung und „Einübung" ihrer geistigen Substanz bleiben sie ein lebendiger, beglückender Ausdruck unseres Christseins.

Doch dürfen wir uns der Tatsache nicht verschließen, daß heute bei manchen Gottesdienstbesuchern auch der *Wunsch nach neuen Glaubensbekenntnissen* lebendig ist. Man begründet das damit, daß die beiden überlieferten Credo-Formulierungen christliche Erkenntnis einer bestimmten Epoche der Kirchengeschichte darstellten. Weil aber alles Bekennen persönlich sein muß, sucht man nach einem *neuen* sprachlichen Ausdruck des christlichen Glaubens unter den völlig veränderten Verhältnissen unserer Zeit. Dazu ist zu sagen, was bereits im Vorwort (S. 6ff.) grundsätzlich über „Gottesdienste in neuer Gestalt" ausgeführt worden ist: Weil keine Generation über den Heiligen Geist verfügt, der ja wie „der Wind bläst, wo er will" (Joh. 3,8), muß seine Kirche für neue Dimensionen ihrer Einsicht in die ihr offenbarte Wahrheit und für sich daraus ganz von selbst ergebende andere liturgische Formen und Formulierungen *offen bleiben*. Nun liegen zur Zeit der Abfassung dieses Büchleins bereits etwa 100 Modelle von „Glaubensbekenntnissen für unsere Zeit" oder „Glaubensbekenntnisse neuerer Art" vor.[189] „Die Eigenart dieser Bekenntnisse besteht darin, daß sie weder von der Kirche noch von der Gemeinde verfaßt oder angenommen sind, sondern daß in ihnen eine Gruppe innerhalb der Gemeinde mit oder ohne Beteiligung eines Theologen *ihr* Verständnis des christlichen Glaubens angesichts der Herausforderungen unserer Zeit formuliert. Deswegen haben solche Glaubensformulierungen nur die Bedeutung von *Tages-Bekenntnissen*, die *nicht an die Stelle des Glaubensbekenntnisses der Gemeinde im sonntäglichen Hauptgottesdienst* treten können."[190] Die größte Schwierigkeit ist nach den Worten eines für neue gottesdienstliche Formen durchaus offenen Theologen, „eine sprachliche Ausdrucksform zu finden, die weder Predigt noch Ansprache, weder Appell noch Aufruf zur Veränderung der bestehenen Verhältnisse ist, sondern vielmehr dem Charakter des Bekenntnisses als eines *Lobpreises und Hymnus* entspricht. ... Einzelne Christen oder Gruppen in der Gemeinde werden an solchen Versuchen nicht gehindert werden können und dürfen. Aber das Unterfangen, das alte Glaubensbekenntnis der Kirche neu zu formulieren, dürfte eine im höchsten Maße theologische und überdies keineswegs leichte Aufgabe bilden. Denn es geht nicht darum, im Augenblick ein bestimmtes Engagement zur Sprache zu bringen; es handelt sich vielmehr darum, mit neuen Worten an neuer Stelle ein „Lobopfer und Bekenntnis" zu formulieren, und zwar so, daß darin eine große Anzahl von Gemeinden ihr hymnisches Bekenntnis entdeckt, um auf diese Weise die verlorene *Dimension der Anbetung* wiederzufinden."[191]

In dem ganzen Für und Wider einer Neufassung des Glaubensbekenntnisses wollen wir an Luther denken, der in einer Predigtauslegung des christlichen Glaubens 1537 gesagt hat: „Ja, spricht Fleisch und Blut: es ist einem verdrießlich, immer auf einer Geigen leiern. Etwas Neues her, sonst wird man's überdrüssig. Nein, spricht Christus, sondern denket mein. Denn die andern, welche so fürwitzig sind und wollen etwas Neues hören, die haben das bisherige nie recht verstanden. ... Denn Gottes Wort, wo es recht ein Herz einnimmt, macht den Menschen nicht satt noch überdrüssig, sondern je länger je begieriger. Darum, *wo man's überdrüssig wird, da stehet's nicht wohl*. ... Denn also muß es gehen: *wer beten soll, muß zuvor glauben*."[192]

Diese kostbaren Lutherworte kann man durch den Rat ergänzen, den Walter Lotz den Christen gegeben hat, die den alten Bekenntnissen gegenüber gewisse Schwierigkeiten haben: „Es mag sein, daß man die eine oder andere Wendung im Glaubensbekenntnis noch nicht recht versteht und gerne entbehren könnte. Dann soll man sich um so lieber an die andere halten, deren Wahrheit man erfahren hat. Und man soll darauf trauen, daß die Väter gewußt haben, was sie taten, als sie dies als Grundbekenntnis der Kirche ordneten, was unter dem Walten des Heiligen Geistes im Laufe der Jahrhunderte zu einem dreifältigen Ganzen zusammengewachsen war. Wenn wir uns dafür offen halten, werden uns immer mehr Tiefen und Weiten des Glaubensbekenntnisses aufgehen und wir werden erkennen, daß zu seiner Zeit alles darin wichtig und richtig ist."[193]

Wer für eine Vielzahl von Credos und deren Verwendung im Gottesdienst eintritt, muß sich auch darüber *klar* sein, daß *ein zu häufiger Wechsel* liturgischer Formen und Stücke die Gemeindeglieder nicht nur im positiven Sinn „provozieren", sondern auch „schockieren", d. h. verärgern und den „schönen Gottesdiensten des Herrn" (Ps. 27,4) entfremden kann und damit *gegen die Liebe* verstößt. (vgl. Vorwort S. 9f.)

Schließlich darf nicht übersehen werden, daß die beiden alten kirchlichen Bekenntnisse eine *ökumenische Bedeutung* haben, d. h. in den Gottesdiensten aller christlichen Konfessionen in der ganzen Welt in Gebrauch sind. Dieses sichtbare *Zeichen der von Christus selbst seiner Gemeinde vorgegebenen Einheit und Katholizität* (darüber Seite 105f.) sollte gerade angesichts der Zerspaltung der institutionellen Kirchengemeinschaften von uns so hoch geschätzt werden, daß wir es nicht von individuell formulierten Einzel-Glaubensbekenntnissen aus der Ordnung des sonntäglichen Hauptgottesdienstes verdrängen lassen sollten. Wenn irgendwann, dann besteht in den Augenblicken, da wir „das Lobopfer unseres gemeinsamen christlichen Glaubens" darbringen, das Wort Augustins zu Recht: „In ecclesia non valet: hoc ego dico, hoc tu dicis, hoc ille dicit; sed hic valet: Haec dicit Dominus." (deutsch: „In der Kirche gilt nicht: Das sage ich, das sagst du, das sagt jener; sondern hier gilt: Das sagt der Herr.")

Nach beendetem Glaubensbekenntnis begibt sich der Prediger auf die Kanzel. Wenn der Liturg zugleich der Prediger ist[194] oder einen längeren Weg vom Altar zur Kanzel zurückzulegen hat, *kann* die Gemeinde an dieser Stelle dem vorangegangenen Credo das einstrophige Lied Johann Walters als Bitte „um des Glaubens Frucht" (EKG 134) folgen lassen, bzw. eine andere Liedstrophe lobpreisenden Inhalts oder mit der Bitte um rechtes Hören singen. Sehr zum Nutzen der Gemeinde könnte hier *auch einmal eine völlige Stille* eintreten, wo selbst die Orgel schweigt. Überhaupt sollte jede Gemeinde von ihrem Pfarrer und Seelsorger immer wieder einmal auf den für unser vom geräuschvollen Treiben der Straße, von dem Gedröhn nichtiger Schaudinge und nicht zuletzt von der uns nach Belieben verfügbaren Abwechslung umbrandetes Christsein hingewiesen werden. „Ungezählte Menschen klagen darüber, wie sehr es ihnen an Sammlung, an Konzentration, an Geschlossenheit und Ordnung ihres inneren Lebens mangelt. Alle Konzentration aber beruht darauf, daß man sich zuzeiten gegen äußere Einrücke abschließen, gleichsam das Tor der Seele verschließen kann. Alle Übungen, die darauf zielen, nicht zu sehen, nicht zu hören, nicht auf das zu achten, was um uns her geschieht, sind unentbehrlich für wirkliche Sammlung der Seele, zugleich eine unsagbare Hilfe der Beruhigung und Erholung."[195] Das sollte man gerade in der „Kirche des Wortes" wissen – daran sollten wir gerade in diesem Augenblick unseres Gottesdienstes, nämlich vor der unmittelbar danach beginnenden Predigt denken, die dem schweigend Hörenden eine tausendstimmige Botschaft bereit hat, die zu vernehmen seinen wahren Reichtum ausmacht. Unsere Väter kannten noch den Spruch: „Schweigen und Hören ist die schwerste Arbeit". „Goethe, einer der großen Schweiger (was manchem verwunderlich erscheinen mag), formulierte, dreißig Jahre alt, in seinem Tagebuch die Maxime der eigenen inneren Existenz: ‚Das Beste ist die tiefe Stille, in der ich *gegen die Welt* lebe und wachse und gewinne, was *sie* mir mit Feuer und Schwert nicht nehmen können.' Was man sich in solch tiefer Stille gewinnt, ist vielleicht gerade die Ermächtigung zum Wort. Käme es nämlich nicht aus hörendem Schweigen, so bliebe es herkunftsloses Geschwätz, Schall und Rauch, wenn nicht Betrug."[196] Freilich kann es auch dem Menschen, der sich ganz der Botschaft des in Christus Fleisch gewordenen und auch nach seiner Auferstehung unter uns wohnenden Wortes Gottes öffnet, vor der Überfülle dessen, was er dabei vernimmt, die Sprache verschlagen. Der ganze Bereich unseres Menschseins, der gleich einem Acker von Wort und Sprache „bebaut" ist, grenzt von allen Seiten an die Wortlosigkeit, an das Verstummen der Kreatur vor ihrem Schöpfer und Herrn. „Vermutlich ist menschliches Reden von Gott nur so weit glaubwürdig, als es aus dem Schweigen kommt und im Schweigen endet. Denn das Schweigen ist ein Werk des Geistes Gottes wie das Reden.“[197]

Ob nun aber zwischen dem Glaubensbekenntnis gesungen oder geschwiegen worden ist – in beiden Fällen beginnt an dieser Stelle kein neuer Teil des Gottesdienstes. Wir müssen endlich die Meinung überwinden, daß im evangelischen Gottesdienst nur die Predigt wichtig und alles andere, was in ihm geschieht, lediglich „Rahmenwerk“ zur Predigt sei. Wir sollten auch das gedankenlose Wort „Vorgottesdienst“ nicht mehr in den Mund nehmen; denn Gottesdienst ist *Gottesdienst* und zwar in *allen* seinen Teilen. Der Teil der Wortverkündigung hat schon mit der Epistellesung begonnen, wurde dann mit der Lesung des Evangeliums weitergeführt und erreicht nun in der Predigt die dritte und letzte Stufe. Wer übrigens den Inhalt des dritten Glaubensartikels sorgfältig durchdenkt, in dem vom Heiligen Geist bezeugt wird, daß er „durch die Propheten geredet hat“, und wer festhält, daß Luthers Credolied den Heiligen Geist „aller Blöden (= Verzagten) Tröster heißt und mit Gaben zieret schöne“ (EKG 132,3), der erkennt, wie nahtlos sich die Predigt an das „Lobopfer unseres Glaubens“ anschließt.

In der

Predigt

kommt die Verkündigung des Wortes Gottes in einer *dritten Welle* (vgl. Seite 77f.) auf uns zu, anders als in den beiden ersten der Schriftlesungen. Denn in der Predigt bedient sich der Heilige Geist der „Stimme“ (Jes. 40,3) eines unter *uns* lebenden Gemeindegliedes, um das Wort der Schrift im *gegenwärtigen* Augenblick an *uns* „geschehen“ zu lassen (Jer. 1,4; Hes. 1,3; u.a.). *Die Predigt ist der Ort der Vergegenwärtigung der göttlichen*

Heilsbotschaft. Ohne sie wäre die geistliche „Auferbauung“ (Eph. 2,20) der christlichen Gemeinde nicht möglich.

Gott will in der von ihm erschaffenen Welt, die durch die Sendung seines Sohnes von den widergöttlichen Mächten der Sünde und des Todes erlöst und von seinem Heiligen Geist bewohnt und durchwirkt wird, eine Gemeinde, die seiner ewigen Liebe lobend und preisend antwortet. Schon deshalb – also um *Gott* die Ehre zu geben, die ihm gebührt – *muß* gepredigt werden. *Er ist anwesend*, auch wenn er von manchen Zeitgenossen, vielleicht auch dann und wann von uns selbst, als abwesend, als „tot“ empfunden wird. *Ehe* gepredigt wird, ist er schon *da* als der Geist – wir bekennen ja seine Gegenwart, sooft wir den 3. Glaubensartikel beten (s. Seite 104) –, der das in der Predigt an die Gemeinde ergehende, an ihr *»geschehende«* Wort als Wort Gottes vergewissernd *vergegenwärtigt*. „Ob die Leute kommen und ob *die* Leute, die kommen, zuhören oder sanft entschlummern, bleibt ungewiß. Aber einer hat sein Kommen zugesagt: ‚der nicht schläft noch schlummert‘ (Ps. 121,4). ... Er ist der Einzige, auf den Verlaß ist, mit dem auf alle Fälle zu rechnen ist, der auf alle Fälle zu kennen und also zu respektieren ist. Bevor Predigt ein Wort für Menschen ist, ist sie ein Wort für den Schöpfer, Erlöser und Neuschöpfer des Menschen, ist sie ‚dieses Wort in Gottes Ohr‘.“[198]

Predigt geschieht also zuerst und zuletzt zur *Ehrung und Rühmung Gottes,* dessen Wirklichkeit und Wirksamkeit, Menschenfreundlichkeit und Heilspolitik sie kund macht. In diesem Sinn hat alles Predigen einen liturgischen Charakter, d. h. einen dem Lobpreis des dreieinigen Gottes dienenden Zweck. So gesehen geschieht in der Predigt nichts anderes als in der Liturgie und umgekehrt in der Liturgie nichts anderes als in der Predigt: *Die Predigt ist ein Stück der Liturgie und die Liturgie weithin Predigt.*

Das Wort „Predigt“ kommt von dem lateinischen „praedicatio“, d. h. „Vorher-Sagung“, Kundmachung einer Botschaft *vor* einem anderen her. Wir denken dabei an den *Dienst eines Herolds, der das Kommen seines Königs ausruft und vorbereitet, indem er dessen Regierungsprogramm ankündigt und seinen Willen kundtut.* In diesem Sinn ist *Johannes der Täufer, der „Vorläufer"* Jesu Christi, *das Urbild aller „Prediger"* der christlichen Kirche. Sein ausgestreckter, überlebensgroßer Finger, mit dem er auf dem berühmten Isenheimer Altar von Matthias Grünewald auf den Gekreuzigten deutet (Joh. 1,29 und Joh. 3,30), ist der einprägsamste Hinweis auf den Auftrag des christlichen Predigtamtes.[199]

Eine christliche Predigt ist also keine Übermittlung willkürlicher, mehr oder weniger religiös-moralischer Gedanken des Redenden. Sie ist *Rede im Auftrag des Herrn*, der seinen Jüngern „zuletzt" (Mark. 16,14f.), d. h. beim Abschied vor seiner Himmelfahrt, befohlen hat: „Gehet hin in alle Welt und prediget das Evangelium aller Kreatur." Eine im Gottesdienst, d. h. in der „Glaubensfeier" der Christen (s. Seite 34), geschehende Predigt ist also eine an das Evangelium *gebundene Rede*. Sie darf den Gottesdienst nicht in eine geistliche zeitkritische „Wochenschau" umfunktionieren. Selbstverständlich soll die Predigt „zeitgemäß" oder „gegenwartsnah" sein. Das Wort „Zeit" umgreift aber nicht nur die jeweilige Gegenwart, sondern auch Vergangenheit und Zukunft. Unser „Heute" kommt von einem „Gestern" und geht einem „Morgen" entgegen (Hebr. 13,8). Die Predigt hat der Gemeinde zur *Entdeckung der Gegenwart ihres* „alle Tage bis an der Welt Ende" (Matth. 28,20) bei ihr *anwesenden Herrn*, zum „Sehen des Glaubens" (Joh. 1,14; 11,40) zu helfen.

Solche Hilfe ereignet sich nicht ohne *Erinnerung* (vgl. Joh. 14,26) *an das Heilshandeln Gottes in der Vergangenheit*, das in der hl. Schrift aufgezeichnet ist. Es gibt kein christliches Leben ohne Rückbezug auf das Geschehen an Weihnachten, Karfreitag, Ostern und Pfingsten. Darum gibt es auch keine christliche Predigt ohne ein immer neues „Erzählen" (Ps. 66,14) und Berichten von den großen Taten des Herrn, die man niemals „ausreden" kann (Ps. 106,2). *Von dem, was Gott gestern tat, leben wir heute noch.* An dem, wie Gott gestern war, erkennen wir, wie er heute ist und morgen sein wird. „In der Erinnerung an den Gott, ‚der da *war*' (Offbg. 1,4), wird offenbar, ‚der da *ist* und der da *kommt*' (Offbg. 1,8).[200] *Unsere Zukunftshoffnung lebt von der Erinnerung.*

Jeder Predigt liegt ein biblischer Text zugrunde, der von einem Geschehen in der Vergangenheit berichtet, das aber *fortdauert bis ans Ende der Zeit.* Die stets aktuellen, das Leben der Predigthörer umfangenden und gestaltenden Ausstrahlungen dieses *Geschehens* hat der Prediger zu verkündigen. Predigttexte sind nicht nur geschichtliche Dokumente für unseren Glauben, sie sind „Symbole", Zeichen aus Gottes Welt, die dem Hörer *heute und hier* gedeutet werden und ihm durch ihre Deutung den Weg zum Glauben öffnen wollen.

Um den Gemeinden die ganze Inhaltsfülle der biblischen Botschaft und ihre ungeschmälerte Wahrheitslehre nahezubringen, haben die Kirchen im Laufe ihrer Geschichte eine *„Ordnung der Predigttexte"* erarbeitet, die den Gottesdiensten an den Sonn- und Festtagen des Kirchenjahres sowie bei besonderen Anlässen nach dem Kirchenjahresturnus den jeweils auszulegenden Schriftabschnitt (die „Predigt-Perikope") zuweist.[201] Diese heute in der ganzen EKD geltende Ordnung hat sich für die Prediger *und* die ihnen anvertrauten Gemeinden als hilfreich erwiesen: Der Prediger wird durch sie veranlaßt, sich auch mit Texten zu beschäftigen, die ihm „nicht liegen"; und die Gemeinde kann sich schon *vor* dem Gottesdienst auf den betreffenden Text einstellen[202] und ist nicht den „Lieblingstexten" ihrer Pfarrer ausgeliefert. Darum sollte der Prediger, auch wenn er nicht unumstößlich an die Predigttext-Ordnung gebunden ist, nicht ohne triftigen Grund von ihr abweichen.

Die Auslegung der einzelnen Predigttexte will die zum Gottesdienst versammelte Gemeinde nicht nur „belehren", denn „in Lehrgebäuden kann der Mensch als lebendige Seele nicht wohnen; dort üben sich nur die Gedanken".[203] *Ziel einer Predigt* ist nicht nur die Erklärung des betreffenden Textes, sondern die *Vergewisserung* des *„Geheimnisses des Himmelreichs"* (Matth. 13,11). Der ganze Gottesdienst soll ja dazu helfen, daß der Glaube, der in ihm gefeiert wird (s. Seite 34), nicht nur durch Erkennen und Hören belehrt werde, sondern *betender Glaube* bleibe, der durch „Gebet und Lobgesang“ [204] und darüber hinaus mit dem Bekenntnis des Erkannten und der Weitergabe des Empfangenen im Alltag Gott antwortet. Weil das Evangelium Jesu nicht nur *eine* Freudenbotschaft, sondern „*die* gute Nachricht“ von der „großen Freude“ schlechthin ist (Luk. 2,14; Joh. 15,11),[205] soll eine ihm gemäße Predigt *in die Freude führen*. Freilich: Von dieser Freude müßte vor allem den Verkündigern des Evangeliums selbst etwas anzumerken sein. „Predigen ist schön. Es macht Freude. Das ist das erste, was in einer Predigtlehre zu lehren ist: ... Predigtlehre ist Lehre zur Freude; Anleitung zur Predigt ist Anleitung zur Freude; die Freude bildet den zartesten Beweis Gottes.“[206] In diesem Sinne hat der Apostel die Evangeliumsboten „Gehilfen der Freude“ (2. Kor. 1,24) genannt. Es ist auch nicht vorstellbar, daß Jesus die frohe Botschaft Gottes mit „Leichenbittermiene“ verkündet hat. „Kann er mit gerunzelter Stirne und mit erhobenem Zeigefinger gesagt haben: ‚Kommt her zu mir alle, die ihr mühselig und beladen seid; ich will euch erquicken‘? (Matth. 11,28f.) Oder haben erst wir diese auf unseren Kanzeln bevorzugten Gesten, die wir gekonnt beherrschen, erfunden? ... Vom humorlosen Christen geht keine ansteckende Wirkung aus. Sie machen eine schlechte Reklame für ihre Sache, die doch durch das Evangelium, durch die *frohe* Botschaft charakterisiert ist. Sie sind schlechte Vertreter des Gottes, der doch die Freude in Person ist.“[207] Bei aller Schwere seines Dienstes sollte sich ein „Diener am *Wort*“ stets an das von Dank und Lobpreis überströmende Bekenntnis Jeremias erinnern: „Dein Wort ward meine Speise, sooft ich es empfing; *dein Wort ist meine Freude*, der Trost meines Herzens, daß ich dein sei, Gott.“ (Jer. 15,16) Auch Jesus hat als Ziel seines „Redens“ die Freude angegeben: „Solches rede ich zu euch, auf daß meine Freude in euch bleibe und eure Freude vollkommen werde.“ (Joh. 15,11) So kommt auch alles „Reden“ seiner Kirche von Gott innerhalb und außerhalb ihrer Gottesdienste zu dem gleichen Ziel. Sie kommt *wirklich* an dieses Ziel, weil der, von dem sie redet, sich gleichsam in sie „einmischt“

und selbst das Wort ergreift; das „ewige Wort", das in Jesus Christus Mensch geworden ist (Joh. 1,14), benutzt Menschen zu *seiner* Sprachwerdung. *Quelle und Kraft dieser Sprache ist der Heilige Geist. Er* ist der Geber des Wortes, das kein Mensch aus sich hat. Der Geist *spricht* und der Prediger *redet*.

Aufgrund dieses Wunders darf jeder Prediger, der die Hingabe seines Denkens, Fühlens und Wollens an seinen Herrn im Vertrauen auf das Wirken des Geistes Gottes vollzogen hat (vgl. Jes. 61,1), seinen Dienst ausrichten in der „getrosten und freudigen" (Jos. 1,9) Zuversicht Luthers, der einmal gesagt hat: „Ich bin gewiß: wenn ich auf die Kanzel steige, um zu predigen, daß es nicht *mein* Wort ist, sondern daß meine Zunge der Griffel eines geschwinden Schreibers ist".[208]

Von der Kanzel aus spricht der Prediger nun zunächst den *„Kanzelgruß"*. Entweder: „Gnade sei mit euch und Friede von Gott, unserm Vater, und dem Herrn Jesus Christus" (1. Kor. 1,3); oder eines der schon zur „Begrüßung" der Gemeinde verwendeten Schriftworte (s. Seite 21f.) u. a. Nach allem, was über das „Amen" gesagt wurde (Seite 30f.) ist auch klar, daß und warum die *Gemeinde* auch *diesen* Gruß mit ihrem *„Amen"* zu bekräftigen hat.

Danach fährt der Prediger weiter: *„Lasset uns in der Stille um den Segen des Wortes beten!"* Das stille Gebet, zu dem hier die Gemeinde aufgerufen wird, ist wichtig und gut aus zwei Gründen: Für den Prediger selbst: er erfährt dadurch, daß er in dem „geistlichen Krieg" (EKG 226,2), den er in der Predigt auszufechten hat, nicht allein gelassen ist, sondern von der Fürbitte der Gemeinde getragen und gestützt wird; für die Gemeinde: wer wüßte nicht, wie schwer das rechte, gesammelte Hören und vor allem das Bewahren des Gehörten ist?[209] Wilhelm Stählin schreibt einmal darüber: „Es verdient auch gewiß keinen Tadel, wenn viele Hörer von einer Predigt geistige Anregung und Belehrung, Antwort auf die mancherlei Fragen des Glaubens und des Lebens erwarten; und das Wesen der Predigt rechtfertigt es auch durchaus, daß der Predigthörer die Predigt auch unter dem Gesichtspunkt hört, wieviel persönliche Wärme, innere Überzeugung und Überzeugungskraft er aus ihr zu spüren vermag. Aber schlechthin entscheidend ist doch das Andere oder vielmehr Tiefere, daß wir als Predigthörer bereit sind, das ,Wort Gottes' zu vernehmen; und das heißt gewiß nicht nur die Auslegung einer Bibelstelle, sondern die persönliche Anrede Gottes an uns; und daß wir also bereit sind, uns von jener Wirklichkeit berühren zu lassen, die uns trägt, ordnet, reinigt, rettet und bewahrt. Vor mehr als einem Menschenalter ging das bittere Wort eines damals berühmten Theologen um, er sehe in den Kirchen immer die Menschen unter dem aufgespannten Regenschirm ihres Intellekts sitzen, der sie davor bewahre, wirklich naß zu werden. Damit ist die Gefahr treffend gekennzeichnet, der wir als Predigthörer ausgesetzt sind, die Gefahr jener schlimmen Verschlossenheit für die lebendige Wahrheit, jener Verschlossenheit, die nicht mehr fähig ist zu liebender Hingabe und darum auch nicht mehr empfänglich für den ,Samen' des göttlichen Wortes. Eine wirkliche Predigt will mit dem Herzen und dem Gewissen, mit der Tiefe des ganzen personhaften Lebens gehört werden, oder sie wird in Wahrheit nicht gehört. Weil diesem Hören und Gehorchen immer wieder unsere Selbstbehauptung gegenübersteht, so ist nicht nur die rechte Predigt, sondern auch das rechte Predigthören ein Akt der Hingabe des eigenen Denkens und Lebens an den Herrn, der durch das Medium menschlicher Rede in Seinem Wort zu uns kommt."[210] Zu dieser Hingabe unseres Denkens an die Gedanken, die Gott über uns hat (Jes. 55,8 *und* Jer. 29,11), bedarf es wohl der Hilfe des Geistes Gottes, um die wir in dem stillen Gebet vor Beginn der Predigt nur *bitten* können.

Wo es üblich und möglich ist, daß Prediger und Gemeinde zu diesem Gebet knien, sollte diese Gebärde beibehalten werden. (Auf sehr vielen alten Kanzeln ist deshalb noch eine Kniebank anzutreffen.)

Die Gebetsstille wird mit der *„Ansage des Predigttextes"* beendet, zu der sich die Gemeinde erhebt, falls sie sich nach dem Credo zum Anhören eines Chorgesangs gesetzt haben sollte. Wenn über einen der bereits am Lesepult verlesenen Schriftabschnitte (s. Seite 80f.) gepredigt wird, so braucht der Text (besonders wenn es sich um ein der Gemeinde vermutlich bekanntes Evangelium handelt), kaum mehr wiederholt werden. Bei schwerer verständlichen Perikopen, vor allem unter den Episteln, kann der betreffende Text (u. U. in einer Übersetzung unserer Zeit; über diese vgl. Anm. 130) noch einmal verlesen werden. Wird über einen Schriftabschnitt gepredigt, der *nicht* zu den Lektionen des betreffenden Tages gehört und deshalb auch zuvor am Lesepult nicht verlesen worden ist, so *muß* er jetzt vor Beginn der Predigt verlesen werden. Der Prediger schließt die Ansage des Predigttextes mit dem *Gebetswunsch: „Der Herr segne dies Wort an uns allen"*. Danach setzt sich die Gemeinde.

In der Predigt sollten die Gemeindeglieder in der zweiten Person mit „Ihr" angeredet werden. Es ist verständlich, wenn in Fernseh- und Rundfunkpredigten die dem Prediger unbekannten „Hörerinnen und Hörer" mit „Sie" angesprochen werden. Das erscheint aber in einer zu einem gemeinsamen Gottesdienst sichtbar (sinnenfällig!) versammelten christlichen *Gemeinde* unangebracht. Die Christenheit ist der Welt und in dieser gerade auch ihren außerhalb der Kirche stehenden Zeit-„Genossen" *die Erinnerung* daran schuldig, daß ihre Glieder über ihre äußere („soziologische") Verbundenheit hinaus aufgrund ihrer gemeinsamen *Taufe* „Brüder und Schwestern" *sind* und *darum* auch in ihren Gottesdiensten als solche mit „Ihr" angesprochen werden (vgl. dazu Seite 61f). Um dieser Gemeinschaft willen sollte in der Predigt am besten die Wendung: „... wir, ihr und ich," gebraucht werden.

Wir rufen uns noch einmal das Bild von den drei „Wellen" und den von ihnen ausgelösten „Rückströmungen" in Erinnerung (s. Seite 77f.). Jetzt geht es um *unsere Antwort* in der *Rückströmung der dritten Welle*. Wäre es nicht sinnwidrig, wenn der Prediger *selbst* sein Zeugnis mit dem „Ja, ja, es soll also geschehen" beschließen würde? Darum müssen *wir* das, was uns in der Predigt gesagt worden ist, mit *unserem* „Amen" bestätigen, „unterschreiben" (s. Seite 30f.) und ergreifen. Deshalb wird der

Pfarrer seine Verkündigung mit einem Lobpreis des dreieinigen Gottes oder sonst mit Worten beenden, die ganz von selbst *unser* „Amen" geradezu herausfordern.[211]

Da jede Predigt in uns ganz bestimmte Erkenntnisse und Entschlüsse auslöst, drängt es uns, das, was an Dankbarkeit, Bereitschaft zur Umkehr und Verlangen nach Gottes Hilfe in uns geweckt wurde, im Gebet vor Gott zu bringen. Das geschieht im sog. *„Predigtschlußgebet"*, das der Prediger an unserer Statt und für uns unmittelbar an seine Predigt anschließt. Hatte die Predigt den Sinn, die göttliche, allen Glaubenden vernehmbare Botschaft des Predigttextes ihren Hörern zum Bewußtsein zu *bringen*, so möchte nun das folgende Gebet ihnen eine seelsorgerliche Hilfe sein, das Vernommene nicht nur im Bewußtsein zu *halten*, sondern „im Herzen" zu „bewegen" (Luk. 2,19). An Festtagen wird es die göttliche Heilstat preisen, an die in der Predigt gedacht wurde, und den Herrn um die rechte Erkenntnis und Wirkung dieser Heilstat in unserem Leben bitten. Häufig wird das Gebet mit einem Ausblick auf das Ende der Zeiten, auf die Wiederkunft Christi und die Vollendung seines Reiches schließen. Es *kann* vom Prediger „frei" gestaltet sein; es bedarf dann aber sorgfältiger Vorbereitung, damit es wirklich ein an *Gott* gerichtetes „Gebet" bleibt und nicht zu einer die Gedanken der Predigt in Gebetsform wiederholenden „Ansprache" an die Gemeinde wird! Das Predigtschlußgebet soll auch noch keine Fürbitten enthalten, weil diese in das „Allgemeine Kirchengebet" gehören (s. Seite 130). Es endet in der Regel mit dem aus dem Kollektengebet bekannten „Beschluß": „Durch Jesus Christus, unsern Herrn" (s. Seite 66f.), und wir machen es mit *unserem „Amen"* zu unserem eigenen Gebet (s. Seite 30f.).

Weil „in Jesus Christus" nur *„der* Glaube gilt, der durch die *Liebe* tätig ist" (Gal. 5,6), gibt der Prediger im Anschluß an das „Predigtschlußgebet" bekannt, für welche Zwecke das *Dankopfer* (die Kollekte) während des nun folgenden Predigtliedes eingesammelt wird. Es empfiehlt sich, der Gemeinde den Zweck der erbetenen Gabe so konkret und anschaulich und vor allem „so warm" wie nur möglich ans Herz zu legen. Wir müssen *alle* immer wieder (aber nach der Begegnung mir der *frohen* Botschaft Christi im besonderen!) daran erinnert werden: „Einen *fröhlichen* Geber hat Gott lieb" (2. Kor. 9,7). „Selig sein, heißt *nachtun*, was Gottes Barmherzigkeit tut."[212] Dabei geht es um unsern *Dank* für das, was wir selbst empfangen haben und ohne Unterlaß empfangen. (s. Seite 126f.)

Am Ende seines Dienstes auf der Kanzel spricht der Prediger den *„Kanzelsegen"* (Phil. 4,7): *„Der Friede Gottes, der höher ist als alle Vernunft, bewahre eure Herzen und Sinne in Christus Jesus."* Oder einen anderen „Friedensgruß". Nicht *unsere* vernünftigen Gedanken, Berechnungen, Rezepte und Planungen erhalten uns in der Gemeinschaft mit Christus und in der Kraft seiner Siege; das vermag allein *der* Friede, den der, der „unser Friede *ist*" (Eph. 2,14), uns zu geben verheißen hat (Joh. 14,27). Auch darauf folgt das *„Amen" der Gemeinde.* Ehe der Prediger sodann die Kanzel verläßt, spricht er kniend oder stehend ein stilles Gebet.

Nun singt die Gemeinde das

Predigtlied.

Dieses Predigtlied ist gleichsam die *Entfaltung unseres „Amen"*, mit dem wir uns zu dem bekennen, was uns gepredigt worden ist. Es war und ist nicht sachgemäß, dieses Lied – so wie es in den aus dem vergangenen Jahrhundert stammenden Gottesdienstordnungen geschehen ist – schon *vor* der Predigt zu singen und damit die Gedanken der nachfolgenden Predigt vorwegzunehmen. Erst *nach* der Predigt gibt uns dieses Lied die Möglichkeit, über die Botschaft *nach*zudenken, die wir vernommen haben, in ihrem Licht unser Leben zu betrachten und die Kontakte unseres Herzens mit Gott zu erneuern.

Die Liedertafeln sollten es ermöglichen, von dem ausgewählten Lied eine Auswahl von Strophen singen zu lassen, deren Inhalt mit den Gedanken der Predigt zusammenhängt. Denn nicht immer ist das schon in den ersten Strophen des betreffenden Liedes der Fall.

Das seit 1958 in allen Gliedkirchen der Evangelischen Kirche Deutschlands (EKD) eingeführte „Evangelische Kirchengesangbuch" (EKG) bietet einen „Stammteil" von 394 Liedern, überwiegend aus dem Bestand des reformatorischen, aber auch nachreformatorischen späteren und neueren Liedgutes. Diesem Stammteil haben die einzelnen Landeskirchen einen mit der Lied-Nr. 401 beginnenden „Anhang" beigegeben mit Liedern, auf die sie aus regionalen, traditionellen Gründen nicht verzichten wollten; auch Lieder zeitgenössischer Dichter und Kirchenmusiker sind darin enthalten.

Wo der Heilige Geist wirksam ist, schenkt er auch *immer wieder neue Texte und Weisen zum Lobe Gottes.* Der kostbare Schatz, der in unseren Gesangbüchern als Lebenshilfe angeboten ist, muß unseren Gemeinden durch ständige Anleitung zum freudigen Gebrauch im Gottesdienst und zu Hause nahegebracht werden. Alexander Völker hat die Situation unseres derzeitigen Gemeindegesangs treffend beschrieben:[213] „Eine intensive *Bemühung um das Singen der Gottesdienstgemeinde* ist heute geboten. Dabei sind gesellschaftliche Gegebenheiten einzurechnen, z. B. daß in der rational-technischen Welt der Erwachsenen ‚Singen nicht mehr vorkommt'. Fähigkeiten zum Hören müssen oft erst entdeckt und geweckt werden." Und dann wird den Verantwortlichen der Rat erteilt: „Es geht zunächst um kleine, bescheidene Schritte, mit denen die selbstverständliche Gewohnheit der Gemeinde, die Lieder des Gottesdienstes zu singen, aufgelockert, den Anwesenden bewußt gemacht und ihr Engagement dafür verstärkt werden kann. Vorbedingung ist eine dauerhafte und planvolle Zusammenarbeit von Pfarrer, Kirchenmusiker bzw. Organist, Chorleiter, Chören und Musikanten in der Gemeinde. Es genügt nicht, wenn die Lieder für den Gottesdienst vom Pfarrer nach Kirchenjahr, Thematik des Sonntags und persönlichem Geschmack ausgewählt, vom Mesner angeschlagen und vom Organisten nach einem Choralbuch gespielt werden. *Es geht um das aktive Mitsingen der Gemeinde* (darüber s. Seite 23f.). Predigt, Unterricht und Gemeindegruppenarbeit sollten sich mehr mit dem Lied der Kirche befassen. Lieder dürfen wohl nicht nur nach ihrem Bekanntheitsgrad, sondern nach ihren besonderen Aussagen und ihrer Funktion im Gottesdienst ausgewählt werden."

Die Sprachform unserer alten Choräle wird heute oft als unzeitgemäß empfunden. Dennoch sollten substanzgeladene Texte, aus denen sich unsere Väter in schweren Zeiten Kraft und Trost holten, nicht einfach aus dem Gesangbuch verbannt werden. Es können Zeiten kommen, in denen sie auch uns wieder mehr und tiefer ansprechen als zeitgenössische Dichtungen. Weil aber die Kirche vom Heiligen Geist geleitet wird, der zu allen Zeiten ihrer Geschichte, also auch in unseren Tagen „weht" (Joh. 3,8) und wirkt, wann und wie und wo er will, tut er auch heute seinen Gläubigen „die Lippen auf, daß ihr Mund seinen Ruhm verkündige" (Ps. 61,1) und er erweckt unter ihnen immer wieder Dichter und Musiker zu seinem Lob und Preis.

Doch sollten aus dem vielfältigen *Angebot eines neu geschaffenen Liedgutes* jeweils nur die besten Lieder für den Gebrauch im Gottesdienst bereitgestellt werden. Das gilt vor allem für solche Lieder, deren geistiger Substanz schon heute eine über den Wandel der Zeiten dauernde Gültigkeit zugesprochen werden kann. Jedenfalls wird eine zwar von den vergangenen Heilstaten Gottes lebende, aber mit dem in ihrer Mitte gegenwärtigen Herrn verbundene und dem zukunftsträchtigen Wirken des Heiligen Geistes offene Gemeinde von Zeit zu Zeit ihr Liedgut ergänzen. So haben in den letzten Jahren die meisten Gliedkirchen der EKD *Beihefte mit neuen Liedern* zu ihrer landeskirchlichen Ausgabe des EKG herausgebracht.[214] Es wäre gut, wenn die Gemeinden schon heute mit den besten dieser „neuen" Lieder bekannt gemacht würden; denn die zur Zeit im Bereich der EKD in Gang befindliche *Revision des EKG* wird uns in einigen Jahren ohnedies ein neues Gesangbuch bescheren. Wir wollen uns freuen, wenn es wie sein Vorgänger unser geistliches Leben innerhalb und außerhalb des Gottesdienstes mit zeugnisfrohen, lobpreisenden, aufweckenden und aktivierenden Texten und Weisen bereichert. Pfarrer und Kirchenmusiker sollten ohne Unterlaß darauf bedacht sein, diesen Reichtum des evangelischen Liedgutes aus Vergangenheit und Gegenwart durch Einübung der Texte und Melodien den Gemeinden nahezubringen.

Während des Predigtliedes wird das angekündigte (s. Seite 123)

Dankopfer

eingesammelt. Schon die Urgemeinde hat in ihren gottesdienstlichen Zusammenkünften Natural- und Geldgaben für notleidende Brüder und Schwestern, auch für andere bedrängte und hilfsbedürftige Gemeinden gesammelt und dabei für die Empfänger gebetet (vgl. 2. Kor. 8 und 9). Daß solches im *Gottesdienst* geschieht, macht den eigentlichen Grund und Sinn christlichen Schenkens und Helfens offenbar: Unsere Gaben sind Dankopfer für das, was uns *Gott* gegeben hat mit der Sendung seines Sohnes und immer wieder von neuem schenkt in seinem hl. Wort und Sakrament. Sie sind *Antwort* auf sein rettendes, stärkendes und heimholendes Reden und Handeln mit uns. Alle Bruderliebe ist *Rückstrahlung der empfangenen Gottesliebe* (Joh. 13,34f.; Matth. 25,40; u.a.). *Daran* erinnert uns das Dankopfer im Gottesdienst. Es zwingt uns auch, daran zu denken, daß niemand ohne den Bruder ins Himmelreich kommen kann (1. Mose 4,9; 1. Joh. 2,9 f.; 3,14 ff.; 1. Petr. 1,22), nur in die Hölle kommt man *allein*. „Allen Bruder sein, allen helfen, dienen, ist, seit er erschienen, Ziel allein" (vgl. Mark. 10,45). So wird an dieser Stelle des Gottesdienstes sichtbar, daß Liturgie (= Gottesdienst) und Diakonie (= Dienst am Nächsten) zusammengehören. Liturgie ohne Diakonie wird unglaubwürdig und führt zu selbstsüchtiger und unfruchtbarer Frömmigkeit. Aber Diakonie ohne Liturgie wird ebenso nur zur sozialen, von jedem Gottesbezug gelösten Wohlfahrtspflege. In der Erkenntnis dieser unaufgebbaren *Einheit von Liturgie und Diakonie* ist das

Werk Wilhelm Löhes, die Diakonissenanstalt in Neuendettelsau, eine Stätte regen liturgischen Lebens und zugleich reicher, tätiger Nächstenliebe geworden. Man könnte das „Dankopfer" auch die „Antenne" nennen, durch welche die im Gottesdienst verbundene Gemeinde in *Beziehung* bleibt *mit der Welt außerhalb der Kirchenmauer*. Vergessen wir aber nicht, daß unser „Opfer" *niemals eine Leistung* darstellt, für die uns Gott belohnen müßte (Luk. 17,10) ; es kann *immer nur eine Sichtbarmachung* und Verleiblichung unseres *Dankes* sein für das, was wir von ihm empfangen haben und ohne Unterlaß empfangen[215]. Und so gehört das Opfer zum Gottesdienst wie der Sog zur Welle (Röm. 12,1).

Zur Einsammlung des Dankopfers finden sich in jeder Gemeinde die Kirchenvorsteher, die Konfirmanden, die Jugendgruppen u. a. bereit. Man beauftrage damit möglichst niemanden, der sowieso schon beruflich im Dienst der Kirche steht. Hier sollte gerade die *freiwillige Bereitschaft* zum Dienst im Heiligtum und für die Gemeinde zum Ausdruck gebracht werden.

Wir alle wollen, wenn die Opferbecken (oder Opferkörbchen) durch unsere Bank gereicht werden, nicht nur ein Almosen einlegen, das nicht einmal zur Frankierung eines Briefes reichen würde, sondern wollen *ein echtes Opfer bringen*, „fröhlich" darbringen (2. Kor. 9,7).

Nach der Einsammlung des Dankopfers bleiben die Helfer vor den ersten Bänken des Kirchenschiffes stehen, während der Lektor zur Verlesung der

Abkündigungen

an das Lesepult tritt.

Nicht wenige Gemeindeglieder empfinden die Abkündigungen als Störung ihrer Andacht. Sie müssen sich nach ihrer Beziehung zum Gemeindeleben fragen lassen, denn damit haben es ja die Abkündigungen zu tun. In fast allen Briefen des Apostels Paulus finden wir Mitteilungen, die sich mit unseren „Abkündigungen“ vergleichen lassen (Kol. 4,7–18; Eph. 6, 18–20; 1. Kor. 16, 1–4; 2. Kor. 8,9; Röm. 16, 1–24; Phil. 4,10 ff.; auch Phil. 1,12 ff.). Die Abkündigungen erinnern uns daran, daß wir *als Gemeindeglieder auch in den Dingen des alltäglichen Lebens miteinander verbunden* sein sollen, in Mitfreude und Mitleiden (Röm. 12,15), Fürbitte und Trost, in tätiger Mithilfe und gemeinsamem, fröhlichem Dank. Darum kann in den Abkündigungen an alles erinnert werden, was uns als Glieder der Gemeinde Christi berührt. „Sie bringen Mitteilungen über die Zeiten des Gottesdienstes und sonstiger kirchlicher Veranstaltungen, sie legen der Gemeinde den fleißigen Besuch des Gottesdienstes und der Abendmahlsfeiern ans Herz; sie bitten um Gaben und Opfer, indem sie der Gemeinde die ihr anvertrauten Aufgaben zeigen und mit dem Verantwortungsbewußtsein hierfür auch die Gebefreudigkeit zu wecken suchen; sie danken für das, was gespendet worden ist. Sie ermahnen zur Fürbitte für die Kinder, die geboren sind und zur Taufe gebracht werden, für die Brautpaare, die in der Gemeinde einen neuen Hausstand gründen wollen, und, indem sie die Gemeindeglieder nennen, die in die Ewigkeit abgerufen worden sind, erinnern sie die Lebenden an ihre Verantwortung für die Hinterbliebenen und mahnen jeden einzelnen, seine eigene Sterbestunde nicht zu vergessen.[216] So können die Abkündigungen um die Gemeinde ein Band gegenseitiger Anteilnahme, Fürbitte und Fürsorge schlingen. Lästig werden sie nur empfunden, wenn man das Wesen des Gottesdienstes verkennt und ihn nur ansieht als eine Stunde rein privater Erbauung.“[217] Auch werden die Abkündigungen die Gemeinde auf besondere Veranstaltungen und Aufgaben hinweisen und im Zusammenhang damit an ihre Jugend, ihre Alten, Kranken und Sterbenden erinnern müssen. Aber auch gesamtkirchliche Anliegen sollen uns hier bekanntgegeben und unserer Mitverantwortung anempfohlen werden. Und nicht zuletzt geben die Abkündigungen dem Pfarrer die Möglichkeit zu einem in der Predigt unangebrachten, sachgebundenen „Hirtenwort“ an die Gemeinde. Jedenfalls bilden sie im Ganzen des Gottesdienstes „eine offene Stelle, wo das heute und jetzt Nötige Raum hat, auch das Unvorhergesehene und Improvisierte".[218] Wilhelm Löhe schreibt: „Solche Abkündigungen erregen allgemeine Aufmerksamkeit, es herrscht tiefe Stille, auch die Schläfer wachen, nichts wird überhört und man kann sicher sein, daß eine wohlgeratene Abkündigung nicht bloß von der ganzen Versammlung beachtet, sondern auch in die Häuser heimgetragen wird, wie es denn überhaupt keine Art der Veröffentlichung gibt, die in so großem und allgemeinem Ansehen steht, wie die kirchliche Abkündigung. Je länger man im Amte ist, desto mehr drängt es sich auf, und desto mehr muß man merken, daß man in den krichlichen Abkündigungen ein sehr zu beachtendes Mittel der Einwirkung auf die Gemeinde besitzt. Man wird daher auch je länger je mehr geneigt, den Abkündigungen besonderen Fleiß zuzuwenden und sie mit großer Sorgfalt abzufassen. ... Als der Schreiber der Zeilen jung war, galt ihm die Abkündigung gering. Sein Abkündigungsbüchlein war klein und wurde bloß zur Unterstützung des Gedächtnisses gehalten; nun er aber alt geworden ist, steht er zuweilen stundenlang am Pulte, um seine Abkündigungen abzufassen, trägt sie mit allem Fleiß in ein stattliches Buch ein, und wenn er, das Buch unter dem Arm, zu seiner Kirche geht, freut er sich oft der Abkündigung wie ein Schütze, wenn er eines auserwählten Pfeiles sicher ist."[219] Auch die Worte von Friedrich Kalb sind sehr zu beherzigen: „Die Abfassung der Abkündigungen darf nicht routinehafte Sekretärinnenarbeit sein. Sie muß auch vom Gemeindepfarrer mitbedacht werden. Zu bedenken ist nicht nur, was in die Abkündigungen *nicht* hineingehört, sondern auch, was oft aus Gedankenlosigkeit in ihnen auszusprechen *vergessen* wird."[220]

Es ist viel gesagt, geschrieben und versucht worden, um Klarheit zu gewinnen darüber, *wo* die Abkündigungen im Verlauf des Gottesdienstes ihren richtigen Platz hätten. Aber alle Vorschläge und Experimente sind nicht ganz befriedigend. Am besten bleiben wir auch in dieser Sache in der Gefolgschaft der alten und der reformatorischen Kirche und belassen die Abkündigungen *an dieser Stelle* nach der Predigt oder dem Predigtlied.

Der Lektor schließt sie jedesmal mit den Worten: *„Der dreieinige Gott segne unsere Gemeinde und alle ihre Glieder nach dem Reichtum seiner Gnade"*, und die Gemeinde bekräftigt auch diesen Segenswunsch wieder mit ihrem *„Amen"*.

Nach den Abkündigungen bringen die Helfer das eingesammelte *Dankopfer zum Altar*, auf dem es der Liturg niederlegt. Damit wird sichtbar zum Ausdruck gebracht, daß wir mit unserem „Opfer" Gott nur etwas zurückerstatten, was er uns in seiner „Güte" geliehen hat (Ps. 31,8). Echtes Eigentum hat im ganzen Neuen Testament nur der erhöhte Kyrios.

Nach Niederlegung der Gaben spricht der Liturg zum Altar gewandt das

Dankopfergebet.

In ihm bittet er unseren himmlischen Vater, er möge *„dies Opfer unseres Dankes, das wir darbringen zu seiner Ehre, gnädig annehmen und unsre Gaben segnen zur Förderung seiner Gemeinde ...* ". Auch dieses Gebet macht die Gemeinde durch ihr *„Amen"* zu ihrem eigenen (s. Seite 30f.).

In den Gottesdiensten, in denen das hl. Abendmahl nicht oder nur „im Anschluß an den Gottesdienst" gefeiert wird, singen Liturg und Gemeinde nun den

Schlußversikel

(„Versikel" von dem lateinischen Wort „Versiculus", d. h. zu deutsch „Kurzvers"). Er ist eine Besonderheit lutherischer Gottesdienstordnungen, da er sich außerhalb des Luthertums nicht findet. Aber er ist uns nicht nur aus Gewöhnung lieb und wert geworden, sondern wir halten ihn auch aus sachlichen Gründen für ein gerade an dieser Stelle bedeutungsvolles Teilchen der Liturgie. Der Schlußversikel faßt nämlich – wie ein Brennglas die Strahlen der Sonne auf einen Punkt vereinigt – noch einmal das „Geheimnis des Himmelreiches" (Matth. 13,11), von dem wir – wie in allem liturgischen Handeln der Kirche, so auch in dem vorausgegangenen gottesdienstlichen Geschehen – verständigt worden sind, zu einer ganz kurzen Aussage oder Mahnung zusammen.[221]

Dann erhebt sich die Gemeinde – falls sie nicht niederkniet – zum

Allgemeinen Kirchengebet.

Mit diesem Ausdruck bezeichnete man schon in der frühchristlichen Kirche jenes Gebet, in dem die Gemeinde die „allgemeinen", d. h. *alle* Gläubigen aufgrund ihrer Gemeinschaft am Leibe Christi betreffenden Anliegen der Kirche und der Welt, in die sie hineingesandt ist, vor Gott bringt. Wir finden diese Bezeichnung schon bei Augustin.[222] Das „Allgemeine Kirchengebet" ist von jeher seinem Wesen nach ein *Fürbittengebet*. Es steht also *nicht* in unmittelbarem Zusammenhang mit der Predigt. Es hat *nie* die im Predigthörer ausgelösten Gedanken vor Gott gebracht; das geschah und geschieht im sog. „Predigtschlußgebet" (vgl. Seite 122). Das „Allgemeine Kirchengebet" wird auch nicht auf der Kanzel, sondern *am Altar* gebetet. Die Stätte des Gebetes ist der Altar. Dem „Allgemeinen Kirchengebet" liegt, soweit es die Liturgiewissenschaft zurückverfolgen kann, ein gewisses *Aufbauschema* zugrunde, das der Reihenfolge der Vaterunserbitten entspricht:

a) *Die Fürbitte für das „Reich Gottes" und Christi, für die Kirche und ihre Arbeit.* (Einheit und Einigkeit der Kirche, Ausbreitung des Evangeliums, Festigkeit wider ihre Feinde, Segen des Wortes Gottes und seiner Sakramente.)
b) *Die Fürbitte für die „Reiche der Welt" (Völker, Staaten) und ihre Regierungen.* (Aufrechterhaltung der Ordnung und des Rechts; für den Frieden in aller Welt.)
c) *Die Fürbitte für alles, was nach Luthers Auslegung der vierten Vaterunser-Bitte[223] zur „Leibesnahrung und Notdurft" gehört.* (Ehe, Familie, Erziehung der Jugend und Verhältnis der Generationen untereinander; Beruf, Arbeitslosigkeit; gutes Wetter, Saat und Ernte.)
d) *Die Fürbitte, für die Notstände und Notleidenden aller Art. Aller kasuellen weltweiten und lokalen, sowie persönlichen*

Nöte kann hier fürbittend gedacht werden. (Einsame und Fremde; Alte und Kranke; Sterbende und Entschlafene; Gefangene und Verfolgte; Katastrophen, Hungersnöte.)

Die innere Begründung eines solchen Gebetes *der* „allgemeinen Kirche" *für* die „allgemeine Kirche" (auch hier erinnern wir uns daran, daß das griechische Wort für „allgemein" „katholisch" heißt. Vgl. Seite 104f.) ist uns im Neuen Testament selbst gegeben. „Im Wissen um die christliche Bruderschaft (1. Kor. 12,26; Röm. 12,15; Gal. 6,2; Eph. 4,1–6) weitet sich das Flehen der Gläubigen von selbst zur *Fürbitte,* die den Lebenskreis der Beter zum Gegenstand hat und „alle Menschen" (1. Tim. 2,1ff.; Luk. 6,28; Matth. 5,44; ; Röm. 12,14) einbezieht[224], aber doch wohl vom zentralen Anliegen der Kirche, dem Gedenken an den Siegeszug der Freudenbotschaft und Königsherrschaft Gottes umklammert wird (Kol. 4,3; 2. Thess. 3,1; Eph. 6,19; 1. Thess. 5,25). Von besonderer Wichtigkeit ist, daß solche Fürbitte nicht nur (soziologisch) als ein Akt der Mitmenschlichkeit[225] und Solidarität verstanden wird, sondern (theologisch) als ein Mitwirken an der Sendung der apostolischen Kirche in die Welt (2. Kor. 1,11), das eine große Verheißung hat (Phil. 1,19). [226] „Das Fürbittengebet ist *ein besonderes Stück des der Gemeinde mit der Liturgie aufgetragenen Weltdienstes.* Es gründet ganz auf dem Heilswillen Gottes, lebt aus der Fülle des Evangeliums, ist aber zugleich immer auf den Menschen, seine jeweilige Situation und auf die bestimmte Stunde bezogen, in der es gesprochen wird. Beide Motive bestimmen den Fürbittendienst der Gemeinde, der für ihren Gottesdienst kennzeichnend und unabdingbar ist."[227]

So ist es verständlich, daß wir das „Allgemeine Kirchengebet" schon in der Zeit der apostolischen Väter vorfinden, im 1. Clemensbrief (aus dem Jahre 95/96) sogar in einer völlig ausgearbeiteten Vorlage.[228] Während es sich in den griechisch-katholischen Kirchen bis zum heutigen Tag in der Form der „Ektenie" (vgl. Seite 134) erhalten hat, wurde es bis in unsere Zeit hinein innerhalb der römischen Meßliturgie nur am Karfreitag gebetet. Die evangelischen Kirchenordnungen der Reformationszeit dagegen bestimmten es für *alle* Sonn- und Festtage, eine Ordnung, der sich nach Beschluß des Zweiten Vatikanischen Konzils 1963 auch die römische Kirche angeschlossen hat.

Wir dürfen solcher Fürbitte „für alle Menschen" (1. Tim. 2,1) alles zutrauen und die Verheißung, die Gott auf unser Beten gelegt hat, ernst nehmen (Psalm 91,15; Jer. 29,12; Matth. 18,19; Joh. 15,7; Luk. 18, 1–8) – ganz im Sinne Luthers, der über das „gemeine", d. h. „Allgemeine Kirchengebet", gesagt hat: „Dies gemeine Gebet ist köstlich und das allerkräftigst, um welches willen wir auch zusammenkommen. Davon auch die Kirche ‚ein Bethaus' heißet (Matth. 21,13). Wo solches Gebet in der Messe nicht geschähe, so wäre es besser, die Messe nachzulassen.[229] ... O, wenn Gott wollte, daß irgendein Haufe in dieser Weise betet, daß insgemein ein Herzensschrei des ganzen Volkes zu Gott aufginge: welch unermeßliche Hilfe sollte aus solchem Gebet folgen! ... Denn fürwahr, die christliche Kirche auf Erden nicht größere Macht noch Werk hat als solch gemeines Gebet wider alles, was sie anstoßen mag. Das weiß der böse Geist wohl; darum tut er auch alles, was er mag, dies Gebet zu verhindern. ... Wo solch Gebet darniederliegt, wird ihm niemand etwas nehmen, auch niemand widerstehen. Wo er aber gewahr würde, daß wir dies Gebet wollten üben, wenn es gleich wäre unter einem Strohdach oder in einem Säustall, würd' er sich weitmehr vor demselben Säustall fürchten denn vor allen hohen, großen, schönen Kirchen, Türmen, Glocken, die irgend sein mögen, wo solches Gebet nicht drinnen wäre."[230]

Das Allgemeine Kirchengebet wurde von früh an und wird bis heute in *drei Formen* gebetet:

A. Der Liturg spricht es (natürlich zum Altar gewandt) allein. Diese Fürbitten werden in einem Zug ohne Unterbrechung gebetet. Dies war bislang auch in den Kirchen der Reformation die gebräuchlichste Form. Man nennt sie *„Prosphonese"* (griechisch; d. h. ein an Gott gerichteter „Vortrag" der Bitten). Da aber bei dieser Form die Gemeindeglieder vorher nicht gesagt bekommen, worauf sie ihre Fürbitte zu richten haben, ist gerade diese Form kirchlichen Betens nicht unschuldig an dem inneren Unbeteiligtsein vieler am Gebet der Kirche.

B. Diese Not hat man schon in der frühchristlichen Zeit erkannt und ihr abzuhelfen versucht, indem man dem Allgemeinen Kirchengebet die Form der *„Ektenie"* gab (griechisch; deutsch: „Ausdehnung". Der Name bezieht sich darauf, daß früher mit gen Himmel ausgebreiteten Händen gebetet wurde. s. Seite 19). Bei dieser Form des Allgemeinen Kirchengebetes werden vom Liturgen (evtl. vom Lektor oder einem gottesdienstlichen Helfer als „Vorbeter") die einzelnen Gebetsanliegen genannt und von der Gemeinde jedesmal mit einem Gebetsruf aufgenommen, (z. B. „Herr, erbarme dich" oder „Herr, erhöre uns" oder „Wir bitten dich, erhöre uns" oder „Erhör uns, lieber Herr Gott"). Diese Form ist aus den alten Litaneien der morgenländischen Kirche herausgewachsen.[231]

C. In einer dritten Form finden wir das Allgemeine Kirchengebet als sog. *„Diakonisches Gebet"*, so genannt, weil sich der Liturg mit einem Diakon (Lektor, Helfer) in das Gebet folgendermaßen teilt:

a) Der am Lesepult stehende Helfer nennt die Gebetsanliegen und der Liturg spricht am Altar die auf diese bezogenen (vielfach kollektenförmigen) Gebete.

oder

b) Der Liturg nennt am Altar die Gebetsanliegen und der Helfer spricht am Lesepult das Gebet.

Auch diese Form geht schon auf die frühchristliche Zeit zurück.

In allen drei Formen wurde von Anfang an *das „Amen" von der Gemeinde* gesprochen. In der ersten und zweiten Form sprechen wir das „Amen" nur am Schluß des ganzen Gebetes, in der dritten nach jedem einzelnen Fürbittengebet.

Unsere gottesdienstlichen Fürbittengebete müssen nicht für *jeden* Sonn- und Festtag *ganz* neu geschaffen werden. Es hat zweifellos etwas für sich, wenn die Gemeinde durch wiederholten Gebrauch der gleichen Gebetsentwürfe deren Inhalt allmählich ins Ohr bekommt und sie im Laufe der Zeit dann doch wirklich mitbeten kann. Wir wollen uns von nicht-evangelischer Seite nicht länger sagen lassen, daß wir nur eine „hörende", aber keine „betende" Kirche seien, weil in unseren Gottesdiensten die Gebete niemand mitbeten könne. Für die aber immer wieder notwendig werdenden *Entwürfe neuer Fürbitten* gilt: Zu ihrer Gestaltung gehört nächst der Liebe zu den Mitmenschen, für die man betet, auch die Gnadengabe der Phantasie, die sich nicht vom Zwang der Verhältnisse binden und schrecken läßt, sondern das scheinbar Unmögliche erfinderisch überwindet und Menschenherzen mit jener Freude erfüllt, die niemand von ihnen nehmen kann (Joh. 16,22). Die Erfahrung dieser Freude steht vor und hinter der Fürbitte. Sie ist deshalb eingebettet in den Lobpreis der Macht und Gnade Gottes.

Im Unterschied zum „Gebet im Kämmerlein" (Matth. 6,6) (vgl. dazu Seite 67 und 69) bedarf jedes gottesdienstliche Gebet der *gründlichen* (wenn irgend möglich der schriftlichen) *Vorbereitung.* Werner Jetter weist mit Recht auf die Gefahren freier gottes*dienstlicher Formen* hin: „Mit den Freiheiten wachsen auch die Risiken. Man kann ja gerade mit freien Formen in peinliche Nähe zur Manipulation und Agitation geraten ... Es gibt auch eine Demagogie des öffentlichen Gebetes."[232]

Bei der Bereitstellung von Gebetsentwürfen für den Gottesdienst dürfen wir aber auch immer an das Wunder denken (und glauben!), das durch sie, wie durch die Liturgie überhaupt, geschehen kann: Menschen, die *nicht* beten können, werden durch sie hineingenommen in den Strom geheiligten Denkens. Da wird der einzelne gleichsam bei der Hand ergriffen und in die ihn betend umgebende Gemeinde und in deren „Gespräch" mit Gott eingefügt. Ein solcher Mensch kann auf diese Weise selbst mit Gott reden lernen. Und so wächst aus dem Gebet der Liturgie der Kirche das Gebet des einzelnen daheim. Freilich sollte jeder Pfarrer und Seelsorger die Gemeindeglieder immer wieder auf die Bedeutung des christlichen Betens hinweisen, u. a. etwa im Sinne des inhaltsreichen Wortes des württembergischen Theologen Friedrich Christoph Oetinger: „Beten heißt nicht, Worte vor Gottes Augen ausschütten; beten heißt, die Macht üben, mit Gott zu wirken". [233] Darum sollte jeder Seelsorger auch Hilfen zu konkreten Gebetsformulierungen geben.

Auch das Allgemeine Kirchengebet *kann* nach alten, für seinen möglichst sachlichen Vollzug eigens geschaffenen „Kirchengebetstönen" *gesungen werden*. Behalten wir im Auge, was grundsätzlich über das gesungene Gebet und seine nicht zu bezweifelnden Vorzüge gegenüber dem gesprochenen gesagt worden ist. Auch Luther hat bekanntlich seine „Deutsche Litanei" mit Noten versehen (EKG 138). Er hat das Singen niemals nur aus „Musikliebhaberei" empfohlen, sondern aus der Tiefe und Innigkeit seiner Gottesbegegnung und Christuserfahrung: „Auf ein neu Wunderwerk gehört ein neu Lied."[234] (vgl. S. 24)

Nach dem Abschluß des Allgemeinen Kirchengebetes durch das „Amen" der Gemeinde (s. Seite 134) *kann* noch einmal (s. Seite 65) Gelegenheit zu einem

stillen Gebet

gegeben werden.

In diesem Fall wendet sich der Liturg zur Gemeinde und spricht:

> „Damit in diesem unserem Gottesdienst kein Herz unerleichtert bleibe, möge jeder einzelne von uns seine *persönlichen Anliegen* in der nun folgenden Stille vor Gott bringen. Diese Stille ist erfüllt von der Gegenwart dessen, der gesagt hat: ‚Wer zu mir kommt, den werde ich nicht hinausstoßen.' (Joh. 6,37) Wer seinem Rufe folgt, der wird auch jetzt erfahren: Ich bin zu Hause – bei *ihm*."

Während der Gebetsstille bleibt der Liturg am Altar, diesem, mit gefalteten Händen, stehend oder kniend zugewandt.

> Gemeindegliedern, die gelernt haben, vor versammelter Gemeinde laut und frei zu beten – was bei uns ungewohnt ist, aber in anderen Kirchen, z. B. auch in evangelisch-lutherischen Gemeinden Nordamerikas längst geschieht – sollte dies (wenigstens in kleineren gottesdienstlichen Räumen mit guter Akustik) auch in „unserem Gottesdienst" aus seelsorger-

lichen Gründen an dieser Stelle grundsätzlich *möglich* sein. Solche Beter finden fast regelmäßig eine sich ihnen zuwendende Teilnahme, Beratung und Hilfe und nicht zuletzt auch die Fürbitte anderer Gemeindeglieder. Auch dadurch „wird" Gemeinde.

Nach etwa zwei Minuten wendet sich der Liturg wieder der Gemeinde zu, um deren Beten mit einem Bibelwort zu beschließen, und spricht etwa:

„Der Herr Christus spricht: Alles, was ihr bittet im Gebet, so ihr glaubet, werdet ihrs empfangen" (Matth. 21,22)

oder: „So spricht der Herr: Rufe mich an in der Not, so will ich dich erhören, so sollst du mich preisen" (Ps. 50,15)

oder: „Seid getrost und unverzagt, alle, die ihr des Herrn harret" (Ps. 31,25)

oder: „Wirf dein Anliegen auf den Herrn: der wird dich versorgen und nicht ewiglich in Unruhe lassen" (Ps. 55,23)

oder: „Gott hat gesagt: Ich will dich nicht verlassen noch versäumen" (Hebr. 13,5)

oder: „Der Herr Christus spricht: Siehe, ich bin bei euch alle Tage bis an der Welt Ende" (Matth. 28,20)

oder: „Christus spricht: Bittet, so werdet ihr nehmen, daß eure Freude vollkommen sei" (Joh. 16,24)

oder: „Der Herr hat gesagt: So sollen nun meine Augen offen sein, und meine Ohren aufmerken auf das Gebet an dieser Stätte" (2. Chron. 7,15)

oder: „So spricht Gott, der Herr: Ich will euch trösten, wie einen seine Mutter tröstet. Ihr werdet's sehen, und euer Herz wird sich freuen" (Jes. 66,13 f.)

oder: „So spricht der Herr: So ihr mich von ganzem Herzen suchen werdet, so will ich mich von euch finden lassen" (Jer. 29,13f.)

oder: „Rufe mich an, so will ich dir antworten, und will dir anzeigen große und gewaltige Dinge, die du nicht weißt" (Jer. 33,3) oder: „So steht geschrieben: Der Herr ist gütig und eine Feste zur Zeit der Not, und kennt die, so auf ihn trauen“ (Nah. 1,7).

Jedes dieser Bibelworte, mit dem der Liturg die Zeit für das vorausgegangene „Stille Gebet“ der Gemeinde beendet, wird von der Gemeinde mit ihrem „Amen“ bekräftigt.

Mit dem „Allgemeinen Kirchengebet“, bzw. dem ihm möglicherweise angefügten „Stillen Gebet“ schließt die meist als „Wortgottesdienst“ bezeichnete erste Hälfte des sonntäglichen Hauptgottesdienstes, und in unmittelbarem Anschluß daran beginnt dessen in der Regel „Sakramentsgottesdienst“ genannte andere Hälfte: Die Feier des hl. Mahles.*

* An den Sonntagen, an denen das hl. Abendmahl nicht oder nur „im Anschluß an den Gottesdienst“ gefeiert wird, folgt auf das „Allgemeine Kirchengebet“ (bzw. das „Stille Gebet“) das Vaterunser (zu diesem Seite 170ff.) und schließlich die „Sendung“ mit dem Segen und (s. Seite 206–218) der „Abschluß des Gottesdienstes“.

III.

ABENDMAHL

Wie die Urgemeinde und die gesamte alte und mittelalterliche Kirche hat sich auch die evangelische Christenheit in der Gefolgschaft Luthers in ihrem sonntäglichen Gottesdienst nicht nur um das Wort, sondern auch um das hl. Abendmahl versammelt (vgl. Seite 36ff.). Erst nachdem man unter den Auswirkungen des Vernunftglaubens mehr und mehr den *Gottes*-Dienst als eine Veranstaltung nur zur religiösen Erbauung und moralischen Besserung des *Menschen* mißverstand, sah man auch im Sakrament des Altars bloß noch ein Siegel auf die in der Beichte empfangene Absolution. Und da jede Beichte das Bekenntnis eines *einzelnen* und dementsprechend auch jede Absolution eine kirchliche Handlung an einem *einzelnen* ist, behandelte man auch den mit ihr – in der ersten Christenheit unbekannten – verkoppelten Empfang des hl. Mahles als eine *„Privatangelegenheit“* derer, die durch ihren Gang zum Tisch des Herrn (noch zusätzlich zur Absolution) in besonderer Weise der Vergebung ihrer Sünden versichert werden wollten. Diese erst seit dem 18. Jahrhundert (!) zu einer Tradition gewordene und weithin auch noch heute bei uns geübte „Verbindung“ von

Beichte und hl. Abendmahl

bedarf einer grundsätzlichen Neubesinnung.

Beide kirchlichen Handlungen waren in der alten und mittelalterlichen und anfangs auch in der reformatorischen Kirche nie unmittelbar miteinander verbunden und sind es außerhalb des Protestantismus heute noch nicht. „Die Gemeindeglieder gingen in der Regel allsonntäglich zum Tisch des Herrn, ohne daß eine besondere kirchliche oder gottesdienstliche Vorbereitung als nötig angesehen wurde. … Während dem Sakramentsempfang wesensgemäß der Charakter des Regelmäßigen anhaftet („Solches tut zu meinem Gedächtnis") – genauso wie dem Hören des Wortes und dem Abhalten des Gottesdienstes überhaupt – ist die *Beichte* von vorneherein *ein „Kasus"*, *ein Sonderfall*, der den durch irgendwelche Sünden, Verfehlungen oder Gewissensängste in Schuld gefallenen Christen quält.[235] Jedenfalls ist vom biblischen und lutherischen Verständnis sowohl der Beichte wie des Herrenmahles her die Verbindung beider Handlungen zu einer unabdingbaren Einheit schwer zu rechtfertigen. Zweifellos gewinnen Beichte und Abendmahl an der ihrem *verschiedenen Wesen* zukommenden eigenen Bedeutung, wenn sie zeitlich voneinander getrennt werden. Dies geschieht am besten dadurch, daß – bis bei uns evangelischen Christen wieder die *Einzelbeichte* mit persönlicher Absolution üblich wird, die eigentlich allein den Namen „Beichte" verdient – entweder am Samstagabend oder am Sonntagmorgen vor dem Hauptgottesdienst ein eigener „Beichtgottesdienst" mit *„allgemeiner Beichte"* gehalten wird. Dieser „zwingt niemanden zur Teilnahme und bietet doch jedem das geistlich Nötige und Wünschenswerte. Sie erhält unserer Kirche, wenn auch in sehr irdenem Gefäß, das ihr von Christus anvertraute ‚Amt der Schlüssel' und bewahrt sie davor, in die Vollmachtlosigkeit eines Kultvereins zur Befriedigung emotionaler und religiöser Bedürfnisse abzugleiten. Nicht zuletzt aber schützt sie das hl. Abendmahl vor dem heute nicht ferne liegenden Mißverständnis, in ihm schenkten allein *wir* uns gegenseitig Kommunikation und begegneten in ihm nicht in erster Linie dem Herrn, den man sich zum Heil oder aber zum Gericht empfangen kann."[236] Im Unterschied dazu ist die „private Beichte" vor einem selbst gewählten Seelsorger eines der wichtigsten seelischen Mittel, das einem Menschen hilft, den Sinn seiner persönlichen Existenz zu verwirklichen und so ein innerlich freier Mensch zu werden. „Obwohl sie seit der Aufklärung als Mittel der Priesterherrschaft, durch die die Gewissen der Menschen geknechtet würden, bekämpft wurde, hat sie sich doch in der lutherischen Kirche bis über die Mitte des 19. Jahrhunderts gehalten; noch um 1900 hat man in Lutherischen Kirchen Beichtstühle gebaut. Heute gibt es beachtliche Stimmen, die für eine Erneuerung der Einzelbeichte eintreten, und das gewiß nicht, weil es um Macht über die Menschen und Unterdrückung ihres Gewissens ginge, sondern weil man aus dem Beispiel der Psychotherapie gelernt und den Wert der Beichte als Hilfe für den verstörten Menschen unserer Zeit neu erkannt hat."[237]

Weil uns bei der *Absolution* „Vergebung der Sünden" nicht nur verkündigt, sondern *zugesprochen* wird, die „ewiges Leben und Seligkeit" in sich schließt,[238] sollten unsere allgemeinen „Beichtgottesdienste" in Lob- und Dankliedern ausklingen. „Buße", d. h. Umkehr, Heimkehr eines einzigen Sünders von „99 Gerechten" (Luk. 15,7) ist ein Ereignis, das nicht nur „im Himmel", sondern auch auf Erden Grund zur Freude ist.

Die Frage, ob ein Gemeindeglied auch einmal „ungebeichtet" das hl. Abendmahl empfangen kann, muß grundsätzlich vom rechten Verständnis der Frohbotschaft Christi her bejaht werden. Auch das Wort 1. Kor. 11, 27–29 macht *die Beichte nicht zur Voraussetzung für den Sakramentsempfang*. Was dort unter „würdig" und „unwürdig" zu verstehen ist, hat Luther in seinem „Kleinen Katechismus" klar ausgesprochen.[239] Es geht dem Apostel Paulus an jener Stelle nicht um eine moralische Wertung der Abendmahlsgäste nach den Zehn Geboten, sondern um den „Glauben" oder „Unglauben" „an Seine Worte". Wer wäre denn jemals „würdig" – nicht nur des Sakramentsempfangs, sondern *jeder* Gabe Gottes überhaupt? Wir sollten, sooft wir Gott gegenübertreten, niemals Luthers letztes Wort auf dem Sterbebett vergessen: „Wir sind Bettler, das ist wahr."[240] Das durch ihn „wiederentdeckte" Evangelium ist die frohe Botschaft Gottes an den *wesensmäßig* sündigen Menschen. Kernpunkt der lutherischen, nein: der *biblischen* Anthropologie (griechisch; deutsch: Lehre vom Menschen) ist der Satz aus dem Luther-Lied über den 130. Psalm: „Bei dir gilt nichts denn Gnad und Gunst, die Sünde zu vergeben; es ist doch unser Tun umsonst auch in dem besten Leben" (EKG 195,2). So spricht der Herr zu seinen Jüngern: „Wenn ihr alles getan habt, was euch befohlen ist, so sprechet: Wir sind unnütze Knechte" (Luk. 17,10). Beichte und Absolution machen uns nicht der Gnade Gottes „würdiger". Wir bleiben auch *nach* Beichte und Abendmahl, was wir sind: *Menschen* – begnadete, aber keine „würdigen", sondern trotz und gerade in ihrer „Unwürdigkeit" geliebte, mit ihrem ganzen Dasein und Sosein *geliebte* Menschen.

Die erwähnten Worte des Apostels Paulus (1. Kor. 11, 27–29) beziehen sich also nicht auf die der Segnungen Gottes niemals „würdigen" Gäste am Tisch des Herrn, sondern auf die „unwürdige" *Begehung christlicher Agapen* (d. h. „Liebesmahle"). Daran sollten damals alle Getauften ohne Unterschied des Standes gemeinschaftlich teilnehmen. Aber daraus war „in Korinth etwas scheinbar Feineres, nämlich eine Art feierliches Bankett der Vermögenden und wohl auch der Gebildeten unter sich geworden, dem die Ärmeren, an die Wand gedrückt, zusehen mußten. Gerade dadurch war die Agape profan geworden, aus dem Herrenmahl wurde ein privates Mahl (1. Kor. 11,20–21), ähnlich den heidnischen Kultmahlzeiten – eine Angelegenheit, die die Betreffenden, wie Paulus bitter meint, auch zu Hause erledigen könnten (1. Kor. 11,22a). Verachtung der Gemeinde Gottes, Beschimpfung der Besitzlosen ist das, fährt er zornig heraus (1. Kor. 11,22b), indem er sich mit seiner ganzen Autorität schützend vor die letzteren und den Besitzenden schroff gegenüberstellt. Aber dann kehrt er das Blatt um: der Angriff auf das Mahl der Gemeinschaft ist Angriff auf die Stiftung des Kyrios Jesus, die er, Paulus, der Gemeinde rein, wie sie ihm vom Kyrios mitgeteilt ist, übermacht hat (1. Kor. 11,23ff.)."[241]

Wie Luther über einen Sakramentsempfang ohne vorausgehende Beichte gedacht hat, ist aus folgenden Worten im „Unterricht der Visitatoren an die Pfarrherrn" von 1538 ersichtlich: „Daß der Pfarrherr selbst oder Prediger ... ohne Beicht oder Verhör zum Sakrament gehen will, soll ihm hiermit nicht verboten sein. Desgleichen ist auch von anderen verständigen Personen ... zu sagen; damit nicht wieder ein neuer Papstzwang oder nötige Gewohnheit aus solcher Beichte werde, die wir wollen und müssen frei haben. Und ich Doctor Martin selbst etliche Mal ungebeichtet hingehe, daß ich mir nicht selbst eine nötige Gewohnheit mache im Gewissen; doch wiederum der Beichte brauche und nicht entbehren will, allermeist um der Absolution (d. i. Gottes Worte) willen."[242]

Unter Berücksichtigung dieser biblisch-reformatorischen Erkenntnisse darf die Teilnahme am hl. Mahl keinem Christen verweigert werden, weil er nicht unmittelbar vorher gebeichtet hat. Andererseits gibt es auch keine lebendige Gemeinschaft mit Christus ohne eine zwar immer wieder notwendige, aber nicht unabdingbar mit der Abendmahlsfeier verbundene Beichte und Absolution.[243] Es wäre allerdings Zeit, daß wir als evangelische Christen, d. h. als Menschen, die unter der Frohbotschaft von Gottes unbegreiflicher *Gnade* leben, die Beichte als einen *Anlaß zur Freude* wiederentdecken und zwar um der uns nach unserem Sündenbekenntnis geschenkten Absolution willen, die uns nicht in „gute Menschen" verwandelt, sondern *heimbringt*. Daß wir als schuldige Menschen an den Tisch des *Herrn* treten können und sollen, macht jeden unserer Abendmahlsgänge zu einem *Fest!* Denn: „Mit dem heimkehrenden Menschen mündet die ganze Schöpfung in ihre ursprüngliche Lebendigkeit ein. Wer das Reich auf dieser Erde abbilden will, wird ein Liebhaber des Festes sein, der Fröhlichkeit und leibhaften Freude."[244] Sind wir das? Und kommt diese innere Grundhaltung unseres Christseins in unseren Abendmahlsfeiern zum Ausdruck? Oder sind sie nicht weithin nur von der ernsten (fälschlicherweise oft geradezu trübseligen) „Stimmung" der vorgeschalteten Beichthandlung geprägt? „Als äußeres Zeichen" dieser dem Wesen des Altarsakramentes nicht entsprechenden inneren Einstellung zu seiner Feier „hält man heute noch" da und dort dem Gang zum Tisch unseres „Freudenmeisters" Jesus (EKG 293, 6) schwarze Kleidung für angemessen."[245]

Solchen, der Kirche der *frohen* Botschaft Christi nicht entsprechenden Traditionen gegenüber ist unseren Gemeinden in Predigt, Unterweisung und Seelsorge immer wieder die Erkenntnis zu vermitteln, daß *das hl. Abendmahl ein Fest ohnegleichen*

ist. Sowohl die apostolische wie die mittelalterliche, reformatorische und nachreformatorische Kirche haben im hl. Abendmahl mehr und Größeres gesehen als eine feierliche Erweiterung des Beichtgeschehens. An dem, auf Befehl Jesu Christi, mit Brot und Wein gedeckten Abendmahlstisch erfuhren seine Gläubigen die *Wirksamkeit ihres auferstandenen und lebendigen Herrn in ihrer Mitte* (Matth. 18,20); *noch* mehr: In, mit und unter Brot und Wein empfingen sie auf geheimnisvolle Weise Seinen Leib und Sein Blut, so wie er es ihnen verkündet hatte. Wie sich jede Speise, die wir essen und trinken, mit unserer Leiblichkeit verbindet, sie durchdringt und nährt bis in unser innerstes Wesen hinein, so verbindet sich der erhöhte Herr im Sakrament des Altars mit unserem Fleisch und Blut. In dieser „communio", d. h. *Gemeinschaft mit uns,* spiegelt sich das Wunder der Weihnacht wider: meine irdische Existenz wird hier zur Hütte Seiner himmlischen Herrlichkeit. Das unsterbliche Leben des Osterfürsten geht ein in meinen Todesleib. Es geht also um nichts Geringeres als um den *Advent Christi in unserem Lebensraum,* um die Aufrichtung eines sichtbaren Zeichens Seiner Gegenwart im Menschenland, um sinnenfällige Signale und Unterpfänder des Anbruchs Seiner Königsherrschaft über alle Welt, gerade auch in unserem Heute und Hier. „Alles Fleisch wird den Heiland Gottes sehen" (Luk. 3,6).

Dieses evangelische und zugleich lutherische Abendmahlsverständnis fragt uns nun freilich: Ist es nicht ein Un-fug (das ist etwas, was sich nicht in die Sache ein„fügt", um die es gerade geht), wenn dieses „Fleisch" just in *dem* Augenblick den Kirchenraum verläßt, in dem sein König sich anschickt, sich zu ihm zu gesellen?, wirklich auch zu *ihm*; denn die Gemeindeglieder, die sich aufmachen zu Seinem Tisch und dort von ihm von den „Geheimnissen des Himmelreiches" (Matth. 13,11) erfüllt werden, sind doch „Fleisch von *unserem* Fleisch und Bein von *unserem* Bein". (vgl. 1. Mose 2,23) Wenn Christus nur *einen* Erdgeborenen Seines Advents würdigt, so beschenkt er damit *alles*

Menschentum. Einst hat er nur *eine* Jungfrau zum Gefäß seiner Menschwerdung auserwählt und hat damit doch die *ganze* Menschheit zu seiner Herberge gemacht. Der Auferstandene begegnet im hl. Mahl also nicht nur den einzelnen Sakramentsempfängern, sondern der *Gemeinschaft aller Gläubigen.*

Aus dieser Erkenntnis sollten wir nun die Folgerung ziehen: Auch wenn wir an dem betreffenden Tag nicht selbst zum Tisch des Herrn gehen wollen, sind wir bei der Sakramentsfeier unserer *Gemeinde* doch keineswegs entbehrlich. Vielmehr werden *wir alle benötigt,* wenn es gilt, dem Herrn das „Hosianna" (s. Seite 154), den Lobpreis und die Freude seines von ihm besuchten Volkes zuzujubeln und mitanzubeten den, „der da kommt" (Matth. 21,9). Wenn ein König oder Kaiser in eine Stadt einzieht, so schmückt man nicht nur das Gebäude, in dem er Wohnung nimmt (Joh. 14,23), sondern dann bilden *alle* Bürger Spalier zu seiner frohlockenden Begrüßung. Unsere lutherischen Väter haben deshalb auch auf die Anwesenheit der noch nicht konfirmierten Jugend bei der Feier des hl. Abendmahles Wert gelegt und haben ihr Chöre und Lieder zum Preis des Sakramentes und zur Stärkung der Kommunikanten zugeordnet (vgl. Matth. 21, 15–16). Es gilt eben auch heute noch und gerade im Blick auf die Bezeugung unserer Gemeinschaft mit den Abendmahlsempfängern: „So *ein* Glied herrlich wird gehalten, so freuen sich *alle* Glieder mit" (1. Kor. 12,26). *Das Dableiben auch der nichtkommunizierenden Gemeindeglieder* bekundet ihren kommunizierenden Brüdern und Schwestern die Bereitschaft, ihren Abendmahlsgang mit Gebet und Lobgesang zu begleiten. So schließen sie um den engen Kreis der Abendmahlsgäste einen Ring der Fürbitte – in ähnlicher Weise, wie dies auch bei der hl. Taufe, bei der Konfirmation, bei der Ordination und bei den Einführungshandlungen geschieht. Unterschätzen wir nicht, welch *große* Bedeutung es für die Kommunikanten hat, daß sie in diesen Augenblicken ihrer Begegnung mit dem Herrn sich auch menschlich nicht alleingelassen, sondern von dem Lobpreis und der Fürbitte anderer *geschwisterlich umfangen* und getragen wissen!

Bei dem, was nun im weiteren Verlauf unseres Gottesdienstes geschieht, gilt in besonderer Weise die Mahnung: „Zieh deine Schuhe aus von deinen Füßen, denn der Ort, darauf du stehst, ist ein heilig Land!" (2. Mose 3,5). Wenn unsere lutherischen Väter in den Bekenntnisschriften unserer Kirche vom hl. Abendmahl reden, dann merkt man es schon an ihrem Stil: Jetzt sprechen sie vom „Sanctissimum" (lateinisch; deutsch: vom „Heiligsten" ihres Gottesdienstes), das als solches niemals „erklärt" werden kann. Das lateinische Wort *„sacramentum"* bedeutet ja „Geheimnis" (griechisch „Mysterium"). Wer aber Gottes Geheimnisse unangetastet stehen läßt, dem öffnen sie sich und beschenken ihn mit unausprechlichen Gaben und Kräften ... Luther hat – im Gegensatz zu uns heutigen, vom Rationalismus geprägten Menschen – um das Mysterium als eine gottesfürchtige und darum auch im biblischen und altkirchlichen Sprachgebrauch geradezu selbstverständliche Denkweise gewußt und hat den Ausdruck „Mysterium" bei verschiedenen Gelegenheiten unbedenklich gebraucht. In seiner Vorrede auf die Postille von Spangenberg 1543[246] stehen die geradezu großartigen Sätze: „Da ich ein Doktor der heiligen Schrift mich mußt nennen lassen, aber, Gott Lob, nur ihr armer Schüler worden bin, hebe ich an, die Worte, mit denen der Herr Christus das heilige Mahl eingesetzt hat, *wunderlich* anzusehen und finde aus der Erfahrung dieses Testamentes, daß es müsse ein *Geheimnis* heißen." Luther wendet sich dann gegen die, die meinen, dies Mahl „sei kein Mysterium noch tiefe Kunst, sondern ein Löffel voll Weisheit, den sie mit einem Schluck austrinken mögen: „Wir wollen sie alles besser und hundertmal besser wissen lassen als wir selbst zu wissen vermögen, und Christus soll bei ihnen kein Mysterium oder Geheimnis, sondern nur eine ledige Nußschale sein, aus der sie den Kern längst herausgeholt und die Schalen weggeworfen haben. *Wir aber wollen an diesem Geheimnis saugen wie ein Kind an der Brust seiner Mutter,* bis wir *auch* einmal etwas davon kriegen und uns nicht so früh und zeitig davon entwöhnen lassen, wie sich diese hohen Leute selbst entwöhnen und sich schämen, der Mutter Brüste zu saugen;

denn sie meinen laufen zu können, ehe denn ihnen die Beine und Füße gewachsen sind.“ Inmitten eines der Aufklärung entgegeneilenden Protestantismus wird Luther zum „Kind“, das an dem *göttlichen Geheimnis* begierig „saugt“ und davon lebt. Er hat über das *Wie* der Realpräsenz (der leibhaftigen Gegenwart) Christi im Sakrament nie nachgegrübelt. Er traute einfach dem Wort des Herrn: „Ein Christ spreche: Vom Sakrament halt ich, wie die Worte sagen. Da schweige, Vernunft, und schließe die Augen, daß du nit urteilest, sondern sprich: Es ist wahr, weil der die Wahrheit sagt, der nach seiner Vernunft unmeßlich größer ist als du nach deiner. Gleich als wenn eine Kuh sagen wollte: mein Hauswirt hat nichts anderes zu trinken und zu essen als Wasser und Trebern. Denn daß er auch Wein und Brot hat, davon weiß sie nichts. Wenn ich über Gott nach *meiner* Weise urteilen wollte, so wär's wie ein Kuh- und Sauurteil. Meine Vernunft ist Sauvernunft und Kobervernunft.“[247] „Nein, Vernunft, die muß hier weichen, kann dies Wunder nicht erreichen. O der großen Heimlichkeiten, die nur Gottes Geist kann deuten!“ (EKG 157,4).

Das Empfangsgerät der großen „Heimlichkeiten“ Gottes, oder wie Christus (Matth. 13,11) gesagt hat: des „Geheimnisses des Himmelreichs“, *ist der Glaube; der* Glaube, der (nach Hebr. 11,1) „eine gewisse Zuversicht ist des, das man hofft, und ein Nichtzweifeln an dem, das man nicht sieht.“ Solcher Glaube war für Luther die Voraussetzung *jeder* Verbindung mit Gott: „Das Herz soll keinen Zweifel haben, obgleich es das nicht denken kann, was es sieht. Es tut aber der Natur sehr wehe, daß sie soll *blinde Kuh spielen*, pochen und trotzen auf das, was sie nit sieht, ja, davon sie sich nit träumen ließe. ... In diesem Glauben geht man hinein ins Meer, als wenn keine Wasser da wären, desgleichen in den Tod, als wenn kein Tod da wäre, fällt Christus um den Hals, als wenn kein Zweifel dagewesen wäre.“[248] Alle Worte über die Erfahrungen dieses Glaubens sind ein unzulängliches Gestammel. Wir als die Empfänger dessen, was „höher ist als alle Vernunft“ (Phil. 4,7), können immer nur *anbeten.*

Um der anbetenden Ausrichtung unseres Herzens auf das jetzt beginnende sakramentale Geschehen Ausdruck zu geben, bleiben wir nach dem „Allgemeinen Kirchengebet“ während der nun folgenden Abendmahlsliturgie bis zum Beginn der Austeilung des Sakramentes stehen – wenn es uns nicht Kniebänke ermöglichen zu knien. (Über den Sinn unseres Stehens bzw. Kniens s. Seite 60, bzw. Seite 32)

Die

Feier des hl. Abendmahls

beginnt schon in den ältesten uns überlieferten Gottesdienstordnungen mit der

Präfation.

„Man kann das Wort zwar wörtlich übersetzen mit ‚Vor-Wort‘; aber man darf dann damit nicht den Sinn einer literarischen „Einleitung“ verbinden. „Praefatio“ (lateinisch) heißt: „eine Rede *vor* etwas“. Aber das „vor“ darf hier nicht zeitlich, sondern muß räumlich verstanden werden als die *Gebetsrede vor Gott* (vor dem „Gott in der Höhe“, Luk. 2,14). ... Eine gute (wenn auch freie, d. V.) Übersetzung des Wortes ist darum „Hochgebet“.“[249]

Dieses „Hochgebet“ gehört – wie überhaupt die ganze liturgische Ordnung der Sakramentsfeier einschließlich ihrer musikalischen Gestalt – zu den frühesten Stücken der christlichen Liturgie. Wir finden die ältesten uns erhaltenen Präfationen schon in der Kirchenordnung des Bischofs Hippolyt (Rom, um 215), doch gehen weite Partien seines Gebetes bis auf die Apostelgemeinde zu Jerusalem zurück.

Die Präfation umfaßt seit alters *drei Stücke*:[250] Die „Salutation“ (den Gruß), das „Sursum corda“ („Die Herzen in die Höhe!“), das „Gratias“ („Lasset uns Dank sagen dem Herrn!“) mit dem „großen Dankgebet“.

Der uns schon aus dem Eingangsteil bekannte „Wechselgruß“, die „Salutation“ (s. Seite 60f.), bildet gleichsam das Eingangsportal zur Sakramentsfeier. Darum strahlt sie an *dieser* Stelle noch farbenreicher auf als dort. *Hier* beziehen sich die

Worte *„Der Herr sei mit euch"* auf das Wundergeschehen im Sakrament, bei dem der Kyrios unter uns gegenwärtig werden und sich zu einem Leibe mit uns vereinigen will. „Siehe, so wirst du denn ein Kuchen mit Christo, daß wir treten mit ihm in eine Gemeinschaft seiner Güter und er in eine Gemeinschaft unserer Güter. So flicht sich denn ineinander, daß seine Gerechtigkeit mein wird, meine Ungerechtigkeit sein; sein gutes Leben mein, mein böses Leben sein; und summa summarum: er nimmt sich alles unseres Dings an wie des seinen, und wir nehmen uns wiederum des seinen an wie des unseren. Siehe, wenn du dahin kommst, was willst du mehr? Da bist du schon im Paradies und bist selig." (Luther)[251] Und wenn wir *hier* auf diesen „Vereinigungswunsch" des Liturgen antworten: *„und mit deinem Geist"*, so erbitten wir dem Diener Gottes am Altar das gleiche, das *er* uns gewünscht hat: Der Herr möge auch mit *ihm*, der mit uns das hl. Mahl empfängt, *„ein* Leib" werden.

Sodann werden wir aufgefordert: *„Die Herzen in die Höhe!"* (lateinisch: „Sursum corda"). Wir denken dabei an Mahnungen der hl. Schrift (wie Klagelieder 3,41 und Kol. 3,1f.) und auch daran, daß Jesus selbst „nach oben blickend gebetet" hat (Joh. 11,41 und 17,1).

Das Wort *„Herz"* meint in der Bibel nicht nur das so bezeichnete Organ in unserem Körper, sondern unsere *ganze* Persönlichkeit in ihrem einmaligen Wesen, die mit Leib, Seele und Geist von ihrem Schöpfer beansprucht ist. *Sie* ist der Ort der Begegnung mit Gott. *„Herzen" sind die Empfangsantennen für alle Verständigung aus und mit der „Höhe"*. Das Wort „Höhe" bedeutet im biblischen Sprachgebrauch (vgl. dazu das auf S. 55 Gesagte) die „Wohnung", die Wirkungsstätte Gottes (Luk. 2,14; Psalm 93,4; 102,20; Jes. 57,15), die nach der Himmelfahrt Christi, also nach seiner „Erhöhung" zur Rechten Gottes (Joh. 12,32; Apg. 2,33; Phil. 2,9) auch zugleich der Ort *seines* königlichen Thrones ist (Eph. 4,8; Hebr. 1,3). Der Anruf „Die Herzen in die Höhe!" fordert uns also auf, unser ganzes Menschsein von dem uns umbrandenden und von Gott abziehenden „Unten" abzuwenden und alle unsere Sinne dem „Oben" aufzutun.

Mit der Antwort: *„Wir erheben sie zum Herren"* geben wir unsere freudige Bereitschaft dazu kund. Merken wir, wie umgewandelt unser Herz ist, wenn es zum *Kyrios* „erhoben" ist? Denn „bei dem Herrn ist die Gnade und viel Erlösung bei ihm" (Psalm 130,7). Bei der Ausrichtung unseres Herzens auf ihn verlieren alle scheinbaren Herren unseres Lebens, die unser Herz so voll Unruhe, Angst und Sorge machen, ihre nur angemaßte Größe. So bleibt tatsächlich schon unter der „Eingangspforte" zur Feier des Sakramentes unser gesamtes „Unten" mit allen seinen Anfechtungen, Rätseln und Ungelöstheiten hinter uns.

Mit dem dritten Versikelpaar, dem sog. *„Gratias"* (lateinisch: „Gratias agamus" deutsch: *„Lasset uns Dank sagen"*) wird dann der Grundton der eigentlichen Präfation angeschlagen: Wir werden aufgerufen, Dank zu sagen *„dem Herren, unserm Gotte"*. Es war für Jesus selbstverständlich, daß er wie alle Frommen seines Volkes vor jeder Mahlzeit dankte (Mark. 6,41; 8,6; Joh. 6,11 u. a.). Darum dankte er auch bei der Einsetzung des hl. Mahles am Gründonnerstagabend (Matth. 26, 26–27; Mark. 14, 22–24; Luk. 22,17 und 19; 1. Kor. 11,24). In der griechischen Ursprache des Neuen Testamentes wird in diesem Zusammenhang meist das Wort „eucharistein" gebraucht, d. h. „danksagen", die Gnade lobpreisen. Darum hat die Urgemeinde und frühchristliche Kirche die ganze Sakramentsfeier *„Eucharistie"* genannt. Daraus ergibt sich, daß jene Christenheit bei ihren Abendmahlsfeiern ihre Sinne nicht nur auf die sakramentale Erlangung göttlicher Güter, sondern auf die *„Huldigung"* des uns im Sakrament mit der „Huld" (= Gnade, Güte, Schönheit) seiner Gegenwart und der Gegenwart seiner „Huld" beschenkenden Kyrios gerichtet hatte. Da jubelte und jauchzte jede Faser ihres Seins dem entgegen, der nun mit Brot und Wein in „sein Eigentum" (Joh. 1,11) einzieht und unsere Weltgestalt und Menschlichkeit zu seiner Herberge ersehen wird (Luk. 19,5). Unsere Antwort auf die Aufforderung zum „großen Dankgebet" *kann* darum gar nicht anders lauten als *„Das ist würdig und recht"*. Denn welch andere Haltung und Gebärde der Seinen sollte des Kyrios „würdig" sein als die der Anbetung?

Und was sollte in diesem Augenblick, wo er im hl. Sakrament unsere Lebensstadt erreicht (Matth. 21, 1–11), mehr „recht“, d. h. angebracht sein als die dankerfüllte Rühmung seiner Herrlichkeit?

Das nun folgende (vom Liturgen nach Möglichkeit gesungene, sonst gesprochene) *„große Dankgebet“* ist das Urbild des sich zum Hymnus erhebenden Betens eines Christenmenschen. *In ihm werden die großen Taten Gottes gepriesen*, deren wir an den Festen des Kirchenjahres besonders gedenken. Darum liegt es in der Natur der Sache, daß dieses Präfationsgebet sich nach dem Gang des Kirchenjahres verändert. Um aber die Grundtöne dieses gewaltigen Anbetungsstückes der christlichen Liturgie immer wieder aufbrechen und aufjauchzen zu lassen, hat schon die alte Kirche sehr früh für dieses Gebet ein sich stets gleichbleibendes „Modell“ geschaffen (wie für die Kollekte, vgl. Seite 66). Nach ihm besteht das „große Dankgebet“ aus drei Teilen:

1. Aus einem unveränderlichen *Eingang*:
   „Wahrhaft würdig und recht ist es, billig und heilsam, daß wir dich, heiliger Herr, allmächtiger Vater, ewiger Gott, zu allen Zeiten und an allen Orten loben und dir danken durch Jesus Christus, unsern Herr(e)n.“
   Wie getrost muß das Menschenleben sein, das es als „recht“ und „billig“ (d. h. dem, was im Sakrament nun an uns geschehen wird, „angemessen“) empfindet, immer und überall zu danken und zu loben! (Psalm 34,2). Und wie „heilsam“, d. h. heilbringend und Wunden heilend ist es in der Tat, dies *gerade* in der Zeit der Trübsal und im Raum des Leides und des Todes zu tun!
2. Das *Mittelstück* der Präfationsgebete ist auswechselbar. In ihm wird jeweils *die* Heilstat Gottes gepriesen, derer die Kirche nach der Zeit des Kirchenjahres besonders gedenkt. *Gottes* Taten sind ja der Grund unseres Heils, das Fundament unseres Christenstandes und damit der alleinige und ständige Anlaß unseres Dankens, Lobens, Preisens, Rühmens und Anbetens.
   An den gewöhnlichen Sonntagen lautet dieses Stück meist

so: „*Ihn*" (gemeint ist „Jesus Christus, unser Herr", mit dessen Nennung der „Eingang" schloß,) „*hast du der Welt zum Heile gesandt, damit wir durch seinen Tod Vergebung der Sünde und durch sein Auferstehen das Leben haben.*"

3. Die Erinnerung an jene Werke Gottes, die zu unserer Errettung geschehen sind, klingt dann in den sich stets gleichbleibenden „*Abschluß*" aus:
„*Darum loben die Engel deine Herrlichkeit, beten dich an die Mächte und fürchten dich alle Gewalten. Dich preisen die Kräfte des Himmels mit einhelligem Jubel. Mit ihnen laß auch unsre Stimmen uns vereinen und ohne Ende bekennen:*"
... (es folgt das Sanctus s. Seite 154)
Hier wird also in wunderbarster Weise unser „armes Lob auf Erden" (EKG 238,6) verklammert mit den Lobgesängen der Engel, der Anbetung der jenseitigen „Mächte" und „aller Gewalten" (vgl. Eph. 1,21; Kol. 1,16), die Gottes „Herrlichkeit" „mit einhelligem Jubel preisen". Um die unerhörte Bedeutung dieser „Verklammerung" ermessen zu können, müssen wir uns immer wieder Wesen und Auftrag der „Engel" ins Gedächtnis rufen, die der Verfasser des Hebräerbriefes (Hebr. 1,14) „die liturgierenden Geister Gottes" genannt hat.

Diese Präfationsgebete innerhalb des christlichen Gottesdienstes bilden „die einzige Stelle im Kosmos",[252] an der sich *jetzt schon* (und nicht erst am Ende der Tage) in unserem vergänglichen Lebensraum *Himmel und Erde vereinen* zu einem gemeinsamen Tun: *zum gemeinsamen Gottesdienst*, zur gemeinsamen Liturgie vor dem, der „da wohnt in einem Licht, da niemand zukommen kann" (1. Tim. 6,16), der aber in Jesus Christus aus diesem Licht herausgetreten ist, um uns zu „erretten von der Obrigkeit der Finsternis" (Kol. 1,13) und heimzuführen in den Glanz seiner „Herrlichkeit". Leibhaftiger Vorschmack (Psalm 34,9) dieser seiner Herrlichkeit (= Herrschaft) ist jede Sakramentsfeier der Kirche. Darum können wir auch in dieser Stunde gar nichts „Richtigeres" und zugleich „Heilsameres" tun als Gott bitten, daß er unser lobpreisendes Liturgieren mit hineinnehme in die Musik der „Kräfte des Himmels" vor seinem Thron. Der Liturg tut dies mit den beiden letzten Zeilen, die das „große Dankgebet" abschießen und zugleich überleiten zu dem Lobgesang der Gemeinde, dem „Sanctus" (s. Seite 154).

Die Kirche benutzte früher eine ganze Fülle solcher Präfationsgebete. Aber es war wohl richtig, daß man jene große Zahl der oft sehr langen Präfationen schon in vorreformatorischer Zeit verminderte und auch in unserer Gottesdienstordnung einschränkte. Denn gerade auf diesem Höhepunkt des Gottesdienstes muß die Gemeinde wirklich *mit*-beten, mit *an*beten können. Das aber kann sie nur, wenn ihr die Gebetsworte vertraut sind. Es hängt viel davon ab, daß der Liturg gerade dieses große Dankgebet *singt*, weil der Ton das Wort mit jener Einprägsamkeit und Ruhe an das Ohr der Gemeinde trägt, die es ihr ermöglicht, den Gebetsinhalt leichter aufzunehmen und im Hören zu ihrem eigenen Gebet zu machen. Hier gehören Wort und Ton ganz eng zusammen, was für die Gestalt und den Vollzug dieser Anbetung nicht ohne Belang ist. „Die Begleitung des Liturgen durch Stützakkorde der Orgel sollte in der gesamten Abendmahlsliturgie aus grundsätzlichen und praktischen Erwägungen, wo immer nur möglich, vermieden werden. Wo der Pfarrer aber den Sprechgesang, der wirklich keine großen Anforderungen stellt, noch nicht beherrscht, kann die Ausnahme von dieser Regel gemacht werden und die Orgel mit äußerst zurückhaltender Registrierung den Gesang des Liturgen begleiten. Die fur diese Stücke im Orgelbuch zur Liturgie aufgeführten Begleitsätze dienen nur für diesen Notstand und können nicht als eine Legitimation für die Einführung des begleiteten Altargesangs angesehen werden."[253]

Die *Texte* zu den Präfationen gehen auf alte Vorlagen zurück, die in unseren Tagen *neu bearbeitet* und durch *neue Texte* ergänzt worden sind.[254] Die *musikalische Fassung* des Präfationsmodells stammt *aus den allerfrühesten Zeiten des christlichen Gottesdienstes* und „reicht bis zu den Urklängen der Menschheit herauf."[255]

Der Aufforderung des Liturgen, *„unsere Stimmen" mit denen*

der „Himmlischen" zu „vereinen" und „ohne Ende zu lobsingen", leisten wir unmittelbar Folge in dem

Sanctus

(lateinisch; deutsch: „heilig"; mit diesem Wort beginnt der Hymnus in der lateinischen Fassung: „Sanctus, sanctus, sanctus Dominus Deus ..."):

„Heilig, heilig, heilig
ist Gott, der Herre Zebaoth,
alle Lande sind seiner Ehre voll.
Hosianna in der Höhe.
Gelobet sei, der da kommt im Namen des Herren.
Hosianna in der Höhe." (s. EKG S. 21*)[256]

„Heilig, heilig, heilig ist Gott der Herr" – so riefen die Engel einander zu, als der Prophet Jesaja bei seiner Berufung einen Blick hinter den Vorhang tun und Gott den Herrn „auf einem hohen und erhabenen Stuhle sitzen" und „seines Kleides Saum den Tempel füllen" sehen durfte (Jes. 6,1–4; vgl. dazu Luthers Lied EKG 135[257]).

Die Christenheit hat seit alters in dem *dreimal* „Heilig" eine Beziehung zur hl. Dreifaltigkeit gesehen. Alle Lande sind von Gottes Gegenwart erfüllt und auch alle Leeren *unseres* Lebensraumes; allein aus diesem Grund fällt die Welt nicht in sich zusammen „wie ein leerer Schlauch".[258] Auch das Sanctus ist sehr alt und wurde schon im Gottesdienst der Kinder Israel gebetet. Mit dem Hinweis auf Jes. 6,3 und Dan. 7,10 findet es sich bereits im 1. Clemensbrief (um das Jahr 95/96).[259] Uns läßt *dieser* Lobgesang an dieser Stelle der Abendmahlsliturgie daran denken, daß – wenn auch in anderer, so doch in ähnlicher Weise wie einst zwischen Gott und dem Propheten – nun im Sakrament die Vorhänge fallen vor dem Allerheiligsten (Matth. 27,51) und unsere „Augen" an dem Tisch, den uns der Herr „bereitet im Angesicht unserer Feinde" (Psalm 23,5) *„den König sehen in seiner Schöne"* (Jes. 33,17). Es ist bedeutungsvoll, daß im griechischen Neuen Testament „Schönheit, Anmut" und „Gnade, Huld" ein und dasselbe Wort sind.

Mit welchem Zuruf könnten wir den, der nun im Geschehen des hl. Abendmahles zu uns kommt, besser begrüßen als mit dem, den ihm sein Volk und seine Jünger am Palmsonntag entgegengejauchzt haben, als er in Jerusalem eingezogen ist: „Benedictus, qui venit in nomine Domini“, d. h. *„Gelobet sei, der da kommt im Namen des Herren, Hosianna in der Höhe“* (Matth. 21,1–11)? Weil das erste Wort dieses überströmenden Willkommgrußes nach dem lateinischen Text „Benedictus“ heißt, wurde und wird dieser ganze Satz *„das Benedictus“* genannt. Wir hören in ihm den Jubelruf aus Luthers Osterpsalm (Psalm 118,26) und das Huldigungsgebet (Hos(i)anna = Herr, hilf doch!) (Psalm 118,25; Luk. 19,38; Joh. 12,13) derer, die vor dem in seine Stadt einziehenden Kyrios Zweige und Kleider auf den Weg breiteten. So wie das „Kyrie“ im römischen Weltreich eine Anerkennung des Kaisers und eine Unterwerfung unter seine Herrschaft bedeutete (vgl. Seite 51ff.), so ist das *Hos(i)anna* im Judentum ein Huldigungsruf für den in der Öffentlichkeit erscheinenden König gewesen. Auch wir sollen mit dieser Ehrenbezeugung dem, „der da kommt“, d. h. jetzt im Sakrament zu uns kommt, kundtun: „Du kannst alles allerorten nun erfülln und nahe sein; meines armen Herzens Pforten stell ich offen, komm herein!“ (EKG 95,6).

Während wir das Sanctus gesungen haben, hat der Liturg die „Vasa sacra“, d. h.

die hl. Gefäße

zugerichtet zum hl. Mahl.[260] Sie stehen meist schon bei Beginn des Gottesdienstes in der Mitte des Altars, mit einem *„Velum“* (lateinisch; deutsch: „Schleier“) bedeckt.[261] Das Velum ist nicht nur eine Schutzhülle für die hl. Geräte, für Brot und Wein; es versinnbildlicht auch den Geheimnischarakter des himmlischen Geschehens, dem die verhüllten Dinge dienen. Moderne Menschen meinen, gegen diese „Verhüllung“ protestieren zu müssen. „Mit solchen und anderen Bräuchen gestalten wir das Abendmahl zur Mysterienfeier, ob wir wollen oder nicht. Wollen die meisten von uns diese Wirkung? Wenn nicht, dann müßte das Velum wohl wegfallen."[262] Dazu ist zu sagen: Das Herrenmahl *ist* und *bleibt* für unseren Verstand ein Mysterium, ein Geheimnis – „ob wir wollen oder nicht" (s. Seite 146). Wir sollten solche Symbole wie das die Abendmahlsgeräte verhüllende Velum nicht mißachten. Wir würden mit den „hl. Zeichen" sinnenfällige Glaubenshilfen verlieren.[263] (s. Seite 92ff.)

Der Liturg nimmt während oder nach dem Sanctus zur eigentlichen Sakramentshandlung das Velum ab und stellt die *Hostienbüchse* mit der *Patene* (= Hostienteller) auf das „*Corporale*" (= Leibtuch, an den „heiligen Leichnam" Christi erinnernd, vgl. EKG 163,1) an der (von der Gemeinde aus gesehen) linken (das ist meist an der nördlichen) Seite des Altars; dann nimmt er *Kelch und Kanne* und setzt sie auf dem Corporale an der rechten (das ist meist südlichen) Altarseite nieder. (vgl. Seite 71). *Wischtüchlein* und ein *Gefäß mit Alkohol* zur Reinigung des Kelches sowie ein *Seiherlöffel* zur evtl. Entfernung von Fremdkörpern aus den hl. Gefäßen sind bereitgelegt.

Unmittelbar auf das Sanctus und Benedictus der Gemeinde folgt die eigentliche Mitte der Sakramentsfeier:

Die Konsekration,

d. i. die „Segnung" von Brot und Wein (lateinisch: consecrare; deutsch: mit hineinnehmen in Gottes Geheimnis). Das Mahl des Herrn soll ja *nicht* als „eine gewöhnliche Mahlzeit mit Brot und Wein gehalten werden. Brot und Wein sollen aus der Bestimmung, der sie sonst bei gewöhnlichen Mahlzeiten dienen, herausgenommen und für diesen *besonderen* Dienst der Vergegenwärtigung von Leib und Blut Christi bestimmt werden."[264] Wie Jesus das am Abend des Gründonnerstags gemacht hat, geht aus den Worten hervor, mit denen er seinen Jüngern das hl. Mahl „eingesetzt", „gestiftet" (Ps. 111,4) hat.

Ehe diese seine Worte vom Liturgen über die auf dem Altar, der nun in Vollzug des Sakramentes als „Abendmahls-Tisch" dient, bereitgestellten Gaben (Brot und Wein) singend oder sprechend wiederholt werden, bereiten wir uns auf deren Empfang vor in dem

Gebet vor den Einsetzungsworten,

mit dem in unmittelbarem Anschluß an das Sanctus (Seite 154) das mit der „Präfation“ (Seite 148) begonnene Hochgebet fortgesetzt wird.*

* Wo aus besonderen Gründen eine Kürzung der Abendmahlsliturgie geboten erscheint, kann die Konsekration auf die Einsetzungsworte (s. Seite 160) beschränkt werden. Man vergesse aber nicht: Schon die frühe Christenheit hat – wie den uns zugänglichen altkirchlichen Abendmahlsliturgien und Berichten zu entnehmen ist – die Einsetzungsworte in einen Gebetsakt einbezogen. Dieser wurde im Mittelalter aufgrund der römisch-katholischen Lehre von der „Wandlung“ der Elemente durch die geistliche Vollmacht des geweihten Priesters mehr und mehr von unevangelischen Gedanken überwuchert. Deshalb hat man in der Reformation da und dort auf ihn verzichtet und den Einsetzungsworten lediglich das Vaterunser im Sinne eines „Tischgebetes“ vorangestellt, dem sofort die Austeilung des Sakramentes folgte.[265] Diese *„Kurzform“ einer evangelischen Abendmahlsfeier* hat sich in unseren Kirchen da und dort erhalten.[266] Aber Luther selbst hat gesagt und gezeigt, daß eine reichere Gestaltung der Feier unter Einbeziehung des vorreformatorischen Erbes, wie sie in Wittenberg selbst üblich war, auch von ihm gebilligt werde, wenn sie theologisch einwandfrei sei und Gottes Handeln im Sakrament nicht verdunkele. Man ist aber auch schon zu Luthers Zeiten weithin zur altkirchlichen Überlieferung zurückgekehrt.[267] Auch in *unserer* „Agende für Evangelisch-Lutherische Kirchen und Gemeinden“ (1955) *sind die Einsetzungsworte des hl. Abendmahls in einem Gebetsakt eingefügt.*[268] Der Gebrauch *dieser* Form hat gegenüber der „Kurzform“ den Vorzug: Die Einbettung der Stiftungsworte in ein Gebet zwingt uns, daran zu denken, daß nicht das bloße Nachsprechen der Worte des Herrn das Wunder seiner Selbstvergegenwärtigung vollzieht, sie also nicht auf irgendeine magische, zauberhafte Weise zu bewirken vermag. Das *„Hoch-Gebet“* an dieser Stelle ist ein Ausdruck für die Anerkennung der Tatsache, daß *Gott allein der Handelnde* ist im Sakrament und *wir ganz und gar nur auf das Empfangen* und damit auch auf das Bitten um seine Gaben *angewiesen* sind; es will aller falschen Sicherheit unseres sich auch gerade in seiner Frömmigkeit so leicht überhebenden Herzens wehren, das auch bei keiner Sakramentsfeier über das Ereigniswerden der Gegenwart Christi in unserer Mitte verfügt.

Der älteste, aber immer noch am meisten verwendete Text dieses Gebetes lautet in seiner erst jüngst revidierten Fassung:[269]

Wir loben dich, Herr des Himmels und der Erde.
Du hast dich über deine Geschöpfe erbarmt
und deinen Sohn Mensch werden lassen.
Wir danken dir für die Erlösung,
die er am Kreuz für uns vollbracht hat.
Wir bitten dich:
Sende auf uns herab den Heiligen Geist,
heilige und erneuere uns an Leib und Seele,
damit wir unter diesem Brot und Wein
den Leib und das Blut Jesu Christi
zu unserem Heil empfangen,
wenn wir jetzt tun, was er geboten hat.

Dieses „*große Dankgebet*" – wie es *auch* genannt wird –, das der Weisung Jesu „Dies tut zu meinem Gedächtnis" (s. Einsetzungsworte Seite 160) entsprechend dem Gedenken an das alle Welt und Zeit umfassende und in ihm, ihrem Heiland, erschienene Heil dient, wurde schon in der alten Christenheit als „*Anamnese*" (griechisch; deutsch: „Erinnerung") bezeichnet. Es setzt ein mit dem *Lobpreis des „Herrn des Himmels und der Erde"*, (Ps. 89,12) denn gerade das Abendmahlsgeschehen bezieht die ganze *Schöpfung* in die „Feier unseres Glaubens" ein. In ihm ist die Welt, die Gott geschaffen hat, zugegen: in Brot und Wein und in den Gebeten, die die Gläubigen für sich und für alle Menschen sprechen.

Gleichzeitig enthüllt das Herrenmahl der Welt, was sie werden soll: die durch Christus und den Heiligen Geist *erlöste und vollendete Schöpfung*. Darum geht das Lob des Schöpfers sofort und geradezu zwangsläufig über in die *Rühmung der Menschwerdung Gottes in Jesus Christus* (Joh. 1,14).

Auf den inneren Bezug des Abendmahlsgeschehens zur Weihnachtsbotschaft, daß Gott sich „über seine Geschöpfe erbarmt und seinen Sohn hat Mensch werden lassen", wurde schon hingewiesen (s. Seite 144). Die Sendung Christi in unsere gottferne und todgeweihte Welt geschah „für die *Erlösung*, die er *am Kreuz* für uns vollbracht hat". Sie wird uns beim Empfang seines hl. Mahles nicht nur gedächtnismäßig (kopflastig) in Erinnerung gebracht. Wir dürfen die Auswirkung dessen, was sich an Weihnachten, Karfreitag, Ostern und Pfingsten *geschichtlich* ereignet hat, *jetzt* in, mit und unter dem, was uns gereicht wird, *„nehmen" und „essen" und „trinken"*, also mit allen Sinnen in uns aufnehmen. „Mit diesen Gebetsworten birgt sich die Gemeinde gleichsam in das Christusgeschehen hinein. Mit ihnen erscheint sie vor Gottes Thron als die, die in *Christi Kreuz, Auferstehung und Himmelfahrt hineingenommen* und als solche mit Christo in Gott nicht nur *ver*borgen, sondern auch *ge*borgen ist."[270]

Das Ereignis dieses Geheimnisses und das Geheimnis dieses Ereignisses kann ein Mensch trotz seiner Vernunft wegen der ihr angeschaffenen Grenzen niemals erfassen. Darum muß dieses Gebet vor den Einsetzungsworten, mit denen der Herr das „Gedenken" an (d. h. „Das Danken für") seine Wunder „gestiftet" hat (Ps. 111,4), in die Bitte ausklingen:
„Sende auf uns herab den Heiligen Geist, heilige und erneuere uns an Leib und Seele, damit wir unter diesem Brot und Wein den Leib und das Blut Jesu Christi zu unserem Heil empfangen, wenn wir jetzt tun, was er geboten hat." Die Bitte um den Heiligen Geist als den Vollender dessen, was Gott mit der Schöpfung und Erlösung seiner Welt begonnen hat, wird seit alters *„Epiklese"* (zu deutsch: „Herbeirufung der Wirkkraft Gottes") genannt und taucht schon seit dem 4. Jahrhundert in den Ordnungen für die Feiern des Herrenmahles auf. Gerade sie zeigt, daß die alte Kirche *das Sakrament als Handeln Gottes* und nicht als mechanischen oder magischen Vorgang verstanden hat. Mit dem „Heiligen Geist" empfängt die Kirche einen Vorgeschmack des Reiches Gottes: Das Leben der neuen Schöpfung (Offbg. 21,5) und die Zusicherung der Wiederkehr des Herrn (Offbg. 22,20). Wir bitten also *nicht* darum, daß der Heilige Geist Brot und Wein in Leib und Blut Christi *„ver*wandle". Wir bitten vielmehr *da*rum, daß er *„uns"* wandeln möge (Ps. 51,12; Jes. 62,2; Jer. 31,31). Denn nur die Gewandelten, die aus dem

alten Wesen Herausgerufenen (Röm. 8,21; Eph. 2,6) und also durch den Heiligen Geist „Geheiligten" und „Erneuerten" (Hes. 11,19; 2. Kor. 4,16; Eph. 4,23; Kol. 1,13 u. a.) haben das „hochzeitliche Kleid" (Matth. 22,11) an, das zur Teilnahme am königlichen Mahl gehört. „Ein Herz, das richtig ist" (d. h. sich von seinem Herrn selber richten, ausrichten, heimrichten läßt) „und folget Gottes Leiten, das kann sich recht bereiten, zu dem *kommt* Jesus Christ." (EKG 9,3).

„Wenn wir jetzt tun, was er geboten hat", tritt der auferstandene, lebendige und darum gegenwärtige Herr in unser *„Jetzt"*; denn „jetzt" betet der Liturg singend oder sprechend die

Einsetzungsworte

zum Brot: „Unser Herr Jesus Christus
in der Nacht, da er verraten ward,
nahm er das Brot, dankte und brachs
und gabs seinen Jüngern und sprach:
Nehmet hin und esset;
das ist + mein Leib,
der für euch gegeben wird.
Solches tut zu meinem Gedächtnis."

zum Kelch: „Desgleichen nahm er auch den Kelch nach dem Abendmahl,
dankte und gab ihnen den und sprach:
Nehmet hin und trinket alle daraus;
das ist + mein Blut des Neuen Testamentes,
das für euch vergossen wird zur Vergebung der Sünden.
Solches tut, so oft ihrs trinket, zu meinem Gedächtnis."

Das sind die Worte (vgl. Matth. 26, 26–28; Mark. 14, 22–24; Luk. 22, 19 f.; 1. Kor. 11, 23b–24), mit denen uns der Herr Christus am Abend des Gründonnerstags das hl. Abendmahl geschenkt oder „gestiftet" hat (Psalm 111,4). Man nennt sie auch die „Verba Testamenti" (lateinisch; deutsch: „Die Worte des *Vermächtnisses*"). Wo uns etwas „vermacht" wird, bekommen wir etwas *geschenkt,* da erhalten wir Anteil an einem Erbe, da hinterläßt uns ein Scheidender sein Gut und Eigentum.

Christus wollte, daß wir von dem uns durch ihn vermittelten Erbe (1. Petr. 1,4; Hebr. 9,15) auf unsrer Lebenswanderung Gebrauch machen. Darum sagte er seinen Jüngern bei der Übergabe seines sakramentalen Vermächtnisses: *„Solches t u t zu meinem Gedächtnis"*. Damit hat er sie darauf aufmerksam gemacht, daß in ihrer Gemeinschaft, d. i. in seiner Kirche, die *„Tradition"* (d. h. wörtlich die *„Weitergabe")* der Unterpfänder seiner Gegenwart in Wort und Sakrament lebendig erhalten werden soll. Das Wort „Gedächtnis" bedeutet im Munde des scheidenden Christus aber *mehr* als das, was wir für gewöhnlich unter „Erinnerung" verstehen: Es geht bei unseren Abendmahlsfeiern nicht nur um ein Zurückdenken an das Leiden und Sterben unseres Herrn. Die Vokabel „erinnern" hängt mit *„innern"* zusammen und bedeutet, „etwas unserem Inneren (unserem inneren Wesen, unserem „Herzen") einverleiben", so daß es *in* uns ist, etwas, von dem wir leben und durch das unsere Existenz erhalten wird. Und dieses „Etwas", das im hl. Abendmahl empfangen wird, ist der durch Tod und Auferstehung unser Heute und Hier umfangende und tragende, lebende und segnende Herr. Wenn wir also um den Tisch des Herrn versammelt sind, dann begehen wir *nicht nur* einen *„Gedächtnisgottesdienst"* zu Ehren Jesu von Nazareth, der in den Jahren 1–33 nach unserer Zeitrechnung gelebt hat. Sondern mit dem hl. Mahl empfangen wir Anteil an den Geheimnissen seines *ewigen* Reiches. Das ist das Wesentliche am Sakrament: In ihm *ereignet* sich jedesmal *von neuem* die „Communio", d. h. *die Vereinigung des Herrn mit seinen Gläubigen* (s. Seite 141). Da *erfüllt* sich jedesmal aufs neue Gottes Wort und *seine Vereinigung mit uns*. „Ich will mich mit dir verloben in Ewigkeit" (Hos. 2,21 f.). Da *vollzieht* der „Bräutigam" auf „sakramentale", d. h. geheimnisvolle Weise immer wieder neu seine *Hochzeit* mit seiner auserwählten „Braut" (Jes. 61,10; Offbg. 21,2). „So flicht sich ineinander sein gutes Leben und mein böses Leben" (Luther).[271] Da hält der

Herr immer wieder neu im gesegneten Brot und Wein *Einzug in unsere Leiblichkeit*. Es geht also in unseren Abendmahlsfeiern nicht nur um eine symbolische, nur zeichenhafte Handlung, sondern um ein *reales, wirksames Geschehen*. Die Christenheit hat zu allen Zeiten an dem *Geheimnis* dieses Ereignisses herumgerätselt. Aber Wunder wären keine „Wunder“, wenn sie von uns „erklärt“ werden könnten. „Ein Christ muß lernen urteilen nach dem, was er *nit* fühlt, denken, was er *nit* denken kann, hören, was er im Augenblick *nit* hört, was aber *sein Herr gesagt hat*.“[272]

Was hat denn sein Herr über das Geschehen im heiligen Abendmahl gesagt? „Nehmet hin und esset, das *ist* mein Leib ... Nehmet hin und trinket, das *ist* mein Blut“. *An diesen „Ist“ hat Luther nicht rütteln lassen*. Als er 1529 im Religionsgespräch zu Marburg mit dem Schweizer Reformator Zwingli diskutierte, hat er die Tischdecke zurückgeschlagen und mit Kreide auf die Tischplatte geschrieben „EST“ (d. h. „IST“). Denn: „Es ist nicht eines Fürsten oder Kaisers, sondern der hohen Majestät Wort und Ordnung, vor der alle Kreaturen sollten zu Füßen fallen und sprechen, daß es *sei*, wie er sagt, und es mit aller Ehre, Furcht und Demut annehmen. Aus dem *Wort* kannst du dein Gewissen stärken und sprechen: Wenn hunderttausend Teufel samt allen Schwärmern herfahren und fragen: wie kann Brot und Wein Christi Leib und Blut sein?, so weiß ich, daß alle Geister und Gelehrten auf einen Haufen nit so klug sind wie die göttliche Majestät im kleinsten Fingerlein. Nun steht hier Christi Wort: „Nehmet, esset, das *ist* mein Leib; trinket alle daraus, das *ist* das neue Testament in meinem Blut“, usw. Dabei *bleiben* wir! ... Denn wie Christi Mund redet und spricht, also *ist* es, weil der nit lügen und trügen kann.“[273] Und an einer anderen Stelle schrieb Luther: „Ich würde ihm auch glauben, wenn er mir geböte, Holzäpfel zu essen statt Brot; kann er doch alle Dinge sich untertänig machen.“ „So er spricht, so geschiehts, so er gebeut, so stehts da.“ (Ps. 33,9).

„So wie das Schöpfungswort einmal gesprochen, in allmächtiger, ewiger Gegenwärtigkeit die Erde erhält und trägt, so tragen auch die Einsetzungsworte des Herrenmahles als *ein allmächtiges, gegenwärtiges Schöpfungswort* jede Sakramentsfeier.[274] Darum sind sie auch, wie die Schöpfungsworte, nicht nur sinnbildlich (symbolisch), sondern *sinnlich* zu deuten: Unter ihnen *vollzieht* sich das, was sie besagen und verkünden. „Ihre Rezitation bedeutet *keine magische ‚Formel'*, sondern ein Aufblicken zu dem, der die Vergangenheit des Textes in seine Gegenwart und Zukunft hineinnimmt und in, mit und unter dem Geschehen seines Wortes Vergangenes gegenwärtig und zukunftsträchtig macht."[275] Aufgrund der Schöpferkraft, mit der Gott einst „dem Nichts gerufen hat, daß es sei" (Röm. 4,17), verbindet der ewige Christus, durch den „alle Dinge gemacht" sind (Joh. 1,3), seinen heiligen Leib mit dem Brot und sein heiliges Blut mit dem Wein auf dem Altar der Kirche. „Er *selbst* richtet diesen Tisch zu und segnet ihn. Kein Mensch das vorgesetzte Brot und Wein zum Leib und Blut Christi macht, sondern Christus *selbst*. Die Worte werden durch des Priesters Mund gesprochen, aber durch Gottes Kraft und Gnade, durch das Wort, da er spricht: ‚Das ist mein Leib', werden die vorgestellten Elemente im Abendmahl gesegnet. Und wie diese Rede: ‚Wachset und vermehret euch und erfüllet die Erde', *nur einmal geredet*, aber allzeit kräftig ist in der Natur, *daß* sie wächst und sich vermehrt: also ist auch diese Rede wohl einmal gesprochen, aber bis auf diesen Tag und bis an seine Zukunft ist sie kräftig und wirket, daß im Abendmahl der Kirchen *sein wahrer Leib und Blut gegenwärtig* ist."[275] Der „ewige Hohepriester" Christus (Hebr. 2,17; 6,20) *handelt* selbst in seinem Sakrament; er *selber* teilt sich aus. Da sind seine „Liturgen" wirklich nur seine „Diener", seine Werkzeuge („Instrumente"), seine Handlanger, so wie es bei der Speisung der Fünftausend seine Jünger gewesen sind, die die von ihm gemehrte Speise *weitergaben* an die, die sich gelagert hatten (Joh. 6,11).

Durch das, was nun im weiteren Verlauf der Abendmahlsfeier geschieht, macht der Herr Christus selbst die *Altäre* seiner Kirche (s. Seite 71) zu *Grenzsteinen*, an denen die Zeit an die Ewigkeit, das Diesseits an das Jenseits, die Erde an den Himmel grenzt. Da werden uns von Christus selber „in, mit und unter Brot und Wein" die Güter seiner Herrlichkeit und die Kräfte seines Lebens herübergereicht in unser heimatfernes und todgeweihtes Sein. Und gleichzeitig sehen wir an diesen *Grenzsteinen der Ewigkeit* über alle Horizonte des Raumes und der Zeit hinweg dorthin, wo die Gemeinde der Vollendeten das ewige Abendmahl mit ihrem Herrn und König feiert in seines Vaters Reich (Matth. 26,29). Solche Besinnung auf das unbegreifliche Ereignis im heiligen Mahl wird uns immer gerade in dem Augenblick neu überwältigen, wo bei der Konsekration das Mysterium der *Selbstvergegenwärtigung unseres erhöhten Herrn* unter uns Wirklichkeit wird.

Da die verba testamenti in unserer „Glaubensfeier" (s. Seite 34) nicht nur Verkündigungsworte sind, sondern Träger einer *geschehenden Segnung* (vgl. Jer. 55,10f.), werden sie vom Liturgen nicht zur Gemeinde, sondern *über die Elemente* gesprochen. Dabei ist es ein sinnvoller, auch von unseren lutherischen Vätern beibehaltener Brauch, daß in den beiden Sätzen „Das ist mein Leib" und „Das ist mein Blut" jeweils bei dem Wort „ist" das *„Zeichen des hl. Kreuzes"* (+) über der Patene und über dem Kelch ausgeführt wird. Mit allen Segenshandlungen der christlichen Kirche ist das „Kreuzschlagen" verbunden, durch das sie bildhaft verkündigt: Quelle und Mitte alles Segens ist der Gekreuzigte und Auferstandene. Darum ist nicht einzusehen, warum diese Segnungsgebärde über den Elementen des hl. Abendmahles unterlassen werden sollte. Sie war in den lutherischen Kirchen immer üblich und unproblematisch. Das gilt auch von einer evtl. notwendigen *„Nachkonsekration"*: Wenn wegen einer unerwartet großen Zahl von Kommunikanten Brot und Wein nicht ausreichen und deshalb zusätzlich nachgebracht werden müssen, dann wird auch das Nachgebrachte „konsekriert". Das geht so vor sich, daß die Austeilung unterbrochen und vom Liturgen über noch nicht konsekrierten Hostien die erste Hälfte der Einsetzungsworte („Brotworte"), bzw. über dem noch nicht konsekrierten Wein die zweite Hälfte der Einsetzungsworte („Kelchworte") halblaut (nicht leise!) gebetet wird.[276]

Da und dort ist noch die nicht weniger aussagereiche, auch von Luther gepflegte *Gebärde des Brotbrechens* (lat. „fractio panis“) in Übung: Der Liturg nimmt bei der Konsekration des Brotes unter den Worten „und brachs“ eine eigens zu diesem Zweck bereitete größere Hostie von der Patene, hebt sie hoch, damit sie von den Abendmahlsgästen gesehen werden kann, (vgl. das „*Siehe*, ich ...“ Offbg. 3,20; 21,5), teilt sie in vier Teile und legt diese auf den Hostienteller zurück. Diese Teile werden dann bei der Austeilung gleich den anderen Hostien den Kommunikanten gereicht. Das Brotbrechen erinnert nicht nur an das Zerbrochenwerden des hl. Leibes Christi (Joh. 12,24) in seinem Leiden und Sterben; die „Vierteilung“ der Hostie läßt uns auch daran denken, daß das Erlösungswerk des Herrn ein universales ist, das der ganzen Menschheit im Norden und Süden, Osten und Westen der Erde zugute kommen soll (Psalm 2,8; 22,5; 72,8; Jes. 52,10; 62,11). In einzelnen lutherischen Kirchen und Gemeinden wird auch die *Aufhebung des Kelches* (lat.: „elevatio calicis“) vollzogen, von der Luther in der „Deutschen Messe“ 1526 gesagt hat: „Das Aufheben wollen wir nicht abtun, sondern behalten, darum daß es fein mit dem deutschen Sanctus stimmt und bedeutet, daß Christus befohlen hat, seiner zu gedenken.“[277]

Ein ebenso schon aus der Reformationszeit stammender,[278] von Wilhelm Löhe in die Neuendettelsauer Gottesdienstordnung aufgenommener Brauch[279] ist die sog. „*Vorweisung der Elemente*“: Der Liturg zeigt die Patene mit dem gesegneten Brot der Gemeinde mit den Worten: „Sehet, das ist wahrlich der hl. Leib unseres Herrn Jesu Christi, der für euch gelitten hat den bitteren Tod“, worauf die Gemeinde mit ihrem „Amen“ antwortet. Ebenso wird dann der Kelch ergriffen und vorgewiesen mit den Worten: „Sehet, das ist wahrlich der teuere Schatz des Blutes unseres Herrn Jesu Christi, mit dem ihr erkauft seid“, was die Gemeinde wiederum mit ihrem „Amen“ bekräftigt. Zweifellos wird mit dieser Gebärde in außerordentlich wirkungsvoller Weise unterstrichen, was die Gemeinde in, mit und unter dem gesegneten Brot und Wein empfängt.[280]

Da und dort wird während der Konsekration mit den Kirchenglocken *geläutet.* Dies entspricht einem alten Brauch der christlichen, auch der lutherischen Kirche: Nicht nur die Gemeindeglieder, die vielleicht wegen Krankheit oder aus anderen Gründen nicht am Gottesdienst teilnehmen können, aber doch mitbetend „dabei sein" möchten, sondern alle, die das Geläute vernehmen, sollen daran erinnert werden, daß der Herr aller Herren in dieser Zeit an diesem Ort im hl. Sakrament Einzug hält bei seinem Volk.

In unmittelbarem Anschluß an die Einsetzungsworte wendet sich der Liturg – oder vom Lesepult aus ein Diakon – singend oder sprechend an die Gemeinde mit folgender

Akklamation

(lat.; deutsch: „Zuruf"):

„Geheimnis des Glaubens".

Oder

„So oft ihr von diesem Brot esset
und aus diesem Kelch trinkt,
verkündigt ihr den Tod des Herrn,
bis er kommt." (1. Kor. 11,26)[281]

Darauf singt oder spricht die Gemeinde:

„Deinen Tod, o Herr, verkünden wir,
und deine Auferstehung preisen wir,
bis du kommst in Herrlichkeit."[282]

Das ist die Antwort, die Zustimmung der feiernden Gemeinde für das ihr in den vernommenen Einsetzungsworten verkündete Vermächtnis ihres Herrn. Sie ist gleichsam *die Reaktion auf das „Geheimnis ihres Glaubens":* Die Gemeinde ist entschlossen, das Karfreitags- und Ostergeschehen ohne Ende zu bekennen und zu lobpreisen und in alle Welt und Zeit hinein zu verkündigen und auszustrahlen (Matth. 28,19).

Diese Akklamation finden wir schon in den ältesten Abendmahlsliturgien der christlichen Kirche,[283] immer unter der Bezeichnung „Mysterium fidei“ (lat.; deutsch: „Geheimnis des Glaubens“), da und dort mit der erklärenden Beifügung: „Dies ist das Mysterium des Neuen Bundes: Nehmet, esset, dies ist mein Leib“.[284] Sie wurde auch in evangelischen Gemeinden weithin gern aufgenommen. Denn: *„Hier wird in knappster Form zusammengefaßt, was in der Feier geschieht:* Wir verkünden den Tod des Herrn zum Heil der Welt; wir bekennen uns zu seinem Leben aus der Auferstehung; und wir strecken uns aus nach der kommenden Vollendung. Keine definierende Satzaussage könnte uns dies so nahe bringen wie das Geheimnis der Eucharistie, in deren Tun wir feiernd hineingezogen werden. So wie die liebende Vereinigung der Geschlechter in biblischer Sprache als *„Erkennen“* (vgl. 1. Mose 4,1,17,25) ausgesprochen wird, so können wir ahnen, daß *das eigentliche Wesen der sakramentalen Feier eine liebende Verbindung* ist, die vom Herrn als dem himmlischen Bräutigam ausgeht und seine ganze Gemeinde auf Erden erfassen will. Universalität und Intensität vermählen sich in der Eucharistie zu dem Kostbarsten, das der Christenheit anvertraut ist. Wir erkennen Christus, indem wir ihn lieben. Und diese Liebe ist immer nur Antwort auf die *Liebe*, die von *ihm* ausgeht, in der er *uns* „erkennt“. Er gibt sich uns, damit wir uns ihm ergeben können.“[285]

Nach der Akklamation führt der Liturg die Sakramentsfeier – singend oder sprechend – weiter mit dem

Gebet nach den Einsetzungsworten:

So gedenken wir, himmlischer Vater,
des Leidens und Sterbens deines Sohnes.
Wir preisen seine Auferstehung und Himmelfahrt
und vertrauen auf seine Herrschaft über alle Welt.
Wir bitten dich:
Wie alle, die seinen Leib empfangen,

ein Leib sind in Christus,
so bringe deine Gemeinde zusammen von den Enden der Erde,
und laß uns mit allen Gläubigen
das ewige Freudenmahl feiern in seinem Reich.
Durch ihn sei dir, allmächtiger Gott, im Heiligen Geiste
Lob und Ehre, Preis und Anbetung
jetzt und immerdar und von Ewigkeit zu Ewigkeit.[286]

Dieses Gebet versucht vor dem Angesicht des „himmlischen Vaters" auszusprechen, was die feiernde Gemeinde jetzt an der „Grenze (s. Seite 164) von Zeit und Ewigkeit" bewegt: Wir erkennen *das Sakrament als die Auswirkung des „Leidens und Sterbens Christi"*. Sein Kreuz und Tod haben offenbar gemacht, daß Gott die Welt nicht ihrem Schicksal überläßt, sondern „seinen Sohn" dahingibt, um *das „Zeichen vom Tod des Todes"* aufzurichten. Siegel und Unterpfand, noch mehr: *Strombett und Zuleitung des ewigen Lebens* ist jede Nachtmahlfeier der Kirche bis auf den heutigen Tag. Darum nannten die Väter der alten Kirche das Sakrament des Altares auch das „Pharmakon athanasias" (griech.; deutsch: „die Arznei, das Heilmittel der Unsterblichkeit") (Jes. 53,5; Jer. 33,6).

Leiden und Sterben des Herrn haben aber nur deshalb heilsame Bedeutung für uns (s. Seite 103), weil „nach dreien Tagen Ostern ward". Darum drängt es auch jetzt die feiernde Gemeinde angesichts des bereiteten heiligen Mahles, zu „preisen Seine Auferstehung", und ihr *österlicher Lobpreis* vereint sich mit dem *Jubel über seine „Himmelfahrt"*, die den durch ihn vollendeten Brückenschlag zwischen Himmel und Erde und damit „seine *Herrschaft über die Welt*" in unser „Gedächtnis" rückt. (Von diesem „Gedächtnis" spricht Jesus in den Einsetzungsworten zweimal – s. Seite 160.)

Schließlich macht jeder, der am Tisch des Herrn *ein* Leib mit dem Erhöhten und darum immer und überall Gegenwärtigen geworden ist, die Erfahrung: Hier werden nicht nur die Fernen ausgetan zwischen *Gott* und uns, hier fallen auch die Schranken, die *uns* innerlich *voneinander* trennen. Der Heilige Geist hat an

Pfingsten erwiesen, daß er die Sprachverwirrung unter den Völkern überwinden wird (Gen. 11,5–9; Apg. 2,6–11). Wieviel Unheil hat sie bis auf diesen Tag angerichtet, nicht nur auf politischem und sozialem Gebiet, sondern auch in den persönlichsten Bezirken unseres Lebens! Wieviel Not und Herzeleid bereitet sie der Kirche selbst in dem Ärgernis ihrer Zerspaltenheit! Darum ist uns aufgegeben zu bitten (vgl. Joh. 17,21), daß *„unter einem Hirten eine Herde* aus allen werde“ (EKG 159,3). Diese Bitte vollziehen wir mit dem Beter am Altar in dem vorletzten Satz des großen Abendmahlsgebetes: „Wie alle, die seinen Leib empfangen, ein Leib sind in Christus, so bringe deine Gemeinde zusammen von den Enden der Erde, und laß uns mit allen Gläubigen das ewige Freudenmahl feiern in seinem Reich.“ Ein *Vorgeschmack jenes himmlischen Mahles* im „Hochzeitssaal des Lammes“ (Matth. 22,4; 25,10; Offbg. 19,7) ist jede Abendmahlsfeier der Kirche hier auf Erden. Dieser Ausblick über Raum und Zeit hinweg in die Welt der Ewigkeit stärkt die betende Gemeinde heute und hier in der Gewißheit: *Die Nachfolge Christi bedeutet hochzeitliche Freude.* O, daß das doch an unserem Christsein offenbar würde! Jeder Gedanke an die Zukunft mit dem in unseren Lebensraum „hineingetretenen Freudenmeister“ Jesus (EKG 293,6) drängt zur *Rühmung des dreieinigen Gottes.* Darum kann unser Gebet gar nicht schöner schließen als mit den Worten: „Durch ihn sei dir, allmächtiger Gott, im Heiligen Geiste Lob und Ehre, Preis und Anbetung jetzt und immerdar und von Ewigkeit zu Ewigkeit.“ Die Gemeinde macht auch dieses Gebet mit ihrem *„Amen“* (s. Seite 30f.) zu ihrem eigenen: „Ja, ja, Herr, schenke uns allen, was wir von dir erbitten.“

Die meisten christlichen Kirchen sind der Auffassung, daß die in den beschriebenen Gebetsakt eingeschaltete Konsekration der Elemente nicht auf einen bestimmten Augenblick (etwa auf die Zitierung der Einsetzungsworte) beschränkt werden kann. In den ältesten Liturgien wurde der ganze Gebetsakt als *eine langgestreckte Vergegenwärtigung der von Christus verheißenen Wirklichkeit* verstanden.[287]

Ehe die Austeilung beginnt, betet der Liturg – auch wieder singend oder sprechend – das

Vaterunser.

Es ist an dieser Stelle sozusagen das Tischgebet der sich zum Empfang der hl. Speise anschickenden Gemeinde. Das Vaterunser ist das Gebet, das der Herr selbst seine Jünger zu beten gelehrt hat (Luk. 11, 1–4; Matth. 6, 9–13). Kein Gebet wird so oft gedankenloser gebetet als das Vaterunser. Weil uns seine Worte nur zu vertraut sind, beten wir es so leicht und schnell und ohne innere Beteiligung. Wenn wir uns aber einmal die Zeit nehmen würden, Bitte für Bitte dieses „gewaltigen" (vgl. Luk. 4,32) Gebetes der Christenheit näher zu betrachten, dann machten wir die gleiche Entdeckung wie Matthias Claudius: „Das Vaterunser ist ein für allemal das beste Gebet; denn du weißt, wer's gemacht hat. Aber kein Mensch auf Gottes Erdboden kann's so nachbeten, wie der's gemeint hat; wir krüppeln es nur von ferne, einer noch immer armseliger als der andere."[288]

In der Abendmahlsliturgie gebetet, treten *die Vaterunser-Bitten in Beziehung zu dem, was jetzt bei der Feier des Sakramentes vor sich geht:* Da neigt sich „unser Vater", der „im Himmel" ist (Eingang des Vaterunsers), in unser Erdendasein herab. Da kommt mit seinem Leib und Blut sein „Reich" zu uns (2. Bitte). Da vollzieht er an uns seinen guten und gnädigen „Willen" durch das uns rettende sakramentale Geschehen (3. Bitte). Und er tut das nicht um unserer Frömmigkeit und Vortrefflichkeit willen, sondern damit er der Herr bleibt über alle widergöttlichen Gewalten und so „seinem Namen" die Ehre gegeben werde, die ihm allein gebührt (1. Bitte). Weil er weiß, daß der Mensch nicht vom irdischen Brot allein lebt (Matth. 4,4), ward er selbst „das Brot des Lebens" (Joh. 6,48); so wird die Bitte ums „tägliche Brot" (4. Bitte) zum Gebet um die göttliche Erhaltung unserer gesamten Existenz nach Geist, Seele und Leib. Alle Wunder seines Rettungshandelns an der Welt und an jedem einzelnen von uns persönlich läßt er uns aber nur widerfahren, weil er uns „täglich alle Sünden reichlich vergibt“, uns, die wir auf diese Weise zwar fortgesetzt von seiner Gnade leben, aber „unsern Schuldigern“ Vergebung und Liebe schuldig bleiben (5. Bitte). Wie beschämend ist dieses Versagen gerade im Licht der ewigen Erbarmung, die uns im Sakrament über alle Gräben und Räume der Gottesferne hinweg die himmlische Vergebung herüberreicht! Solches „Herüberreichen“ an den Altären der Kirche (s. Seite 164) macht offenbar, daß dem Versucher die Macht genommen und Gottes Engeln „befohlen“ ist, „daß sie uns behüten auf allen unseren Wegen, daß sie uns auf den Händen tragen und wir unsern Fuß nicht an einen Stein stoßen“ (Psalm 91, 11–12); wir brauchen die Gott „dienstbaren Geister“ (vgl. Seite 152, Hebr. 1,14) nur in unsere Wüsten hereinzubeten (6. Bitte). Und schließlich sind Spendung und Empfang des hl. Mahles die Zeichen dessen, der gekommen ist, uns „von dem Bösen“, d. h. von der Macht seines Widersachers zu „erlösen“ (7. Bitte). In welch tiefem Zusammenhang steht also jede einzelne Bitte des Vaterunsers zu dem Wunder des Sakramentes! Darum ist gerade auch an dieser Stelle im Gottesdienst die Proklamation, die *Ausrufung der ewigen „Herrschaft, Kraft und Herrlichkeit“ dessen* am Platz, *„von dem, durch den und zu dem alle Dinge sind“* (Röm. 11,36) (Ende des Vaterunsers).

Damit ist der die ganze „Feier unseres Glaubens“ (s. Seite 34f.) durchziehende *Lobpreis auf seiner höchsten Höhe* angelangt, der schon mit dem „Ehre sei dem Vater“ zu Beginn des Gottesdienstes laut wurde, sich dann in dem „Ehre sei Gott in der Höhe“ und dem jubelnden „Wir loben dich, wir benedeien dich“ fortsetzte und in dem „Halleluja“, im „Ehre sei dir, Herre“ und „Lob sei dir, o Christe“ und im Credo, dem „Lobopfer unseres christlichen Glaubens,“ immer wieder aufjauchzte. An diesen Zusammenhängen wird deutlich, daß der ganze Gottesdienst von Anfang an auf die Feier des Sakramentes ausgerichtet ist und daß die einzelnen Stücke der Liturgie ohne diese Feier ihrer Krönung entbehren.

Die *musikalische Weise,* in der die Liturgie des hl. Mahles gesungen wird, ist vorreformatorisch und *Allgemeingut der Chri-*

stenheit aller Konfessionen. Gerade um diese Verbundenheit aller Gläubigen in der einen Kirche ihres Herrn sinnenfällig zu bezeugen, hat die Reformation an den Formen dieses Sprechgesanges nicht das mindeste geändert.

Bevor das. hl. Sakrament nun ausgeteilt wird, wendet sich der Liturg zur Gemeinde mit dem

Friedensgruß:

„Der Friede des Herren (+) sei mit euch allen." (vgl. Röm. 15,33; 1. Petr. 5,14)

Der Friede, der uns da nicht nur gewünscht, sondern *zugesprochen* wird, meint nicht eine Stimmung unseres Herzens, sondern *die Situation, in der wir uns aufgrund der Zuwendung Gottes an uns und der Verbindung Christi mit uns befinden.* Friede ist der Zustand, in dem man von den widergöttlichen, dämonischen oder dämonisch beherrschten menschlichen Mächten nicht angegriffen wird oder doch so gegen sie gewappnet und geborgen ist, daß sie einem nichts anhaben können. Frieden haben bedeutet: den Allmächtigen zum Schirmherrn, zum Bundesgenossen haben, mit ihm in inniger Gemeinschaft verbunden sein. Christus sagte den Seinen, sie würden Frieden haben *in ihm* (Joh. 16,33). In der Sonne sein, heißt dort sein, wo die Sonne wirkt. In Christus sein, heißt sich im Macht- und Wirkungsbereich Christi befinden. In ihn reicht die Macht des Bösen nicht hinein, da herrscht Friede. Das gilt, seitdem der Herr gesagt hat: „Den Frieden lasse ich euch, *meinen* Frieden gebe ich euch" (Joh. 14,27). *Es gibt überhaupt keinen Frieden außer dem seinen!* „Er *ist* unser Friede" (Eph. 2,14); „Friede" ist im Grunde nur eine Bezeichnung für *die Lebensgemeinschaft mit ihm.* Darum ist es sinnvoll, daß der Liturg zum Friedensgruß das *Kreuzzeichen* (+) vollzieht. In der frühchristlichen Kirche und in den katholischen Liturgien des Morgen- und Abendlandes war und ist heute noch dieser Gruß, der als die „Pax Domini" bezeichnet wird, mit dem *„Bruderkuß"* verbunden (vgl. Röm.

16,16; 1. Kor. 16,20; 2. Kor. 13,12; 1. Thess. 5,26; 1. Petr. 5,14). Dieser Ritus ist in der Literatur der Kirchenväter reichlich bezeugt und durchwegs im evangelischen und apostolischen Sinn begründet; er wird dort als Manifestation der Liebe Christi zu uns gedeutet, und zwar am Beispiel unseres Verhaltens zueinander (Joh. 13,14).[289] Cyrill von Jerusalem erläuterte in seinen „Katechesen" (348) das „osculum pacis" (lateinisch; deutsch: „Friedenskuß") mit folgenden Worten: „Nicht darfst du meinen, dieser Kuß sei ein gewöhnlicher, wie er unter Freunden auf dem Markte üblich ist. Nicht solcher Art ist dieser Kuß. Er verbindet vielmehr die von Gott geliebten Seelen untereinander und gelobt, daß man der Verfehlungen gegeneinander nicht mehr gedenken will. So ist dieser Kuß ein Zeichen dafür, daß sich die Herzen vereinigen und einander alles Böse verzeihen."[290] Dieser im Gottesdienst bei jeder Messe vollzogene Bruderkuß machte mit der leibhaftigen Weitergabe des von Christus den Seinen geschenkten Gottesfriedens (Joh. 14,27) augenfällig ernst.

Aber auch ohne diese ihn optisch begleitende Gebärde erinnert uns der Friedensgruß daran: Den Friedenskönig, der jetzt im Sakrament bei euch einziehen will, kann niemand bei sich aufnehmen, der mit seinem Bruder in Unfrieden lebt (Matth. 5,23 f.). Die sich uns in ihm schenkende Versöhnung Gottes hat unsere *Versöhnungsbereitschaft untereinander* im Sinne der kurz zuvor gebeteten fünften Vaterunserbitte zur Voraussetzung und zur Folge zugleich (2. Kor. 5,19 f.). Darum hat Luther immer wieder die Liebe zum Nächsten als die „Frucht" des Sakramentes bezeichnet: „Die Frucht soll auch nicht ausbleiben: deinen Nächsten sollst du lieben, daß er dein genießen kann, wie dein Gott hat an dir getan" (EKG 154,10)[291]

Wenn wir den Friedensgruß des Liturgen mit unserem *„Amen"* beantworten, dann ergreifen wir gleichsam mit beiden Händen den zwischen Gott und uns sakramental geschlossenen Frieden. Nun sollten wir nicht nur im „Geiste", sondern sinnenfällig diese uns von Gott gefüllten *Hände unseren Brüdern und Schwestern neben uns reichen.* Das kann in der Weise geschehen, daß der Liturg selbst vom Altar heruntergeht und dem ihm am nächsten sitzenden Gemeindeglied beide Hände reicht, das dann den Wunsch „Friede sei mit dir“ auf gleiche Weise an seinen Nachbarn weitergibt, bis der „Friedensgruß“ die ganze Kirche durchlaufen hat. Es kann auch so vor sich gehen, daß der Liturg die Gemeinde auffordert: „*Gebt einander ein Zeichen des Friedens*“, worauf jeder seinen Nachbarn die Hände reicht.

Nach dem Friedensgruß setzt sich die Gemeinde und singt das

Agnus Dei

(lateinisch; deutsch: „Lamm Gottes“). Man versteht darunter einen schon aus der alten Kirche stammenden Hymnus an Christus als das „Lamm Gottes“. Es wurde seit dem 7. Jahrhundert während der Brotbrechung gesungen; seit dem 9. Jahrhundert wird es, wie heute bei uns, unmittelbar vor oder zu Beginn der Austeilung angestimmt. Wir finden das Agnus in unserem Gesangbuch in zwei deutschen Übersetzungen; Nr. 136: „Christe, du Lamm Gottes“ und Nr. 55: „O Lamm Gottes unschuldig“. Es kann sowohl die eine wie die andere Fassung gewählt werden; der Inhalt ist jeweils der gleiche[292]. Wir denken bei dem Gesang des „Agnus Dei“ daran: Das Todesschicksal der Menschheit wäre unabwendbar, wenn Gottes Sohn nicht gleich dem Lamme, das „verstummt vor seinem Scherer“, „unsere Krankheit getragen und unsere Schmerzen auf sich geladen“ hätte (Jes. 53, 4-7; vgl. Joh. 1,19). Darum ist manchen Hostien das Bild des Lammes oder auch das des Gekreuzigten aufgeprägt. Indem Jesus Christus das Lamm wurde, das die Sünde der Welt widerspruchslos erduldet hat, ist er „der Sünder Geselle“ (Matth. 11,19), also „unser Bruder“ geworden (Hebr. 2,17); und nur als solcher kann er „Mitleid haben mit unseren Schwachheiten“ (d. h. die Schwäche unseres Menschentums nachempfinden) (Hebr. 4,15). Darum können wir ihm gerade in dem Augenblick, da er sich seinen Gläubigen in Brot und Wein zueignet, das „Erbarm dich unser“ zurufen. Und wir begreifen auch, warum die dritte Strophe des „Agnus Dei" seit dem 11. Jahrhundert mit der Bitte schließt: „Gib uns deinen Frieden". Denn das von ihm erbetene Erbarmen beinhaltet das Geschenk seines Friedens und umgekehrt ist die Befriedung unseres friedlosen Daseins der Vollzug seines Erbarmens über uns. Um dieser „süßen Wundertat" (EKG 239,1) willen, die das Lamm Gottes an der Welt getan hat, ist es „würdig, zu nehmen Kraft und Reichtum und Weisheit und Stärke und Ehre und Preis und Lob" (Offbg. 5,12; dazu Offbg. 7,10; 12,11; 19,7 ff.). Es ist unser „Passahlamm", dessen Blut den Würgengel fernhält von seinen aus der Knechtschaft unter Sünde, Tod und Teufel herausgerufenen und zur Heimkehr in das gelobte Land aufbrechenden Auserwählten (2. Mose 12). Es ist unser „Osterlamm", dessen Siegesfahne von der Auferweckung der Toten, vom ewigen Leben und von der Neuschöpfung des Kosmos kündet (1. Kor. 5,7).

So ist das „Agnus Dei" *der Hymnus der Gemeinde, die im Begriff ist, zur Hochzeit des Lammes aufzubrechen,* „selig" mit allen, die „zum Abendmahl des Lammes berufen" sind (Offbg. 19, 7–9). (Es ist sinnvoll, wenn Liturg und Gemeinde – falls Kniebänke vorhanden sind – diesen Hymnus dem nun sakramental in sie einziehenden Herrn *kniend* darbringen.)

Danach kann *eine kurze Stille zu anbetendem Schweigen*[293] eingeschaltet werden, bis sich der Liturg an die Gemeinde wendet mit dem Ruf: *„Kommet herzu, denn es ist alles bereit"* (vgl. Matth. 22,4) oder *„Schmecket und sehet, wie freundlich der Herr ist. Wohl dem, der auf ihn traut"* (Ps. 34,9). Diese Aufforderung, mit der die Gemeinde zum Gang an den Altar (s. Seite 184ff.) eingeladen wird, spricht der Liturg – falls man mit dem Agnus bereits die Austeilung beginnen läßt – in unmittelbarem Anschluß an den „Friedensgruß" (Seite 172f.). (Das sollte allerdings *nur* geschehen, wenn aus zwingenden Gründen eine Abkürzung der Eucharistie-Feier als wünschenswert erscheint!)

Nun folgt

Die Austeilung des Herrenmahles.

Sie wird mit Recht auch „*Kommunion*“ genannt, denn unter ihr ereignet sich die eigentliche „Communio“ (lateinisch, deutsch: „Vereinigung“, Einswerdung) des Herrn mit seinen Gläubigen und die seiner Gläubigen mit ihm. (Über dieses Geheimnis lese man immer wieder Joh. 6, 53–56 und Joh. 15, 4–5). In unseren Tagen besteht Anlaß, mit allem Nachdruck darauf hinzuweisen: Erst die *Beglückung durch Christi Gemeinschaft mit uns* schafft auch die *Gemeinschaft der Beglückten untereinander* (1. Kor. 12, 12–14; Eph. 4, 15–16). Ohne Gemeinschaft mit Christus, den wir im Ereignis des Sakramentes ganz persönlich als unseren Bruder erfahren (vgl. EKG 17,3; 24,6; 257,1), fehlt aller „Mitmenschlichkeit“ der gottgeschaffene Grund und damit die gottgewollte Ausstrahlung *der* Liebe, die allein in unserer Vergänglichkeit das stiftet, was bleibt.[294] (Joh. 13,15; 34; Eph. 5,1ff.; 1. Kor. 13,8; 2. Kor. 14,4).

Niemand hat von dem sakramentalen Ereigniswerden solcher Verbundenheit mit Gott in Jesus Christus und damit seiner Gläubigen untereinander eindrucksvoller und bleibender gesprochen als Martin Luther in seinen „Sermonen vom hl. Abendmahl“. Auf die Frage: „Wie geht das zu“, (was „in, mit und unter“ dem Sakrament mit uns geschieht)?, antwortet er: „Auswendig nehm ich's Brot zu mir, inwendig nehme ich zu mir alle Kraft und Macht des Leibes Christi; das speist mich und erquickt mich wie ein natürlich Brot den Leib. So fasset er wiederum meine Sünde auf sich, meinen Tod, meine Höll, und bakken also ineinander und werden ein Brot und ein Kuchen miteinander. ... So wir denn *mit Christo ein Kuchen* sind, so wirkt dasselbige soviel, daß wir *auch untereinander ein Ding* werden. Und daß ihr des ein Gleichnis seht und versteht, seht, ist es nicht also: die Körner, wenn sie zermahlen werden, so sprengen sie sich ineinander, keins behält sein Mehl bei sich, sondern mengen's ineinander, bis es als ein Ding wird? Item also mit dem

Wein auch: die Beeren werden also zerdrückt, daß keine für sich selbst Saft und Kraft hat, sondern eine wird der anderen Saft und Kraft. Seht, also sind wir auch ein Brot, wenn wir glauben, daß keiner ist für sich selbst, sondern ein jeglicher wirft und breitet sich unter den anderen durch die *Liebe.*"[295]

Was läßt uns nun der Herr durch seine Diener an seinem Tische reichen?

Die Abendmahlselemente.

Die Abendmahlselemente (lateinisch: „elementum"; deutsch: „Grundstoff") sind Brot und Wein.

Das Brot wird uns *in den abendländischen Kirchen* – mit Ausnahme der evangelisch-reformierten Kirche – meist in der Gestalt einer sog. *„Hostie"* gereicht; das ist eine kleine, kreisrunde Oblate. Sie erinnert uns an den Gebrauch des *ungesäuerten* Brotes beim Passahmahl des Volkes Israel, das eigens für dieses Fest („Fest der süßen Brote, das da Ostern heißt", Luk. 22,1) nach vorgeschriebener Weise hergestellt wurde. Weil Jesus „in der Nacht, da er verraten ward", dieses Fest nach der traditionellen jüdischen Liturgie mit seinen Jüngern gefeiert hat, ist wohl als sicher anzunehmen, daß sie dabei ungesäuertes Brot gegessen haben. „Aber schon die Art und Weise, wie die Berichte darüber lauten, läßt erkennen, daß auf diesen österlichen Sonderbrauch des *ungesäuerten* Brotes kein Gewicht gelegt wurde. Was der Herr in seine Hand nahm, wird einfach als *„Brot"* bezeichnet, worunter sowohl das ungesäuerte Brot verstanden werden konnte, das eben nur bei der Osterfeier in Gebrauch war, wie auch das gesäuerte, das sonst im Alltag verzehrt wurde. Letzteres wurde also schon in der Frühzeit der Eucharistie als zulässig betrachtet."[296] Die liturgiegeschichtliche Forschung hat erwiesen, daß die Gläubigen außer dem allsonntäglichen Dankopfer einfach etwas von ihrem häuslichen Brot mit zum Gottesdienst brachten.[297] Um das für die Eucharistie bestimmte Brot von dem der täglichen Mahlzeiten zu unterscheiden, wurde ihm (nachweislich seit dem 3. Jahrhundert) mit einem Backstempel ein Kreuzeszeichen, das Christusmonogramm, eine Zeichnung oder Aufschrift aufgeprägt.[298] Während die *morgenländischen Kirchen* in ihren Meßfeiern bis heute nur *gesäuertes Brot* verwenden, hat man im Abendland damit begonnen, für die Eucharistie nur noch ungesäuertes Brot zu verwenden, wobei die Beziehung zum alttestamentlichen Passahmahl eine gewisse Rolle gespielt haben mag. Da sich dieser Brauch aber erst im 11. Jahrhundert allgemein durchsetzte, liegt die Vermutung nahe, daß er mit dem gleichzeitigen Wandel der römischen Abendmahlstheologie zusammenhängt: Man begann, den Sinn der Eucharistiefeier nicht mehr nur im Empfang des Vermächtnisses (Testamentes) Christi, also des uns durch seinen Kreuzestod und Ostersieg erschlossenen Heils, zu sehen, sondern in der Darbringung eines Erinnerungs- und Dankopfers der Kirche zum Zweck der Zuwendung dieses Heils an uns. So wurde die „Messe" zum „Meß-*Opfer*".[299] Dieser veränderten, unbiblischen Sinngebung des Altarsakramentes entsprach es, das Brot des Herrenmahles seit dem 13. Jahrhundert als „Hostie" zu bezeichnen. Das lateinische Wort „hostia" bezeichnete ursprünglich nur ein lebendiges Wesen, das als „Opfergabe" geschlachtet wurde. In diesem Zusammenhang wurde der Gebrauch des Wortes „Oblata" (lateinisch; deutsch: das „Dargebrachte") für das Abendmahlsbrot gebräuchlich.

Luther, dem das vertrauensvolle Essen und Trinken des uns in den Elementen des Herrenmahles verborgenen ewigen Heiles wichtiger war als die Form ihrer sichtbaren Übermittlung, hat an dem mittelalterlichen Gebrauch der Oblaten (Hostien) festgehalten. Unser Heil hängt ja wirklich nicht davon ab, ob wir „Christi Leib, für uns gegeben" (s. die Spendeformeln, Seite 190) in der Gestalt gesäuerten oder ungesäuerten Brotes empfangen. Daraus ergibt sich die Frage, ob wir nicht gerade in der lutherischen Kirche, die sich mit Recht von der Auffassung der Eucharistie als einer Opferhandlung abgewandt hat, zum Gebrauch wirklichen, d. h. gesäuerten Brotes zurückkehren sollten. In vielen Gemeinden ist dies bereits geschehen.[300]

Anstelle von üblichen Oblaten, die durch einen Zusatz von Traubenzucker eine besonders weiße, für ihre bessere Sichtbarkeit bei der Elevation in der Eucharistie zweckmäßige Farbe erhalten haben, werden heute da und dort sog. „*Brothostien*" verwendet, die (weil ohne Dextrose-Zusatz) eine bräunliche Färbung haben und nicht am Gaumen kleben; sie sind ein wenig dicker und härter als die Oblaten und können richtig gekaut und den Einsetzungsworten Christi gemäß „gegessen" werden.

Aber für welche Form des Abendmahlsbrotes sich heute Pfarrer und Gemeinden nach gemeinsamer Überlegung auch entscheiden werden, auf alle Fälle müssen sie sich dessen bewußt bleiben: Diese Frage betrifft nicht die Wirkung des Sakramentes, sondern es geht nur darum, welche Brotgestalt dem Vollzug des Herrenmahls am angemessensten erscheint.

Bezüglich des *Abendmahlsweines* hat es bislang keine Probleme gegeben, auch nicht in der Frage, ob weißer oder roter Wein verwendet werden soll. Weil für die Feier des jüdischen Passahfestes roter Wein vorgeschrieben war, dürfte feststehen, daß Christus am Gründonnerstag das Mahl mit den Jüngern mit rotem Wein begangen hat,[301] wobei schon rein optisch der Vergleich mit seinem Blute nahe lag. Selbstverständlich hat aber die Farbe des Weins keine substantielle Bedeutung für das Abendmahlsgeschehen. Wir sollten uns aber nicht der Tatsache verschließen, daß viele heutige Menschen gerade auch als gläubige Christen ihr inneres Leben durch die Begegnung mit sinnenfälligen Zeichen geistiger Realitäten und Vorgänge angesprochen und bereichert fühlen. Jedenfalls sollten wir die uns anvertrauten Gemeinden immer wieder auf die religiöse Tiefenwirkung aussagekräftiger Symbole aufmerksam machen. (Dazu Seite 92 f.)

In unseren Tagen muß aber mit Kirchenvorständen und Gemeinden die Frage *alkoholfreier Abendmahlsfeiern* grundsätzlich durchdacht und *liebevoll* entschieden werden. Auch die Kirchenleitungen, Synoden und Fachgremien haben sich schon mit ihr befaßt. Sie betrifft gar nicht nur alkoholkranke Gemeindeglieder, sondern auch solche, die sich wegen anderer Erkrankungen des Alkoholgenusses enthalten sollen; und sie muß auch gegebenenfalls bei der Beteiligung von Kindern am Abendmahl bedacht werden. Die christliche Gemeinde muß *allen* ihren Gliedern die Möglichkeit geben, an ihren Abendmahlsfeiern teilzunehmen. Es ist bekannt, daß bei einem Alkoholkranken schon ein einziger Schluck Wein einen Rückfall auslösen kann.*

Unsere seelsorgerliche Verantwortung für solche Brüder und Schwestern verlangt von uns, alles zu tun, um sie vor Rückfällen zu bewahren. – Es erscheint wenig taktvoll, *gesonderte* „Abendmahlsfeiern für Alkoholkranke" anzubieten, bei denen anstelle des Weines *Traubensaft* gereicht wird, denn damit werden nicht nur zwei Klassen von Abendmahlsfeiern geschaffen; es ist auch zu erwarten, daß Alkoholkranke zu solchen Feiern gar nicht kommen, weil sie befürchten, daß nun besonders darauf geach-

* Es sei nicht verschwiegen, daß diese Feststellung, wenn sie als allgemeingültige Erfahrung mit der Verwendung des Weins im Mahl des *Herrn* in Zusammenhang gebracht wird, manches Christenherz in Konflikt zwischen „vernünftigem" Denken und gläubigem Vertrauen gebracht hat. Bei unseren mehr medizinischen als theologischen Überlegungen über den „*rechten* Trank" (Joh. 6,55) sollten wir uns bewußt bleiben, daß es in, mit und unter seiner Austeilung *nicht nur* um *ein physisches, sondern auch* um *ein methaphysisches Geschehen* geht. Ein in personalem Christusbezug entängsteter Glaube lebt in anderen Denkformen als unser durch lauter Sachgebundenheit geängsteter Geist. Und wer könnte solchem Glauben die Gewißheit nehmen, daß ein Schluck des von Christus *selbst* gesegneten Abendmahlselementes („Christus ipse mensam ornavit, Christus ipse istam consecrat" vgl. Seite 163 und Anmerkung 275) nicht gesundheitsschädlich sein muß, zumal sein Empfang vollzogen wird in dem Vertrauen auf die Macht und Güte dessen, bei dem „kein Ding unmöglich ist" (Luk. 1,37)? Die persönliche Erfahrung seiner unbegrenzten Möglichkeiten hat Jesus den Seinen unmittelbar vor seinem Abschied in der wunderbaren Verheißung der Zeichen (Mark. 16, 10–18) zugesagt: „... so sie etwas Tödliches trinken, wirds ihnen nicht schaden". Können wir heutigen Christen diese Botschaft hören, ohne uns zu fragen, warum folgen diese „Zeichen" nicht mehr „denen, die da glauben?" Zu dieser Frage nur zwei Luther-Worte: „Ein Christ muß lernen denken, was er nicht denken kann" (WA 28,27,355) und „soviel du *glaubst*, soviel *hast* du Gott" (WA 25,171,412).

tet wird, „wer da hingeht". Die Gefahr, daß ihr Leiden bekannt wird, ist auch dann nicht zu vermeiden, wenn ein Zeichen vereinbart wird, das den Pfarrer daran erinnern soll, dem betreffenden Abendmahlsgast keinen Wein zu reichen, sondern den Abendmahlskelch „möglichst unauffällig" an ihm vorübergehen zu lassen. Zweifellos entspricht eine Feier des Herrenmahles mit *Spendung eines Trankes vom Gewächs des Weinstocks in Gestalt von Traubensaft* seiner Einsetzung durch Christus in „beiderlei Gestalt" (Brot *und* Wein) *mehr* als die in der römisch-katholischen Kirche bis heute noch übliche, die Laien gegenüber den Priestern benachteiligende Darreichung des Brotes *allein*, die Luther bekanntlich als nicht schriftgemäß verworfen hat.[302] Aus all diesen Gründen erscheint es angebracht, *in gewissen, der Gemeinde bekannten regelmäßigen Zeitabständen mit der ganzen* Gemeinde das Abendmahl mit Traubensaft zu feiern. *

Eine solche Praxis widerspricht bestimmt nicht dem Geist des Stifters des hl. Mahles, denn vom „*Gewächs des Weinstockes*" (Matth. 26,29; vgl. dazu Joh. 15,1 u. 6) trinkt *auch*, wer statt eines vergorenen einen unvergorenen „*Traubensaft*" zu sich nimmt.[303] Die Ursubstanz des Weines ist der Saft der Traube; darum verstößt seine Verwendung nicht gegen die Symbolik

* Der gegen diese Forderung da und dort zu hörende Einwand: „Warum sollen sich die gesunden Gemeindeglieder nach den wenigen Kranken richten?", sollte unter Menschen, „die mit Ernst Christen sein wollen", gar nicht erst erhoben werden. Er ist mit dem Hinweis auf Jes. 58,7; Matth. 9,12; 25,35f.; Röm. 15,7; Gal. 6,2; Hebr. 13,1; u. a. leicht zu entkräften. Einem Gemeindeglied, dem die Teilnahme an einer Sakramentsfeier mit Traubensaft ein „Opfer" bedeuten würde, wäre gerade damit Gelegenheit gegeben, seine Zugehörigkeit zur „*Gemeinschaft der Heiligen*", die nicht nur aus gesunden Menschen besteht und zu der er sich jeden Sonntag im Credo (s. Seite 105) bekennt, sinnenfällig zu *bewähren*. Vgl. Vers 10 des im EKG, Ausgabe für Bayern, Nr. 456, enthaltenen Liedes von Philipp Friedrich Hiller: „Ich will mich der Gemeinschaft nicht der Heiligen entziehen; wenn meine Brüder Not anficht, so will ich sie nicht fliehen."

von Brot und Wein im Herrenmahl. Diese liegt ja nicht in der Säuerung des Brotes oder der Vergärung des Traubensaftes, sondern im Zermahlen der Körner, dem „Brechen" des Brotes („Für euch gegeben") und in der Kelterung, Zerpressung der Trauben („für euch vergossen"). Es geht im Abendmahl um die *geistliche Wandlung unserer Person. Ihre* Erneuerung (an die wir in dem „Gebet vor der Einsetzung" gedacht haben – s. Seite 157f.) in der *Gemeinschaft mit Christus (2. Kor. 5,17) wird nicht durch den „Spiritus" der zu Wein vergorenen Trauben, sondern durch den „spiritus sanctus" d. h. den Heiligen Geist* geschenkt. An der Frage der Gärung der Frucht des Weinstockes „entscheidet sich nicht die Treue zum lutherischen Bekenntnis."[304]

Während das hl. Abendmahl ausgeteilt wird, singen wir eines unserer *Abendmahlslieder*,[305] in denen das die ganze Eucharistie-Feier begleitende Element der Rühmung lebendig wird, das man in „protestantischen" Gottesdiensten so oft vermißt. In unseren Liedern wird, besonders in den geprägten Zeiten des Kirchenjahres, in anderen Dimensionen als in der Predigt an das erinnert, was der Grund der Heilsbotschaft und das Glück unseres Lebens ist. Oder wir lauschen der „*Musica sacramenti*", der „Musik zum hl. Sakrament"; sie kann Chor- oder auch Instrumentalmusik oder beides zusammen sein. Während der Austeilung des Sakraments ist der Platz, wo unsere Kantoren und Organisten der Verkündigung mit Kommunionspsalmen oder auch größeren Werken der evangelischen Chor-, Orgel- oder Instrumentalmusik dienen können; denn an dieser Stelle hat „die heilige Musik" Raum und Zeit, sich zu entfalten. Die „Gute Nachricht" vom Heilshandeln Gottes an aller Welt in Vergangenheit, Gegenwart und Zukunft läßt sich nur schwer in menschliche Worte fassen und dennoch muß es bezeugt werden: „Was wir gehört haben, was wir gesehen haben mit unseren Augen, was wir beschaut haben und unsere Hände betastet haben vom Wort des Lebens" (1. Joh. 1,1), das ist zu groß für unsere Kreatürlichkeit; es sprengt alle Grenzen des „Normalen" und „Vertrauten", den engen Raum unseres Herzens. Durch unsere „Person“ (lateinisch: „per-sonare“; deutsch: „durch etwas hindurch tönen“) soll das Glück der Erlösten auf tönende, klingende Weise weitergegeben werden an alle Welt (Matth. 28,18ff.). Aber die „Herrlichkeit“ (Joh. 1,14) und „Fülle“ (Joh. 1,16), die wir ausstrahlen sollten, übersteigt alle Möglichkeiten, sie in Worte zu fassen. Darum schrieb der Kirchenvater Augustinus: „Sagen läßt sich‘s nicht und schweigen läßt sich auch nicht ... Was aber sollen wir, nicht redend und nicht schweigend? Jubeln! Jubilate! Erhebet die redelose Stimme eurer Herzensseligkeit ...“[306] Diese „redelose Stimme“ (oder eine ihrer Gestalten) ist die „musica sacra“, die „heilige Musik“ (s. Seite 20). Das lateinische Wort „sacer“ (deutsch: „heilig“) bezeichnet jenen Existenzbereich unseres Daseins, der die Eigenschaft des Unalltäglichen besitzt und in dem „das im absoluten Sinn Außergewöhnliche der leibhaftigen Anwesenheit Gottes unter den Menschen geschieht“.[307] *Das Singen und Musizieren im Gottesdienst hat keine künstlerischen, sondern theologische Gründe* (Siehe auch Seite 23ff.). Es dient nicht der „Feierlichkeit“ innerhalb der „Feier unseres Glaubens“, sondern der *Verkündigung und Entfaltung der biblischen Botschaft.* Das hat vor allem Luther immer wieder bezeugt: „Der schönsten und herrlichsten Gaben Gottes eine ist die Musica, der ist der Satan sehr feind, damit man viel Anfechtung und böse Gedanken vertreibt ...“[308] „... Da sie (die Musik) allein nach der Theologie das kann, was sonst nur die Theologie kann, nämlich das Gemüt ruhig und fröhlich machen zum offenbaren Zeugnis, daß der Teufel, der Urheber der traurigen Sorgen und unruhigen Gedanken, vor der Stimme der Musik fast ebenso flieht wie vor dem Wort der Theologie.“[309] Und: „Gott hat unser Herz und Mut fröhlich gemacht durch seinen lieben Sohn, welchen er für uns gegeben hat zur Erlösung von Sünden, Tod und Teufel. *Wer* solches mit Ernst *gläubet, der kanns nicht lassen, er muß fröhlich und mit Lust davon singen und sagen,* daß es auch andere hören und herzukommen. Wer aber nicht davon singen und sagen will, das ist ein Zeichen, daß ers nicht gläubet und nicht ins neu fröhliche Testament, sondern unter das alte, faule, unlustige Testament gehöret."[310] „Wie das Stehen im Evangelium zum Gesang zwingt, so braucht man das Mittel der Musik, um in den Status des Evangeliums zurückzukehren, um den Feind zu besiegen, um auszuharren, um wieder froh zu werden."[311]

Es kann aber auch sein, daß während der Austeilung des hl. Abendmahles *völlige Stille* herrscht. Dann wollen wir auch *dafür* dankbar sein und dieses Geschenk der Stille dazu benutzen, unsere Gedanken und Sinne um das Wunder kreisen und schwingen zu lassen, das sich „vor unseren Augen" (Psalm 118,23) ereignet.[312]

Der Gang zum Altar

sollte der Würde der Feier gemäß *in einer gewissen Ordnung* vor sich gehen. Es hat sich bewährt, daß die Abendmahlsgäste von Ordnern aufgefordert werden, bankweise an den Altar zu treten. Es erschwert den im Kirchenschiff zurückbleibenden Gemeindegliedern die Teilnahme an dem, was am Altar vor sich geht, wenn sie durch eine davor stehende Menschenmauer aus der hl. Handlung „ausgeschaltet" werden. Wenn aber Ordner vorhanden sind, können diejenigen, die kommunizieren wollen, in Ruhe auf den Plätzen bleiben und sich dort mit ganzer Sammlung mitsingend und mitbetend an der Feier beteiligen, bis sie selbst zum Altar gewiesen werden.

Daß die Gaben des Sakramentes uns nicht an den Platz gebracht werden, sondern daß *wir selbst zum Altar gehen,* entspricht der schon seit dem 4. Jahrhundert bezeugten Ordnung.[313] Der Herr Christus hat sich niemals einem Menschen aufgedrängt; er hat zwar alle zu sich gerufen, hat sie aber selbst zu sich kommen und damit bekunden lassen, daß sie ihm wirklich nahe sein wollen. So zeigen auch wir durch unseren Gang zum Tisch des Herrn das Verlangen unseres Herzens nach der Communio, der Vereinigung mit ihm. Wir sollen mit unserem Gang in den Chor, vielleicht über mehrere Stufen hinauf bis vor den Altar, eine *sichtbare Entscheidung* vollziehen. Das ist übrigens auch ganz im Sinne Luthers, der einmal gesagt hat: „Denn auch dazu beide, Altar und Chor, gebauet sind, daß die

Personen öffentlich gesehen und erkennet werden (sowohl von denen, die das Sakrament empfangen, als auch von denen, die nicht hinzugehen), damit hernach ihr Leben auch desto besser gesehen, geprüft und offenbart werden könnte. Denn die Nießung dieses Sakramentes in der Gemeinde ist ein Stück christliches Bekenntnis, dadurch die, so hinzugehen, vor Gott, Engeln und Menschen bekennen, daß sie Christen seien."[314] Wenn auf Seiten der Kommunikanten gelegentlich eine Scheu besteht, vor der ganzen Gemeinde zum Tisch des Herrn zu gehen, und mancher deshalb lieber eine „Abendmahlsfeier im kleinen Kreis" sucht, so wollen wir uns daran erinnern, daß der Gang zum Altar auch *eine Bekenntnishandlung* ist, und zwar vor der Gemeinde und vor der Welt. Luther hat das betont, und es tut den Christen unserer Tage not, daß wir den Gottesdienst nicht nur als den Ort unserer privaten Erbauung ansehen, sondern als den Raum, in dem der Herr Christus durch seine Gegenwart mächtig wird. Und das ist ein *Ereignis von Weltbedeutung*. Es fordert ein Ja oder Nein heraus, dem wir uns nicht hinter die Klostermauern einer sogenannten frommen Innerlichkeit entziehen dürfen.[315] Auch nicht durch eine dem eucharistischen Geschehen unangemessene äußere „Formlosigkeit" (s. Seite 92f.). Dazu schrieb Josef Pieper: „Vielleicht ist es zu utopisch zu hoffen, gute Formen könnten auch unserer jungen Generation wieder nahe gebracht werden. Immerhin sollte es ihr doch zum Beispiel verständlich zu machen sein, daß man zum hl. Mahl in einer anderen Haltung herzutritt, als man, sagen wir, zum Bankschalter geht oder zu einem Tisch im Restaurant."[316] (Letzteres wäre übrigens bei sog. „Tischabendmahlen" besonders zu beachten, s. Anm. 341).

Außerdem hat die Tatsache, daß wir zum Tisch des Herrn aufbrechen und den Weg zum „Grenzstein der Ewigkeit" zurücklegen müssen (s. Seite 164) noch eine weitere Bedeutung: Weil die Vorgeschichte unserer Verbundenheit mit dem auferstandenen Herrn Christus von uns aus gesehen im Osten unseres westlichen Lebensraumes geschehen ist, hat das christliche Abendland von Anfang an fast alle seine *Kirchengebäude „ge-*

ostet", d. h. so gebaut, daß die in ihnen zur „Feier des Glaubens" versammelte Gemeinde der über Palästina aufgegangenen „unvergänglichen Sonne", dem auferstandenen Christus Gottes, „in Gebet und Loblied" (s. Seite 27) zugewandt ist. Diese symbolhafte Ausrichtung nach Osten (darüber siehe auch Seite 71 f.) entspricht auch den Worten ihres Credos: „... von dort wird er kommen, zu richten die Lebenden und die Toten" (s. Seite 99). Diese Gewißheit ist von der adventlichen Botschaft und Mahnung umklungen: „Siehe, der Bräutigam kommt; gehet aus, ihm entgegen!" (Matth. 25,6).

Dem verlorenen Sohn war der Gedanke an die ihn im Vaterhaus erwartende Liebe wert, sich zu ihr „aufzumachen" (Luk. 15,18). So macht unser *Gang* zum Altar sinnenfällig, daß *Christen zeitlebens* „unterwegs" sind, „Pilger" (Ps. 39,13; 1. Petr. 2,11), „Wanderer" („Hebräer" heißt übrigens „Wanderer") zu dem uns bereiteten und verheißenen Ziel. Das entspricht der *Situation der „Ekklesia"* (griechisch; deutsch: „Gemeinschaft der Herausgerufenen") in dieser Welt. Wir sind hier nicht zu Hause; „wir haben hier keine bleibende Stadt, sondern die zukünftige suchen wir" (Hebr. 13,14). Um davon im Mahl des Herrn einen Vorgeschmack und einen Vorblick auf jene Zukunft zu empfangen (Ps. 34,9), *machen wir uns auf zu den in unseren Kirchen auf uns wartenden Altären,* auch wenn uns der Weg dorthin noch so unbequem vorkäme. „In vielen hessischen Dörfern gibt es den Brauch, zum Empfang des Abendmahls in einem Zug um den Altar zu gehen, wobei die Frauen ein Reisetuch über dem linken Arm tragen, während die Männer ihren Hut unterm Arm mitführen. Das ist eine Prozession, die demonstriert, daß wir unterwegs sind, daß wir das Mahl des Herrn als Pilgermahl empfangen. Wir erinnern uns an den Auszug des Volkes Israel aus der Gefangenschaft in Ägypten. ‚Als die hinwegeilen sollt ihrs essen; denn es ist des Herrn Passah' (2. Mose 12,11). Aber wir sind auf dem Weg durch die Wüsten und Gefährdungen dieses Lebens nicht allein. Der Herr selbst geht mit uns. Er ist unter uns gegenwärtig in der Gestalt des gesegneten Brotes. Das ist unser kostbarer Schatz, von dem wir freilich wissen, daß wir ihn nicht einschließen und festhalten können. Und doch trieb es fromme Christen schon im Mittelalter immer wieder zu sichtbaren Gestaltungen seiner „Wohnung“, in einem „Tabernakel“ (Schrein zur Aufbewahrung der konsekrierten Hostien in den römischen Kirchen) oder in einem „Sakramentshäuschen“. Wir bauen unsere Kirchen nicht als zweckbestimmte Versammlungsräume, deren Größe sich aus der Zahl der zu versammelnden Menschen ergibt. Vielmehr strebt auch die kleinste Gemeinde danach, ihren Kirchenraum so hoch und weit wie möglich zu bauen, ihn zu einem sichtbaren Zeichen, einer Demonstration für die Größe des Herrn zu machen. Und mit dem Einzug ins Heiligtum und dem Zug zum Altar vollziehen wir eine Prozession, durch die wir demonstrieren, worum es uns letztlich in allem geht: ‚Ich will hineingehen zum Altar Gottes, zu dem Gott, der meine Freude und Wonne ist‘“ (Psalm 43,4).[317]

In modernen Kirchen (unsere Väter nannten die Kirchen im Anschluß an viele Bibelstellen im Alten und Neuen Testament „Gotteshäuser“: „Wo das *Wort* erklingt, *da* ist Gottes Haus“[318]) wird der Altar gerne möglichst dicht an die Gemeinde herangerückt oder gar, besonders bei Rundbauten, im Mittelpunkt des Kirchenraumes errichtet. Damit soll die Zusage Christi im wörtlichen Sinne anschaulich gemacht werden: „Wo zwei oder drei versammelt sind in meinem Namen, da bin ich *mitten* unter ihnen.“ (Matth. 18,20). Abgesehen von dem archäologischen Befund, daß die ersten christlichen Kirchen keineswegs nur diese *Stellung des Altars* gekannt, sondern ihn nicht weniger oft am Chorende im *Osten* des Gebäudes aufgestellt haben,[319] wird für die Entscheidung über den Platz des Altars im Kirchenraum ausschlaggebend sein, welches Gewicht man den einzelnen, vorstehend erwähnten Symbolgehalten – sowohl dem Altar wie unserem Altargang – zuerkennt.[320]

Damit wir in rechter Andacht und gesammelter Herzenshaltung zum Tisch des Herrn kommen, beten wir, bevor oder während wir zum Altar gehen, ein *stilles Gebet.* Ganz von selbst legen sich uns da die Worte des Hauptmanns von Kapernaum auf die Lippen: „Herr, ich bin nicht wert, daß du unter mein Dach gehest; aber sprich nur ein Wort, so wird meine Seele gesund" (nach Matth. 8,8).[321]

Daß wir in der Regel nicht als einzelne, sondern in *Gruppen an den Altar* treten, macht sichtbar, daß in der Kirche Christi alle Individualität, d. h. die Pflege des persönlichen Wesens zum Zweck einer sog. „Selbstverwirklichung", grundsätzlich überwunden ist: *Alle*, die zum Tisch des Herrn kommen, sind der *gleichen* Gnade bedürftig und *desselben* Heiles teilhaftig. Sie sind schon durch ihre *gemeinsame* Taufe – Eintiefung in die *gleiche* Gotteskindschaft – Brüder und Schwestern. Gerade die Art, wie wir zum Altar treten, „kann beweisen, ob wir in gegenseitiger Liebe und Rücksicht zusammenkommen oder ob wir doch nur einzelne bleiben. Wir sind gehalten, auf die Nachbarn zu achten, wir können Behinderten helfen, einen Außenstehenden in unsere Mitte nehmen und durch solche kleinen Zeichen die Gemeinschaft bewähren, die uns durch die Liebe Christi geschenkt ist."[322]

Der Empfang des Sakramentes

kann *kniend* oder *stehend* geschehen. Beide Möglichkeiten beruhen auf alten Traditionen. Den frühesten Bildern des letzten Abendmahles Jesu mit seinen Jüngern am Gründonnerstag ist zu entnehmen, daß man wohl meist den jeweils zeitgenössischen Kommunions-Ritus auf die bildlichen Darstellungen übertragen hat. Der im 5. Jahrhundert in Ägypten entstandene, auf Purpur gemalte kostbare griechische Evangelienkodex von Rossano (Unteritalien) läßt den Herrn das Brot an die *stehenden* Jünger verteilen. Aber vor mir liegt ferner die Wiedergabe einer Handmalerei aus dem Evangeliar Bernhards von Hildesheim (gest. 1025), auf der Judas vor seinem Meister *kniet*, der ihm die Gabe seines Mahles reicht.[323] *In der abendländischen Christenheit ist der kniende Empfang seit dem 11. Jahrhundert mehr und mehr zur Regel geworden.* Unsere reformatorischen Väter haben diesen Brauch fortgesetzt. Ohne Zweifel ist er dem, was im hl. Abendmahl geschieht, *angemessener.* Er entspricht zeichenhafter der Situation, in der wir uns als die immer Unwürdigen und zugleich gnädig Beschenkten Christus gegenüber befinden, wenn er uns durch seine Diener in, mit und unter Brot und Wein „die reichen Güter seines Hauses" (Ps. 36,9) reichen läßt. Erfahren wir doch in diesen Augenblicken ähnliches wie Petrus, als er Jesus zu Füßen fiel, da ihn Seine Majestät und Wundermacht überwältigt hatte (Luk. 5,8). Aber wie wir uns auch entscheiden mögen: Wir wollen uns nicht als „freiere" Menschen fühlen, wenn wir die hl. Speise *stehend* empfangen, und wir wollen uns nicht für „frömmere" Christen halten, wenn wir es *kniend* tun. Es handelt sich hier um liturgische Stilfragen, die in das Ermessen des Einzelnen zu stellen sind.

Hand- oder Mundkommunion

Während heute in der Regel den Kommunikanten die Hostie in den Mund gereicht und der Abendmahlskelch an die Lippen geführt wird, wurde im christlichen Altertum beides den Kommunikanten in die Hand gegeben. Die im Jahre 348 in der Grabeskirche von Jerusalem gehaltenen „Katechesen" des Cyrill geben einen trefflichen Einblick in das gottesdienstliche Leben im damaligen Bistum Jerusalem. Dort wird für die sog. *„Hand-Kommunion"* und zwar in doppelter Gestalt (!) folgende Weisung gegeben: „Während die rechte Hand sich anschickt, den König zu empfangen, so mache die linke zum Thron für ihn, empfange den Leib Christi mit der hohlen Hand und sprich darauf das „Amen". ... Nachdem du am Leib Christi teilgenommen hast, *nimm* auch den Kelch mit dem Blute, verneige dich und sprich anbetend und verehrungsvoll das „Amen".[324]

Die Einführung der *„Mundkommunion"* (seit dem 9. Jahrhundert) hing wohl mit dem Übergang von der Darreichung gesäuerten Brotes zu der von ungesäuerten Hostien zusammen (s. Seite 177); gewiß auch damit, daß deren Berührung mit der Hand nach der Konsekration nur den Priestern gestattet war. Auch das Ärgernis, daß die unreinen Hände mancher Kommunikanten erregten, könnte dabei mitgespielt haben. Die Kirchen der Reformation haben den Brauch der „Mundkommunion" beibehalten, geben aber heute die Freiheit auch zur Hand-Kommunion, was den vom Herrn des hl. Mahles gebrauchten Worten „*Nehmet...*“ „Nehmet...“ (Matth. 26,26; Mark. 14,22; 1. Kor. 11,27) entspricht. Auch die Austeilung des Weines wird erleichtert, wenn die Empfänger während des Trinkens den Fuß des Kelches anfassen.

Wichtig ist, daß diese verschiedenen Möglichkeiten für den Empfang des Herrenmahles nicht gesetzlich gehandhabt, sondern in Freiheit mit der Gemeinde bedacht, besprochen und ausgeführt werden.

Gewiß ist der Segen der sich in diesen Augenblicken ereignenden Begegnung mit Christus nicht von unseren liturgischen Formen (Stehen oder Knien, Mund- oder Hand-Kommunion) abhängig. Aber wir sollten unter der zusehends wachsenden Herrschaft des rationalistischen, d. h. die menschliche Vernunft vergötzenden und damit unser Menschsein verhängnisvoll entseelenden Zeitgeistes auf Riten und Bräuche achten, die uns helfen, unserem religiösen Empfinden einen symbolträchtigen Ausdruck zu geben.[325]

Damit auch der leiseste Zweifel an dem leibhaftigen, sakramentalen Eingehen des Herrn in unsere Existenz ausgeschlossen sei, reicht uns der Liturg die gesegneten Elemente jeweils mit dem ausdrücklichen Hinweis darauf, daß wir wirklich nichts Geringeres als Christi Leib und Blut empfangen; darum spricht er, während er uns die Hostie in den Mund legt oder den Kelch an unsere Lippen führt, eine der nachfolgenden

Spendeformeln:

1. Zu jedem einzelnen Kommunikanten:
   „Christi Leib, für dich gegeben.“
   Kommunikant: „Amen“.
   „Christi Blut, für dich vergossen.“
   Kommunikant: „Amen“.
   Zu der ganzen Gruppe: „Gehet hin im + Frieden.“

2. Zu jedem einzelnen Kommunikanten:
   „Der Leib Christi bewahre dich zum ewigen Leben."
   „Das Blut Christi bewahre dich zum ewigen Leben."
   Zu der ganzen Gruppe: „Gehet hin im + Frieden."

3. Zu jedem einzelnen Kommunikanten: „Nimm hin und iß."
   Zu der ganzen Gruppe:
   „Das ist der Leib Christi, der für euch gegeben ist; der stärke und bewahre euch zum ewigen Leben."
   Zu jedem einzelnen Kommunikanten: „Nimm hin und trink."
   Zu der ganzen Gruppe:
   „Das ist das Blut Christi, das für eure Sünde vergossen ist; das stärke und bewahre euch zum ewigen Leben.
   Gehet hin im + Frieden."

4. Zu der ganzen Gruppe:
   „Nehmet hin und esset: das ist der wahre Leib unseres Herrn Jesu Christi, für euch dahingegeben in den Tod. Der stärke und bewahre euch im Glauben zum ewigen Leben.
   Nehmet hin und trinket: das ist das wahre Blut unseres Herrn Jesu Christi, für euch vergossen zur Vergebung der Sünden. Das stärke und bewahre euch im Glauben zum ewigen Leben.
   Gehet hin im + Frieden."

Freilich darf nie vergessen werden: „Es genügen bei Taufe und Abendmahl die Spendeworte auf die Dauer nicht. Sie *bedürfen der Predigt*, damit ihr Gebrauch nicht in einen Sakramentalismus entartet. Die Predigt erklärt das Zeichen. Das Zeichen *will* er-klärt sein. ... Solche Predigt ergeht als Auslegung dessen, was Gott heute tut. ... Nicht das Wunder ist zu suchen, sondern die Gegenwart des Erhöhten und diese erweist sich als wunderbar."[326]

Nach dem Empfang des hl. Sakramentes gehen wir – ggf. auch wieder den Weisungen der „Ordner" folgend – auf unseren

Platz zurück. Dort kann und wird dann unser Herz, das Gottes „Heiland gesehen" hat (Luk. 2,30), dem ihm widerfahrenen Wunder Raum geben in einem stillen Lob- und Dankgebet,[327] in dem alle Gedanken und Empfindungen um die eine Bitte kreisen: „Was wir mit dem Munde empfangen haben, laß uns, o Herr, mit gläubigem Herzen bewahren, daß uns diese Gabe in der Zeit helfe zum ewigen Heil. Amen." Zu dieser Bewahrung des Empfangenen gehört seine *Ausstrahlung*: Wo Gott Einzug gehalten hat, ist festliche Zeit. Es ist kein Anlaß mehr, Trübsal zu blasen und mit einem traurigen Gesicht durch den Alltag zu gehen. Wo Himmel und Erde miteinander vereint werden, muß die *Freude* triumphieren. Der Herr, der in uns Wohnung genommen hat (s. Seite 161f.), sagt uns bei jeder Er-innerung an das an seinem Tisch erfahrene Geheimnis und Ereignis: *Feiert* meine Gegenwart! *Feiert* euren Glauben! *Euer Christsein ist ein Fest*!

Lebet dieses Fest!

Es ist das einzige Fest ohne Ende!

Die Austeilung des hl. Abendmahles kann mit der

Selbstkommunion des Liturgen

geschlossen werden. Einer schon in der frühchristlichen Kirche selbstverständlichen, auch von der Reformation beibehaltenen Ordnung zufolge kann sich der Liturg (wenn kein zweiter ordinierter Amtsbruder zugegen ist) das hl. Abendmahl stehend oder kniend selbst reichen. Luther, der dies allsonntäglich tat, hätte es als ganz unnatürlich empfunden, wenn der, der das Sakrament austeilt, sich selbst durch Nichtteilnahme an der Kommunion abseits gestellt hätte; denn, so sagte er einmal, „wenn ein Diener der Kirche das Sakrament darreicht, soll er immer mitkommunizieren. Ist er selbst zu dessen Genuß nicht geschickt, so ist er auch zu wenig geschickt, es zu reichen, zu taufen, zu predigen, zu beten."[328] Bei dieser Selbstkommunion betet der Liturg in der Stille oder halblaut etwa:

„Herr, ich bin nicht wert, daß du unter mein Dach gehest; aber sprich nur ein Wort, so wird meine Seele gesund." (nach Matth. 8,8 – s. auch Seite 188)
„Ich nehme und esse vom Brot des Lebens."
Nachdem er die Hostie gegessen hat:
„Der Leib Christi bewahre mich zum ewigen Leben."
„Ich nehme und trinke vom Kelch des Heils."
Nachdem er vom Kelch getrunken hat:
„Das Blut Christi bewahre mich zum ewigen Leben."
„Wie soll ich dem Herrn vergelten alle seine Wohltat, die er an mir tut?" (Ps. 116,12)

Da und dort erfolgt diese Selbstspeisung schon *vor* der Austeilung des Sakramentes an die Gemeinde, vermutlich in Angleichung an die Tradition der römischen Kirche, in deren Meßtheologie die Funktion des Priesters dem reformatorisch verstandenen „Priestertum *aller* Gläubigen" bis heute noch vor-, ja übergeordnet ist.

Nähert sich die Sakramentsspendung ihrem Abschluß, dann wird ein

Danklied

angestimmt, in der Regel das alte und doch nie veraltende „Gott sei gelobet und gebenedeiet, der uns selber hat gespeiset" (EKG 163).
Dabei stellt der Liturg die hl. Gefäße an ihren Platz in der Mitte des Altars und bedeckt sie wieder mit dem Velum (vgl. Seite 155).

Wenn bei der Austeilung des hl. Abendmahles konsekrierte Elemente übrigbleiben, so gilt im Bereich der lutherischen Kirche, daß die reale Gegenwart Christi in ihnen nur „im Akt" („in actu", lateinisch, d. h. „im Vollzug") der sakramentalen Handlung, also in ihrer Spendung und in ihrem Empfang gegeben ist. „Es muß aber verhindert werden, daß die Reste der Abendmahlselemente, insbesondere der Inhalt des Kelches in abergläubischer Absicht oder zu unangemessenen Zwecken mißbraucht oder in unehrerbietiger Weise benutzt werden. Ein Weinrest in der Abendmahlskanne sollte in eine Flasche zurückgegossen und bald verbraucht werden. Er kann auch Kranken zugute kommen. Weinreste im Kelch werden in geziemender Weise ausgegossen.«[329]

Möge das Mahl des Herrn als Ereignis, Geheimnis und Lebenshilfe unser Christsein durchdringen und beglücken, solange wir noch auf dem Wege sind, bis wir nach Christi Verheißung mit allen Gläubigen das Große Abendmahl feiern werden in seinen Reich! (Offbg. 3,20; 19,9,17)

Abendmahl mit Kindern

Vom Gang zum Tisch des Herrn waren bisher noch nicht konfirmierte Jugendliche ausgeschlossen. Seit dem Erscheinen der ersten Auflage dieses Buches ist eine erfreuliche Entwicklung unserer Abendmahlstheologie und -praxis zu einem Abendmahl *mit* Kindern festzustellen. Das Verlangen danach entstand aus mancherlei Gründen. Mit dem Rückgriff der Agende I auf den Reichtum frühchristlicher und reformatorischer Gottesdienstordnungen ist in unseren Kirchen und Gemeinden neu erkannt worden, daß Christus in Wort *und* Sakrament zu uns kommen will und daß darum unseren sog. „Predigtgottesdiensten" notwendige Hilfen für die Bewahrung und Bewährung unseres Christseins im Alltag fehlen. Mehr und mehr wurden zugleich der geistliche Wert und die festliche Schönheit des lutherischen „Vollgottesdienstes" mit Wortverkündigung *und* Eucharistiefeier, also der urevangelischen Form des sonntäglichen Hauptgottesdienstes der abendländischen Christenheit, wieder entdeckt, wie sie in diesem „Hilfsbuch" beschrieben worden sind. Dabei ging es im Grunde um die „Wiederentdeckung dessen, was im Gottesdienst feiernswert ist."[330] Lehre, „Dogmatik" kann man nicht feiern. Frömmigkeit will Beheimatung finden in hilfreichen Ereignissen. Während das Evangelium nur *verkündet*, wird sein Inhalt im Sakrament *sinnenfälliges Erlebnis*, das *nicht nur gelehrt, sondern real erfahren* wird.

In unseren Tagen wurde (besonders in der jüngeren Generation) das Verlangen nach *gemeinschaftsfördernden Formen des Gemeindelebens* wach. Bei der Bemühung um ein stärkeres christliches *Miteinander* kam es u. a. zur Einrichtung der *„Familiengottesdienste"*. Sie haben sich in vielen Gemeinden eingeführt, weil sie Eltern und Kindern die Möglichkeit bieten, den Gottesdienst gemeinsam zu besuchen. Weil auch in *diesem* Gottesdienst die seelsorgerliche Verkündigung der biblischen Botschaft an die „mühseligen und beladenen" (Matth. 11,28) Herzen (dazu s. Seite 149) aufgetragen ist, erscheint es zweckmäßig, vor Beginn der Predigt die Kinder in einem Nebenraum der Kirche zu einer kindesgemäßen Auslegung des Wortes Gottes zu versammeln. Wenn sie dann zur Feier des hl. Mahles in den „Familiengottesdienst" zurückkehren, entsteht in ihnen fast zwangsläufig die Frage: „Warum dürfen wir nicht auch mit an den Altar?" Auch Eltern fragen so, wenn sie bestrebt sind, den Kindern das zu vermitteln, was ihnen in ihrem eigenen Leben unentbehrlich geworden ist. Sollen sie ihren Kindern sagen: „Das verstehst du noch nicht!"? *„Verstehen"* denn wir Erwachsenen das Sakrament, d. h. das Geheimnis (s. Seite 162), mit dem wir am Tisch des Herrn beschenkt werden? Wer kann Gottes Majestät und Handeln in Natur und Weltgeschehen, vor allem sein *Heil*handeln in der Geschichte Jesu Christi und sein Wirken im Heiligen Geist „gestern und heute und in Ewigkeit" (Hebr. 13,8) je „verstehen"? Mußten wir denn unsere Taufe „verstehen", bevor wir sie empfingen? Eine *Kirche, die die Säuglingstaufe vollzieht* im Wissen um die „gratia praeveniens" (lateinisch; deutsch: „die zuvorkommende Gnade"), die zur Gotteskindschaft eines Menschen immer den *ersten* Stein legen muß, *kann auch Kindern nicht den Zugang zum Herrenmahl verschließen,* selbst wenn diese das Abendmahlsgeschehen nicht vollinhaltlich „begreifen" können. Der Protestantismus ist seit der Zeit der „Aufklärung" (17./18.Jh.), die den Menschen zum Mittelpunkt des menschlichen Weltbildes machte, zu vernunfthörig geworden. Wir haben inzwischen aber leidvoll genug erfahren, daß das menschliche Geschöpf durch die Überschätzung, ja Vergötterung seiner selbst in seinen wissenschaftlichen und technischen Leistungen seine Mitte und damit seine Heimat und Geborgenheit in seinem Schöpfer verliert. Gottes Wort und Sakrament sind keine Objekte unseres Gehirns und unserer Labore, sondern unseres Herzens und seiner Ehrfurchtsfähigkeit. Von dem Franzosen Blaise Pascal (gest. 1692), einem geistreichen Verkünder des christlichen Glaubens, stammt das Wort: „Es ist *das Herz*, das Gott wahrnimmt, *nicht der Kopf.*" Die „Wahrnehmung" Gottes hat nicht unser Begreifen zur Voraussetzung, sondern *unser Vertrauen,* das gar nicht „kindlich" genug sein kann (Matth. 18,3). Dazu Bischof Wölber: „Beim Abendmahl kommt alles auf das Vertrauen allein an. Der Mensch erfährt im Sakrament die Güte Gottes. Vielleicht ist gerade bei einem Kind in jungen Jahren das Verständnis dafür besonders klar und einsichtig, daß es vertrauen darf und daß es deswegen auch am Tisch Gottes erscheinen kann. *Es gibt keinen einleuchtenden dogmatischen Grund, Kinder vom Empfang des hl. Abendmahles* auszuschließen."[331] Die älteste Christenheit hat Kinder zum hl. Mahl zugelassen. Sie bekamen es sogar schon im unmittelbaren Anschluß an die Taufe, wie es in der griechisch-orthodoxen Kirche bis heute geschieht.

Da die religiöse Kindererziehung in erster Linie bei den *Eltern* liegt, haben diese *zuerst* die Aufgabe, mir ihren Kindern über die Bedeutung und den Sinn der Eucharistie zu sprechen. Dabei haben sie die kostbare Möglichkeit, ihnen das zu vermitteln, was ihnen selbst in ihrem eigenen Leben wichtig, unentbehrlich und lieb geworden ist. „Die Angebote der *Kirchengemeinde,* z. B. im Kindergottesdienst, können hinzukommen. Aber sie können das Elternhaus eigentlich nur unterstützen, ersetzen können sie es nicht. Die wichtigsten Erfahrungen für den Glauben macht das Kind daheim im gemeinsamen Leben mit seinen Eltern. Etwas leichter wird die Hinführung der Kinder zum Abendmahl für die Eltern, wenn sie an einer Familienfreizeit teilnehmen und da mit ihren Kindern das hl. Abendmahl feiern. Dort erleben sie eine gemeinsame Vorbereitung der Gruppe."[332] Zweifellos stellt das „Fest mit Kindern" den *Ge-*

meinden und besonders den *Eltern eine große und schöne Aufgabe,* die wir freudig bejahen und angreifen sollten.[333]

Die „Abendmahlsfeiern mit Kindern“ sind übrigens nichts „Neues“. Die lutherischen Kirchen in Skandinavien haben bereits im 18. Jahrhundert damit begonnen, das Herrenmahl mit Kindern zu feiern, und haben gute Erfolge damit erzielt. Letzteres gilt auch von den Gottesdiensten der Gemeinschaft von *Taizé.* Der Verfasser dieses Büchleins hat dort selbst erlebt, wie intensiv die Kinder das zentrale gottesdienstliche Geschehen mitfeiern und dabei wie selbstverständlich auch an der Eucharistie teilnehmen. Die dortigen „Brüder“ verweisen zur Begründung dieser Praxis auf den Ruf des Kinderfreundes Jesus (Matth. 19,14) und vor allem auf die reale Anwesenheit des auferstandenen Christus in seinem hl. Mahl.

Bis zu einer gesamtkirchlichen Entscheidung in der Evang.-Luth. Kirche in Bayern gilt zur Zeit folgende Regelung: „ Die allgemeine Zulassung zum heiligen Abendmahl erfolgt in jedem Fall durch die Konfirmation. An eine *generelle* Zulassung von Kindern zum heiligen Abendmahl kann gegenwärtig nicht gedacht werden.

Die Teilnahme *einzelner* getaufter Kinder am heiligen Abendmahl bereits vor ihrer Konfirmation ist möglich, wenn

- das Kind etwa das schulfähige Alter erreicht hat,
- die Eltern es wunschen oder mit dem Wunsch des Kindes einverstanden sind,
- das Kind in einer ihm gemäßen Weise erfassen kann, daß Christus im heiligen Abendmahl zu ihm kommt,
- das Kind eine ihm gemäße Hinführung erfahren hat, die durch kirchliche Unterweisung, aber auch durch die Eltern oder andere an ihre Stelle tretende Gemeindemitglieder, z. B. die Paten, geschehen soll,
- die Teilnahme am heiligen Abendmahl in Gemeinschaft mit den Eltern, der ganzen Familie oder entsprechenden Bezugspersonen geschieht und
- die Kinder wie jedes getaufte Gemeindeglied das heilige Abendmahl unter beiderlei Gestalt empfangen.“[334]

Bei den Abendmahlsfeiern der Christenheit geht es um

das Mahl des Herrn mit jedermann,

der es gleich uns empfangen will. Der uns gedeckte Tisch des *Herrn* ist nicht der einer *Kirche*, die ihn nur für *ihre* Glieder bereitet hat, Christus *selbst* ist der Gastgeber. Es gibt nur

das eine Mahl
des einen Herrn
für die eine Kirche.

„Es ist Entscheidendes verloren, wenn eine Kirche sich selbst als Gastgeberin versteht und also Ordnungen schafft, nach denen der eine Gast zugelassen, der andere ausgeschlossen ist."[335] Das sollten wir in allen christlichen *Konfessionskirchen* ohne Ausnahme bedenken; ihre *Zerspaltung* stellt *ein Ärgernis* dar und beschattet die Glaubwürdigkeit ihres Redens und Handelns. Sie bekennen zwar alle im Nicaenischen Glaubensbekenntnis: „Wir glauben an den Heiligen Geist, der Herr ist und lebendig macht, ... und die *eine*, heilige, christliche, katholische (allgemeine) und apostolische Kirche" (s. Seite 100). Es wurde schon geklärt (Seite 104f.), daß der Begriff „Katholizität" etwas anderes meint als das Wort „Katholizismus", das erst seit der Reformationszeit als Bezeichnung für die römische Kirche verwendet wird. Das Wort „Katholizität" beinhaltet nichts anderes als

„Ökumenizität",

das heißt Bekenntnis zum *Universalismus des Erlösungswillens Gottes* und seines „kath holän tän gän", d. h. „über die ganze Erde" auszurufenden Evangeliums. Ebenso wie in, mit und unter seiner Freudenbotschaft greift der Auferstandene in, mit und unter den *„katholischen"* = *„ökumenischen"* = der „ganzen Welt zugedachten" Sakramenten der hl. Taufe und des hl. Abendmahles nach jedem Menschen. Diese ökumenische Dimension des Herrenmahles verlangt unabdingbar nach der Gemeinschaft der getrennten Brüder an *einem* Altar. Wenn Christus „in der Nacht, da er verraten ward," (Einsetzungsworte

s. Seite 160) selbst seinem *Verräter* „den Bissen" gab (Joh. 13,26 ff.), ist es nicht denkbar, daß es in seinem Sinn sein sollte, wenn – wie bisher – in einem röm.-kath. Kirchenraum einem durch die hl. Taufe in den Lebenszusammenhang mit Christus „eingetieften" und damit zum Glied *Seiner* „einen, heiligen, katholischen und apostolischen Kirche" gewordenen evangelischen Christen der Empfang des Abendmahls verweigert wird. Und es ist ein ebensolches Ärgernis, wenn römischen Katholiken gelehrt wird, die von einem evang.-luth. Pfarrer konsekrierten Elemente seien *nicht* Leib und Blut des Herrn, nur weil diesem Konsekrator die römische Priesterweihe und damit das Eingegliedertsein in die Reihe der „Nachfolger der Apostel" fehle.[336] Die katholische und die evangelische Kirche *müssen* um ihrer Glaubwürdigkeit willen die Frage der

„Interkommunion"

(d. h. der gemeinsamen Mahlfeier) zu einer baldigen Lösung bringen; sie *müssen* ermöglichen, daß ihre Glieder an der Feier des hl. Mahles bei der anderen Konfession teilnehmen können. Bei diesen Bemühungen können die Worte von Jörg Zink gar nicht ernst genug genommen werden: „Wenn eine Kirche behauptet, *sie* sei die *einzig* wahre, dann beweist sie, daß ihr der Geist Gottes, der freie, der wehende, unbekannt ist, daß sie also eben nicht ist, was zu sein sie vorgibt. Denn Wahrheit ist ein Geschenk des Geistes Gottes, das – und das bedeutet etwas für *den* Geist, in dem man in den Kirchen nach „Wahrheit" sucht – Wahrheit *vorzeigt. Mit Wahrheit schlägt man nicht zu. Wahrheit läßt man leuchten.* Wahrheit ist ein Licht, nicht ein Geschoß. Wo Wahrheit ist, gehen Menschen einander unbewaffnet entgegen. Der Unbewaffnete wird nicht nur die Wahrheit nicht verlieren, er wird vor allem den anderen nicht hindern, ihr zu begegnen.

Wir werden noch lange mit einer Vielzahl von Kirchen leben müssen, aber wir werden die Grenzen zwischen der einen und der anderen nicht länger für die Grenze zwischen Wahrheit und Irrtum halten. Ich bin überzeugt, daß die Einladung Gottes an uns durch Menschen aller Zeiten und aller Christentümer ergangen ist, und die Sprecher, die sie heute hat, finde ich unter Freunden in allen Kirchen. Der Geist weht, „wo er will." (vgl. Joh. 3,8) Jedenfalls wird die Kirche ihre Aufgabe an Menschen und Völkern niemals erfüllen können, solange sie in ihrem zerfahrenen, zerrissenen und zerstrittenen Zustand verharrt. Sie soll die Schuld überwinden helfen, die zwischen den Völkern, den Erdteilen, der nördlichen und der südlichen Hälfte dieser Erde steht, die Angst zwischen Ost und West, den Haß zwischen Schwarz und Weiß ... Wie soll sie das können, wie sollen die Menschen glauben, sie sei von Christus beauftragt, solange sie mit *Schuld, Angst und Haß, Vorurteil und Rechthaberei in ihren eigenen Mauern* nicht zurechtkommt?

Das Ziel der Menschengeschichte ist die *Gemeinschaft aller am Tisch Gottes.* Es ist also das *Ende aller Eigen-Brötelei.* Solange *jede* christliche Kirche, *jede* christliche Gemeinschaft ihre Ehre dareinsetzt, ihr *eigenes* Brot zu essen, ist vom Tisch *Gottes* auch nicht einmal als einem fernen Ziel etwas zu ahnen. Die Kirche ist der Leib *Christi.* Das Brot, das sie ißt, ist Christus, und wer noch ein selbstgebackenes Brot an den Tisch Gottes mitbringt, um es dort für sich selbst zu behalten, beweist, daß er den Sinn des Auftrags, den Christus seiner Kirche gab, gerade nicht erfüllt."[337]

Die Leitung der VELKD hat angesichts der Zerspaltenheit der einen Kirche Christi und der durch das Fehlen einer gemeinsamen Eucharistiefeier (besonders auch in konfessionsverschiedenen Ehen) bestehenden geistigen Not 1975 beschlossen: „Wenn in besonderen Fällen *Glieder der römisch-katholischen Kirche* im Vertrauen auf das Wort Christi dieser Einladung folgen und *am Abendmahl in einem evangelisch-lutherischen Gottesdienst teilnehmen* wollen, sehen wir uns nicht ermächtigt, sie nur deshalb daran zu hindern, weil sie nicht Glieder der evangelisch-lutherischen Kirche sind. Desgleichen sehen wir uns nicht ermächtigt, *evangelisch-lutherischen Christen* in besonderen Fällen die *Teilnahme an der römisch-katholischen Eucharistiefeier* grundsätzlich zu verwehren, wenn sie im rechten Glauben an Christus geschieht."[338]

Trotz solcher erfreulicher kleiner Anfänge des Zueinander-Kommens quält uns die Frage, der Roger Schutz, der Prior von Taizé, Ausdruck gegeben hat in den Worten: „Welcher Bischof von Rom wird heute als Rufer zur Versöhnung die innere Kraft für eine schlichte Geste aufbringen: den *Zugang zur katholischen Kommunion allen Nichtkatholiken zu öffnen*, die die Realität der Präsenz Christi in der Eucharistie suchen – und damit der Aussöhnung neuen Aufschwung verleihen?"[339]

Wir wollen nicht ablassen, Gott zu bitten, daß es uns ermöglicht werde, das Mahl des Herrn in beiderlei Gestalt – d. h. unter Brot und Wein – auch in katholischen Gotteshäusern in echter *„eucharistischer" Gastfreundschaft* zu empfangen.[340]

Wie bereits im Vorwort (s. Seite 15) erwähnt worden ist, soll in diesem Büchlein nur eine Hilfe zum Verständnis und zur Durchführung „*Unseres* Gottesdienstes" geboten werden. Ihm liegt die in der „Agende für Lutherische Kirchen und Gemeinden" Band I, enthaltene Ordnung zugrunde. *Deren* Sakramentsteil wurde hier (s. Seite 139ff.) beschrieben und erläutert. Weil aber heute in fast allen Landeskirchen im Zusammenhang mit Bemühungen um „Gottesdienste in neuer Gestalt" auch Modelle für ein

Abendmahl in anderen Formen

verbreitet und praktiziert werden, sei wenigstens *anhangsweise* auf diese verwiesen.[341]

Da die sakramentale Vereinigung Christi mit uns durch nichts überhöht werden kann, ist es richtig, daß in der Ordnung des lutherischen Hauptgottesdienstes auf die Kommunion keine Lesungen, Ermahnungen und dgl. andere, den Gottesdienst verlängernde liturgische Stücke mehr folgen, sondern daß dieser nun rasch beendet wird. Der Christ, in dem der Herr mit der hl. Speise im Sakrament „Wohnung gemacht" hat (Joh. 14,23), soll mit dieser Erfüllung seines Wesens möglichst ohne weitere Aufenthalte in die „Welt" außerhalb der Kirchenmauern entsandt werden. Darum ist der

Abschluß der Abendmahlsfeier

sehr kurz. Weil er der Kommunion auf dem Fuße folgt, wird er auch „Postkommunion“ (lateinisch; deutsch: „Nachkommunion“) genannt.

Nach Beendigung der Austeilung des Sakramentes wendet sich der Liturg zur Gemeinde und die Gemeinde, die vom Beginn der Austeilung des hl. Abendmahles an gesessen hat, erhebt sich. Liturg und Gemeinde singen im Wechselgesang den Schluß-Versikel, der uns zur

Danksagung

auffordert für alles, was wir in diesem Gottesdienst (und nicht *nur* in ihm) empfangen haben:

Liturg: *„Danket dem Herrn, denn er ist freundlich, Halleluja“*

Gemeinde: *„und seine Güte währet ewiglich. Halleluja“*.

Wie sinnvoll ist dieses uns im Psalter mehrmals (Psalm 106,1; 107,1; 118,1; 136,1) begegnende Wort gerade am Ende der Sakramentsfeier! Es ruft uns, nachdem wir am Tisch des Herrn leibhaftig und sinnenfällig seine Freundlichkeit empfangen haben, zu der einzig möglichen Antwort auf dieses Erlebnis auf: zum *Dank*. (vgl. dazu das zum „Halleluja“ Seite 86 Gesagte!) Und da Christi Einzug in unser Menschentum nicht nur ein einmaliges geschichtliches Ereignis, sondern ein sich in jedem Gottesdienst immer von neuem wiederholendes und bis zu Seiner endgültigen Wiederkunft am Jüngsten Tag sich fortsetzendes Geschehen ist, haben wir allen Grund, die Erinnerung an die *„Freundlichkeit“* des Herrn aufzunehmen und zu vollenden mit dem Bekenntnis, daß *„Seine Güte währet ewiglich“*. Unter den Kanzeln und an den Altären der Kirche umfängt uns der Hauch der Auferstehung und der Atem der Ewigkeit – mehr noch: da wird uns in, mit und unter Wort und Sakrament die „Güte“ der göttlichen Ewigkeit und die Ewigkeit der göttlichen „Güte“ mitgeteilt und *zugeeignet.* (Wurde innerhalb des Hauptgottesdienstes keine Abendmahlsfeier gehalten, so wird anstelle des „Danket dem Herrn, denn er ist freundlich“ *ein anderer Versikel* gesungen, *der nach den Zeiten des Kirchenjahres wechselt* und das „Thema“ des Festtages oder der betreffenden Kirchenjahreszeit – auch wieder prismaartig – in unser Blickfeld rückt.)

Es gehört nicht zu *jedem* Sonn- oder Festtag ein *eigener* Versikel; ihre Zahl ist vielmehr bewußt beschränkt. (s. Seite 130) Wir sollten uns die Versikel innerlich so aneignen, daß wir, wenn der Liturg ihre erste Hälfte gesungen hat, gleich mit der zweiten fortfahren können, ohne erst unruhig im Gesangbuch herumblätternd ihren Text aufsuchen zu müssen. Der Versikel wird in jeder seiner beiden Zeilen mit dem *„Halleluja“* beschlossen, das jedoch vom Sonntag Septuagesimae bis zum Karsamstag, sowie am Bußtag, am Gedenktag der Entschlafenen und in Bittgottesdiensten entfällt (s. Anm. 138). Wir sollten, sooft wir „Halleluja“ singen, also auch an dieser Stelle, daran denken, daß es die „ewige Stimme“ des Volkes Gottes ist (s. Seite 87).

In unmittelbarem Anschluß an den Versikel betet der Liturg – nach der Aufforderung „Lasset uns beten“ – die

Schlußkollekte.

Was schon (s. Seite 66 ff.) über Wesen und Gestalt des Kollektengebetes gesagt worden ist, gilt nicht minder von der „Schlußkollekte“. Auch sie beginnt mit einem Dank, dem eine Bitte folgt. Da die „Schlußkollekte“ aber nur am Ende der Gottesdienste mit Abendmahlsfeiern gebetet wird, bezieht sich der Dank immer darauf, daß uns Gott *„durch diese heilsame Gabe“* des Leibes und Blutes seines lieben Sohnes, unseres Herrn Jesu Christi, *„erquicket“* hat (vgl. Matth. 11,28). Die Danksagung für das gehörte Wort erfolgte bereits im „Predigtschlußgebet“ (vgl. Seite 122). Die Bitte der Schlußkollekte nimmt meist nur andeutungsweise Bezug auf die in der jeweiligen Kirchenjahreszeit besonders im Mittelpunkt der Verkündigung und Anbetung stehenden Ereignisse der Heilsgeschichte. Damit die Gemeinde im Laufe der Zeit auch diese Schlußkollekten auswendig mitbeten kann, ist ihre Zahl, einem reformatorischen Brauch folgend, bewußt beschränkt worden.

Auch die Schlußkollekte wird, wo sie *gesungen* wird, im „Kollektenton“ gesungen (s. Seite 70 f.). Und auch sie erfordert, wie alle anderen Gebete im Gottesdienst, *unser eigenes „Amen“*.

IV.

SENDUNG

Nach diesem Gebet, das den Empfang des hl. Mahls beendet, nähern wir uns dem

Abschluß des Gottesdienstes.

Er wird mit der

Salutation

(dem „Wechselgruß") eingeleitet (s. Seite 60f. und 148ff.):
Liturg: *„Der Herr sei mit euch"*
Gemeinde: *„und mit deinem Geist."*

Man könnte meinen, der Gruß an dieser Stelle sei nichts anderes als ein „Abschiedsgruß", ähnlich denen, mit welchen die Briefe der Apostel im Neuen Testament schließen (vgl. Röm. 16,24; 1. Kor. 16,23; 2. Kor. 13,16; Gal. 6,18 u. a.). Dann würde er besagen, daß nunmehr Liturg und Gemeinde einander wünschen: Der Kyrios, der uns in diesem Gottesdienst begegnet ist, bleibe bei uns und geleite uns, auch wenn wir nun wieder auseinandergehen. Aber der „Gruß" bedeutet hier noch *mehr:* Der Liturg steht in diesem Augenblick vor der Aufgabe, die Gemeinde aus dem sich seinem Ende nähernden Gottesdienst mit Danksagung und Segnung in ihren Alltag zu entlassen. Und dazu bedarf er, wie zu jedem liturgischen Handeln, der Gegenwart des Herrn; kann er doch nur weitergeben, was *bei* ihm, *mit* ihm und mit seinem *„Geiste"* ist. Deshalb bittet die Gemeinde, bevor der Liturg segnet und zu segnen vermag, in der Salutation an dieser Stelle auch für ihn um den Segen des Kyrios.

Dann vollzieht er die

Sendung

der feiernden Gemeinde in die sie umgebende Welt. In der alten Christenheit zu Rom erfolgte diese durch den Diakon mit dem heute noch in der lateinischen Form der röm.-kath. Messe gebräuchlichen Ruf: „Ite, missa est." (lateinisch; deutsch: „Gehet! Der Schluß des Gottesdienstes ist da."), der von der Gemeinde mit der „Danksagung" für das vorausgegangene gottesdienstliche Geschehen beantwortet wurde: „Deo gratias" (d. h. zu deutsch: „Dank sei Gott"). Das Wort „missa", das wohl erst zu Beginn des Mittelalters in den deutschen Sprachgebieten der Feier des Herrenmahles den Namen „Messe" gegeben hat, bedeutete im Spätlateinischen „Entlassung", „Verabschiedung" nach einer Audienz oder einer Versammlung.[342] „Ite, missa est" besagte also: „Gehet! Ihr seid entlassen". Diese Deutung des Wortes „missa" hatte zur Folge, daß man nicht nur innerhalb der römischen, sondern auch in mancher der evangelischen Kirchen, und zwar bis in die jüngste Zeit hinein, den ganzen Schlußteil des Gottesdienstes als „Entlassung" bezeichnet hat. Nun werden wir freilich aus dem Raum, in dem unser Gottesdienst stattgefunden hat, hinaus und in unsere, uns schon vor seinen Türen umfangende Alltagswelt, in unsere Wohn- und Arbeitsstätten „entlassen". Aber aus dem uns als Christen „zu allen Zeiten und an allen Orten" (s. Präfationsgebet Seite 151) aufgetragenen Gottesdienst können wir nie beurlaubt oder gar befreit werden. *Die sich in den liturgischen Vollzugsweisen unserer Gottesdienste widerspiegelnde Zuwendung Gottes zu uns will sich weiterspiegeln in unseren Umgangsweisen mit unseren Nächsten. Der in unserem Gottesdienst gefeierte Glaube will im Alltag gelebt sein.* „Alltag", das ist der Bereich, in dem wir unser Dasein fristen: die Wohnung, der Arbeitsplatz, die Straße zwischen beiden; Dinge, Menschen, Verrichtungen in Beruf und Familie; Produzieren und Konsumieren; Feierabend und Freizeit. In diesen Räumen unserer Existenz muß wirksam werden, was wir gefeiert haben. Es ist eben – wie Luther so trefflich gesagt hat – ein „lebendig, geschäftig, tätig Ding um den Glauben, daß es unmöglich ist, daß er nicht sollte *ohn Unterlaß Gutes wirken.* Er fragt auch nicht, *ob* gute Werk zu tun sind, sondern ehe man fragt, *hat* er sie getan und ist *immerdar im Tun.*"[343] Aus dieser *Bewegung* vom hörenden und empfangenden Feiern zum ausstrahlenden und weitergebenden Tun können wir *nie* „entlassen" werden. Darum entspricht es dem Glaubensverständnis des Neuen Testamentes, daß man im Bereich der reformatorischen Kirchen jenen alten Ruf am Ende der Messe „Ite, missa est" nicht als eine „dimissio" (d. h. eben „Entlassung"), sondern als „missio" (d. h. „Sendung") gedeutet hat.

„Wo immer die Kirche Kirche ist, muß die *Sendung* ein Teil ihres Lebens sein. In der Eucharistie durch Christus mit Gott versöhnt, sind die Glieder am Leibe Christi berufen, Diener der Versöhnung unter den Menschen und Zeugen der Auferstehungsfreude zu sein. Allein schon ihre Präzenz in der Welt fordert ihre *Solidarität mit den Leiden und Hoffnungen aller Menschen,* denen sie Zeichen der Liebe Christi werden können ..."[344], der sich selbst am Kreuz für alle Menschen hingegeben und sich ihnen in, mit und unter den Gaben seines Mahles geschenkt hat. Grundsätzlich gehört zu jedem Dankgebet eines Christenherzens die Bereitschaft zum *Weitersagen und Weitergeben* dessen, wovon *„das Herz voll ist" und „der Mund überläuft";* das gilt auch am Ende einer Abendmahlsfeier. Diese Bereitschaft sollte den Lebensstil unseres Christseins prägen: „Was Christus uns vorgelebt hat, und was er uns zu seinem Gedächtnis (vgl. Seite 159) zu tun gebot, ist *der freudige Einsatz des Lebens zum Lobe Gottes,* der Verzicht auf Zwang und Lohn und Garantie, die heitere Gelassenheit und Menschlichkeit, die nur wenig braucht, um glücklich zu sein, sich reich zu fühlen und andere glücklich zu machen. Diese christliche Lebenshaltung wird immer mehr als das notwendigste Gut in unserer Zeit erkannt werden. Sich *dazu* in der Eucharistie bereiten und stärken zu lassen, das wird nie überholt sein. Es ist die Sendung und der wesentlichste Beitrag der Christen in dieser vergehenden Welt."[345] Mit anderen Worten: Die *Ausstrahlung des Lichtes,* das in Christus (dem „Licht der Welt", Joh. 8,12) unser Leben „in Finsternis und Schatten des Todes" (Luk. 1,79) voll Hilfe und Hoffnung, Glanz und Freude gemacht hat, ist der Zweck unserer „Sendung" in die Welt unseres Alltags und in den Alltag unserer Welt. Da „*hin*" gehet! Da hinein „*gehet*"!

In Anbetracht dieses im wahrsten Sinne des Wortes „gottesdienstlichen" *Befehls* findet sich in den Kirchenordnungen und Agenden der evangelischen Kirchen bereits seit dem 17. Jahrhundert und in deren Nachfolge auch in der Ordnung unseres Gottesdienstes das im Wechsel zwischen dem Liturgen und der Gemeinde zu singende (oder zu sprechende)

Sendungswort:

Liturg: „*Gehet hin im Frieden des Herrn.*"
Gemeinde: „*Gott sei ewiglich Dank*".

Dieses „*Gehet hin!*" erinnert uns daran, wie oft und wann der Herr Christus diese Worte gebraucht hat. Da sagte er dem, der unversöhnt zum Altar wollte: „*Gehe zuvor hin* und versöhne dich mit deinem Bruder!" (Matth. 5,24). Da sprach er zum Hauptmann von Kapernaum: „*Gehe hin;* dir geschehe, wie du geglaubt hast." (Matth. 8,13). Da ließ er den Hausvater im Gleichnis zu den gedungenen Arbeitern sagen: „*Gehet ihr auch hin* in den Weinberg!" (Matth. 20,4), und den König, der seinem Sohn Hochzeit machte, ließ er zu seinen Knechten sprechen: „*Gehet hin* auf die Straßen und ladet zur Hochzeit, wen ihr findet!" (Matth. 22,9). Und schließlich gab er in der Stunde seiner Himmelfahrt den Jüngern den Befehl: „*Gehet hin* in alle Welt und lehret alle Völker und taufet sie im Namen des Vaters und des Sohnes und des Heiligen Geistes." (Matth. 28,19). Dieses „*Gehet hin*" des Kyrios bedeutet in allen seinen Verschiedenheiten immer ein Gleichnis: eine „Sendung".

So werden auch wir am Ende unseres Gottesdienstes aus dem Kirchenraum *hinausgesandt „in alle Welt":* zu dem Bruder, der auf *unsere* Vergebung wartet, nachdem *wir* im Gottesdienst Vergebung empfangen haben; zu der Schwester, die auf die Bewährung *unseres* Christenstandes im Glauben, in der Liebe und in der Hoffnung wartet; zu den Nächsten allen, die der Kirche den Rücken kehren mit dem Spotte Nietzsches: „Erlöster müßten mir die Christen sein, wenn ich an ihren Erlöser glauben soll". Unsere Sendungsformel weist uns als „Missionare" *in alle Bereiche des Zusammenlebens mit unseren Mitmenschen.* Wie wir das Dankopfer (s. Seite 126) als jene Stelle im Gottesdienst erkannt haben, wo die innere Einheit von Liturgie und Diakonie sinnenfällig wird, so erweist sich uns dieses „Gehet hin!" am Schluß des Gottesdienstes als *der* Punkt, an dem *Liturgie und Mission* im weitesten und engsten Sinn (Äußere Mission, Innere Mission, Volksmission, Nachbarschaftshilfe, Besuchsdienst bei Einsamen, bei alten Menschen, bei Sterbenden, Jugendarbeit und nicht zuletzt die Gestaltung unserer eigenen Familiengemeinschaft) als *unzertrennlich zusammengehörige Lebensäußerungen einer rechten Christus-Verbundenheit* bezeugt werden. Dieses *Zeugnis ist der innerste Sinn unserer „Sendung"*. Es geht in ihr *nicht* nur um Taten sozialer „Mitmenschlichkeit", denn solche tun Nichtchristen auch. Es geht vielmehr um den *Erweis lebendiger Christusnachfolge* in, mit und unter der Verwirklichung des *Gottesgebotes*: „Du sollst deinen Nächsten lieben wie dich selbst." Dieser Weisung zum Dienst an unseren Mitmenschen geht aber das „vornehmste und größte Gebot" des *Gottes*-Dienstes voraus: „Du sollst lieben Gott, deinen Herrn", und zwar „von *ganzem* Herzen, von *ganzer* Seele und von *ganzem* Gemüte" (Matth. 22,37-39). Rühmung Gottes – also *„Liturgie" – ist die erste Antwort des Gesegneten.* Erst aus *ihr* heraus entfaltet sich dann die *„Diakonia"* und jegliche missionarische Tätigkeit als *zweite Reaktion* auf die empfangenen Segnungen des Herrn: „Laß mich an andern üben, was du an mir getan, und meinen Nächsten lieben, gern dienen jedermann" (EKG 61,7).

Da wir dieser „Sendung" in die Welt und unserem Auftrag in ihr angesichts der Unzulänglichkeit unseres Christseins nur dann einigermaßen gerecht werden können, wenn uns der Friede dessen umfängt, der eben der Kyrios aller Welt ist, lautet die

Sendungsformel vollständig: „Gehet hin *im Frieden des H e r r n.*" Wir merken: hier ist *„Friede"* nicht ein Gefühl des Herzens, nicht eine Empfindung unserer Seele, sondern der *Zustand* (vgl. Seite 172), in den uns der Kyrios durch *seine* Communio mit uns hineinversetzt hat (Joh. 14,27; Eph. 2,15; Kol. 1,20). In dieser *neuen Verfassung unserer Existenz* wird uns nach Christi Verheißung „nichts unmöglich sein" (Matth. 17,20); in ihr soll und kann uns nichts von Gottes Liebe scheiden (Röm. 8,35-39). Sollten wir darum nicht „getrost und freudig" (Jos. 1,9) *„hingehen"*, heimgehen?[346]

Eingedenk der uns *„im Frieden des Herrn"* eröffneten neuen Lebensmöglichkeiten sind uns „Herz und Mut fröhlich gemacht" (Luther, s. Seite 184) zu dem Jubelruf: *„Gott sei ewiglich Dank"* (d.i. die deutsche Fassung des alten Lateinischen „Deo gratias"). Dieses *„ewiglich"* greift über unser irdisches Dasein hinaus und richtet unsere Augen bereits auf die dem Volke Gottes verheißene Eingliederung in die Gemeinde der Heiligen und Vollendeten, da wir mit allen Engeln und Erzengeln ihm „im höhern Chor ... vieltausend Halleluja" (EKG 238,6) darbringen werden „ohne Ende" (vgl. die Schlußworte der Präfation, Seite 152).

In den Hauptgottesdiensten ohne eingegliedertes Abendmahl tritt an die Stelle dieser Sendungsformel das

Benedicamus

aus dem alten lateinischen Hymnus „Benedicamus domino", (deutsch: *„Lasset uns benedeien dem Herrn").* „Benedeien" (vom lateinischen „benedicere") heißt „lobsagen". Während das „Benedicamus" in den römischen Quellen vor der Jahrtausendwende anscheinend nicht nachweisbar ist, treffen wir seine Spuren wesentlich früher auf fränkischem Boden.[347] Auch wenn das Sakrament nicht gefeiert wurde, ist dieser Aufruf, vom Liturgen an die Gemeinde gerichtet, am Platz. Haben wir doch in dem vorausgegangenen Gottesdienst unter den Lesungen und der Predigt des Wortes Gottes, aber auch aus den Liedern und Gebeten der Kirche „aus seiner Fülle genommen Gnade um Gnade“ (Joh. 1,16). Im Gedanken daran sollte wie von selbst aus unseren Herzen die „Benedictio domini“, die „Benedeiung“, Lobpreisung des Herrn aufbrechen und nicht mehr verstummen. Darum ist es verständlich, wenn auch auf das „Benedicamus“ die Gemeinde mit denselben Worten antwortet wie auf die Sendungsformel, nämlich auch mit dem Ausruf: *„Gott sei ewiglich Dank!“*[348]

Zur Erfüllung ihres Auftrages bedarf die Christenheit zu allen Zeiten des Segens des Herrn. Deshalb schließen ihre Gottesdienste seit alters mit dem

Segen.

Dazu wurde bereits im Mittelalter der *„Aaronitische Segen“* verwendet – so genannt, weil ihn (nach 4. Mose 6,22-27) Aaron durch die Vermittlung des Mose von Gott empfangen hat. Diese Segensform beschließt auch seit Jahrhunderten den lutherischen Hauptgottesdienst. Der Liturg singt oder spricht ihn der Gemeinde zu mit folgenden Worten:

„Der Herr segne euch und behüte euch.
Der Herr lasse sein Angesicht leuchten über euch
und sei euch gnädig.
Der Herr erhebe sein Angesicht auf euch und
gebe euch + Frieden.“

Und wir bekräftigen solchen Segen mit *unserem „Amen“*, das an dieser Stelle die sehr gewichtige Bedeutung hat: „Ja, ja, es geschehe an uns, was uns in, mit und unter den Worten dieses Segens *zugesprochen* worden ist.“

Leider ist der „Segen“ am Schluß unseres Gottesdienstes für viele Gottesdienstbesucher nichts anderes mehr als nur ein „Schlußlicht“, dessen Aufflammen kundmacht, daß nun das gottesdienstliche Zusammensein bald zu Ende ist. Diese offenbare Geringschätzung des Segens deckt einen schlimmen inneren Schaden unseres Christseins auf: Wir wissen nicht mehr, was „segnen" heißt und bedeutet. Wir *wünschen* zwar einander „Gottes Segen im neuen Jahr" oder „ein gesegnetes Christfest" oder „gesegnete Ostertage" und ähnliches; und wir sind dabei dann bestenfalls von dem stillen, fürbittenden Gebet erfüllt, Gott *möge* es dem anderen gut gehen lassen, er *möge* ihm aus dem betreffenden Fest eine Frucht erwachsen lassen für seinen inwendigen Menschen. So bewegen sich unsere Segensworte meist nur im Bereich des Wünschens, bestenfalls in dem einer Fürbitte. Aus dem Zeugnis der hl. Schrift ist jedoch klar zu ersehen: Wenn die Menschen der Bibel einander „segneten", dann haben sie dem, welchem sie dazu meistens *die Hände auflegten* (vgl. 1. Tim. 4,14; 2. Tim. 1,6), nicht nur Gutes von Gott gewünscht und erbetet, sondern unter solchem „Segnen" *geschah* etwas: Da wurde das im Segen genannte himmlische Gut wirklich *mitgeteilt* und auf den Segensempfänger *übertragen* (vgl. Luk. 10,5ff.). Dieser Vorgang ist nicht „magisch", d. h. als Vollzug und Auswirkung eines „Zaubers" zu verstehen. Auch verfügt kein Mensch über die Gaben und Kräfte des Himmelreiches. Wo die Kirche segnet, ist und bleibt *Gott* der *allein* Handelnde; als er Aaron den in unseren Gottesdiensten gebräuchlichen Segen befahl, ließ er darüber keinen Zweifel: „Ihr sollt meinen Namen auf die Kinder Israel legen, daß *ich* sie segne" (4. Mose 6,27). So begann er auch die Heilsgeschichte mit der Segnung Abrahams: „Ich will dich segnen, und du sollst ein Segen sein" (1. Mose 12,2). *Der Gesegnete wird zu einer Kontaktstelle, zu einem Durchgangspunkt göttlicher Kräfte,* die Geist und Leib der Menschen umfangen und erfüllen. Und in dem Segen, den er weitergibt, wird Göttliches nicht nur angewünscht, sondern *mitgeteilt.* So wie uns in der hl. Absolution die Vergebung der Sünden nicht nur verkündigt, sondern ganz *real zugeeignet* wird, (so daß gewissermaßen eingehüllt in das Wort des „Beichtigers" geradezu *sinnenfällig* die Vergebung meines himmlischen Vaters in mein irdisches Leben eingeht), so *ereignet* sich im Akt des kirchlichen Segens an uns das, was uns der Segnende „zu"-sagt.

Im aaronitischen Segen am Ende unserer Gottesdienste wird uns die *Behütung Gottes* nicht nur „angewünscht“, sondern *„auf uns gelegt“* (4. Mose 6,27). Daß *„Gottes Angesicht über uns leuchten“* möge, soll uns in einer bildlichen Sprache daran erinnern: Gott ist nicht das namenlose Schicksal, nicht der „Zufall“, nicht ein „Naturgesetz“, nicht ein unerforschlicher „Weltgeist“. Er ist vielmehr das, was wir eine „Person“ nennen. Er sieht uns und hört uns, er kennt uns und spricht zu uns und wir können uns ihm anvertrauen, „wie die lieben Kinder ihrem lieben Vater“.[349] Und weil er *„der Herr“* und zwar der „Herr aller Herren“ (1. Tim. 6,15) – also *der „Kyrios“* (s. Seite 51) – ist, darum ist es ihm nicht unmöglich (1. Mose 18,14), durch das Segenswort, richtiger gesagt: durch das Segens*handeln* seiner Diener, unser Leben in den Bereich seiner *behütenden Herrschaft,* in die Zone des *Lichtes von seinem Angesicht,* in den *Bezirk seiner Gnade* und in das *Kraftfeld seines Friedens* rücken zu lassen. Daß der Name *„Herr“* im aaronitischen Segen *dreimal* über uns erklingt – wie wenn eine eherne Glocke dreimal angeschlagen würde – soll uns daran erinnern, daß der uns segnende *Gott der Dreieinige* ist.

Wenn wir daran denken, daß das deutsche Wort *„segnen“ aus dem lateinischen „signare“ abgeleitet* ist (das bedeutet, etwas mit einem „signum“, *mit einem „Zeichen“ versehen*), dann verstehen wir auch, daß die christliche Kirche seit alters das ihr aufgetragene „Segnen“ mit dem „signum crucis“, einem mit der Hand ausgeführten *„Kreuzeszeichen“* verbunden hat. Ein „Zeichen“ zeigt etwas an, es macht etwas sichtbar. Weil wir nicht nur Geisteswesen, sondern geist-leibliche Geschöpfe sind, bedürfen wir nach Luther der Zeichen, „an denen der Glaube sich festhält wie an einem Haken in der Wand“.[350] Wir lassen uns von der Bezeichnung mit dem *Kreuzeszeichen – dieser „kürzesten Predigt“*, wie sie Philipp Melanchthon genannt hat – sagen, daß aller Segen Gottes in der Erscheinung Jesu Christi, seiner Menschwerdung, Kreuzigung und Auferstehung, zusammengefaßt in unsere Welt eingeströmt ist. In diese „Fülle“ seiner ewigen Segnungen (Joh. 1,16) sind wir eingetieft worden, als uns ein Bote des Auferstandenen bei unserer Taufe gesegnet hat mit den Worten: „Nimm hin das Zeichen des hl. Kreuzes + an der Stirn und an der + Brust". Und weil wir überhaupt nur auf dem Fundament des uns in Jesus Christus geschenkten Heils mit Gott verbunden sein können, ist es sinnvoll, sich auch selbst hin und wieder (auch einander), z. B. vor oder nach einem Gebet mit dem Kreuzeszeichen an unseren Christusbezug sichtbar zu erinnern. Darum hat auch Luther in seinem „Kleinen Katechismus" den Betern seines Morgen- und Abendsegens die *Selbstsegnung mit dem Zeichen des hl. Kreuzes* empfohlen (EKG S. 655, 663/64).[351] Allen „Mühseligen und Beladenen" auf Erden (Matth. 11,28) – und wer wäre das nicht? – kündet die Gebärde des „Kreuzschlagens": „In hoc signo vinces", d. h. *„In diesem Zeichen wirst du siegen."* Solchen Sieg hat nicht nur der römische Kaiser Konstantin (im Jahre 313) geschenkt bekommen, der nach einer Traumweisung auf die Feldzeichen seiner Legionen ein Kreuz hatte heften lassen. Die unübersehbare Schar der Auserwählten des Herrn in Vergangenheit und Gegenwart bezeugt einmütig, daß sie unter „diesem Zeichen" ihre Siege erfochten (1. Kor. 15,57; 2. Kor. 2,14), Tod und Teufel überwunden (Röm. 8,37) und das Feld behalten haben (Eph. 6,13). In ihren Triumph werden wir mit hineingenommen, sooft wir am Schluß des Gottesdienstes mit dem Kreuzeszeichen „gesegnet" werden; es macht uns sichtbar: Christus begleitet uns auf unseren Wegen. Wer wollte sich um solche Lebenshilfe bringen, indem er vorzeitig das Gotteshaus verläßt?

ZUM ABSCHLUSS DES GOTTESDIENSTES

Nachdem wir den Segen *mit unserem „Amen"* nicht nur bejaht, sondern *ergriffen* haben, verharren wir noch einige Augenblicke auf unseren Plätzen zu einem

stillen Gebet:

Mit dem Dank für Gottes Gaben in Wort und Sakrament wird sich die Bitte vereinen, das Empfangene „behalten" zu können „in einem feinen, guten Herzen" und „Frucht" zu „bringen in Geduld" (Luk. 8,15). Wir bitten ferner, daß uns Gott in der vor uns liegenden Woche behüten und uns und alle, die er uns verbunden hat, geleiten möge mit seiner Güte.[352]

Nach dem stillen Gebet kehrt der Liturg vom Altar auf seinen Platz in der Kirche zurück, um sich mit der Gemeinde das

Orgelnachspiel

anzuhoren.[353] Das Nachspiel der Orgel war nie dazu bestimmt, das Geräusch des Hinausgehens der Gemeinde aus der Kirche angenehmer zu gestalten bzw. zu übertönen; es soll ihr vielmehr die Möglichkeit bieten, das Erlebnis des Gottesdienstes in aller Ruhe in sich nach- und ausklingen zu lassen.

Der Stätte, an der uns Gott begegnet ist, und dem Reichtum an himmlischen Gütern, den wir im Gottesdienst empfangen haben und nun hineintragen sollen in die auf unser Licht wartende Welt (Matth. 5,14 ff.; 2. Kor. 4,6), ist es am angemessensten, wenn wir das Gotteshaus so still wie möglich verlassen. Dabei wollen wir die an den Ausgängen aufgestellten oder bereitgehaltenen Opferbüchsen nicht übersehen!

Wir nehmen uns vor, die ganze Woche hindurch dieses Gottesdienstes eingedenk zu bleiben. Bei der Rückbesinnung empfinden wir, daß

Unser Gottesdienst

nach der Ordnung, in der wir ihn gefeiert haben und die in diesem Büchlein erläutert worden ist, auch angesichts des reichen Angebotes von „Gottesdiensten in neuer Gestalt" eine einmalige, alle Zeiten der christlichen Gemeinde mit jenseitigen, ewigen Substanzen und Potenzen *beschenkende Bedeutung* hat. „Die Geschichte dieses in der Mahlfeier, in Messe oder Eucharistie verdichteten Gottesdienstes ist in weiten Zonen der Christenheit auf lange Strecken hin schlechterdings *imponierend* geworden. Man hat es da mit einem *Musterbeispiel* für die Geschichtsmächtigkeit symbolischer Kommunikation, für die Haltbarkeit ihrer Rituale und überhaupt für die Integrationskraft großer Formen zu tun."[354] Liturgische Formen erfahren wir als „groß", wenn sie uns aus der Enge unserer zeitgemäßen „Strukturen" (d. h. Gliederungen) hinausgeleiten in die unendliche Weite überzeitlicher „Instruktionen" (d. h. Unterweisungen).

Gott gebe, daß wir, erfüllt von dem Erlebnis der „großen Formen" des miteinander gefeierten Gottesdienstes, *mit* jener *Beglücktheit in unseren Alltag zurückkehren*, der der Sänger des 31. Psalms Ausdruck verliehen hat mit den Worten: „Ich freue mich und bin fröhlich über deine Güte, daß du mein Elend ansiehst und erkennst meine Seele in der Not und übergibst mich nicht in die Hände des Feindes; du stellst meine Füße auf weiten Raum." (Psalm 31,8f.). Mit dieser in unserem Gottesdienst unter Wort und Sakrament, Gebet und Lobgesang empfangenen Gewißheit sollten und *können* wir fröhlicher, getrösteter, zuversichtlicher, entschlossener, tatenfreudiger und liebevoller in unseren Alltag heimkehren. *Man sollte und müßte uns doch eingentlich ansehen und abspüren, wo wir gewesen sind!*

Freilich werden wir mit der *Bewährung der „Feier unseres Glaubens"* (s. Seite 37) und der von ihrer liturgischen Form ausgestrahlten Kraft in unseren verschiedenen Lebensbereichen mit ihren Problemen und Mühen, Lasten und Sorgen – d. h. eben in unserem sog. „*Gottesdienst im Alltag*" – immer wieder Schiffbruch erleiden; nicht weil unser Alltag eine *andere* Welt wäre neben der, in der wir unseren Gottesdienst halten. Die Welt Gottes ist *eine* und es ist falsch, sie in zwei voneinander getrennte Bezirke aufzuspalten, in deren einem uns Gott näher wäre als in dem anderen. Die *ganze* Wirklichkeit unseres Lebens liegt im Strahlungsbereich der weltzugewandten Liebe Gottes. Trotzdem sollte nicht verschwiegen werden, daß es in der durch die Christusverheißung zum Kampf zwischen Licht und Finsternis erregten Wirklichkeit unseres Lebens *ausgesonderte Zeiten* (Mark. 2,27) *und abgesonderte Räume* (Ps. 84,11) gibt, wo wir leichter die Stimme vernehmen können, die nur in der Stille gehört werden kann. „Nur an einer stillen Stelle legt Gott seinen Anker an." Gottesdienstliche Stätten sind von Menschenhand bereitgestellte Anlegestellen und Abholplätze für die „reichen Güter" (Ps. 36,9) aus ewigen Bereichen. Aber unsere „Sendung" in das Betätigungsfeld unserer Gotteskindschaft stößt gerade in der Praxis christlicher Mitmenschlichkeit immer wieder auf die unserem Menschentum gesteckten Grenzen. Darum schenkt uns Gott die Möglichkeit, am Ende jeder Woche *aus unserem werktäglichen Welt-Dienst in den sonntäglichen Gottes Dienst der Gemeinde zurückzukehren, um unseren Glauben, unsere Hoffnung, unsere Liebe erneuern zu lassen für die Ausstrahlung unseres Christseins.* „Unser Dienst an der Welt wird zum moralischen Krampf, wenn wir nicht zugleich – ich wage das Wort – die Demut aufbringen, uns von Gott dienen zu lassen. Und das geschieht nun einmal vornehmlich im christlichen Gottesdienst, in dem wir auf Gott hören und so aus angespannter Tätigkeit in kreatürliche Empfänglichkeit versetzt werden."[355] Das bedeutet für das Tun nicht Zeitverlust, sondern Zeitgewinn; denn im Gottesdienst wird der Glaube zum Handeln ermutigt, wird doch in ihm die Zuwendung Gottes zur Welt gefeiert, die der Glaube unter dem Bild des barmherzigen Samariters (Luk. 10,25–37) in alle Welt tragen soll. Auch in der

Mahnung des Apostels: „Seid aber Täter des Worts und nicht Hörer allein!“ (Jak. 1,22) ist das Hören unseren Taten vorgeordnet. Das sollten wir täglich bedenken! Jedenfalls geht es unter den Kanzeln und an den Altären der Kirche des Herrn immer wieder um Sendung und *Heimkehr*, um Heimkehr und *Sendung* seiner Gläubigen. Wenn

unser Gottesdienst

uns immer wieder *beides* in regelmäßigem Rhythmus erfahren läßt, dann bleibt unser Leben vor dem Verlust seiner Mitte bewahrt, dann hat es einen zeitüberlegenen Sinn, dann wird es schon heute mit ewiger Freude erfüllt.

„Eins bitte ich vom Herrn, das hätte ich gerne:
daß ich im Hause des Herrn bleiben möge
mein Leben lang, zu schauen die schönen
Gottesdienste des Herrn.“ (Psalm 27,4)

ANMERKUNGEN

[1] „Augsburgische Konfession" 1530, Art. 7; im EKG, bayerische Ausgabe, Seite 708

[2] Vgl. Otto Dietz, „Leiturgia im Umbruch (eine theologisch-kritische Untersuchung)", in „Kerygma und Melos", Kassel, Basel, Tours, London, Hamburg 1970

[3] „Bericht der V. Sektion der Vollversammlung des ökumenischen Rates der Kirchen in Upsala" 1968

[4] EA 53, 318

[5] Man lese, ja studiere dazu, wenn möglich, das Büchlein von Wilhelm Hahn: „Die Mitte der Gemeinde. Zur Frage des Gottesdienstes und des Gemeindeaufbaues", Gütersloh 1958

[6] Dazu vgl. Walter Uhsadel, in seinen Ausführungen über „Autorität ist Freiheit" in „Die evangelische Michaelsbruderschaft", Johannes Stauda Verlag, Kassel, 1981, S. 105 ff.

[7] Wilhelm Stählin, „Die Regel des geistlichen Lebens", 2. Auflage, Kassel 1950, S. 11/12. – Einer sich aus dieser weisen Ermutigung Stählins ergebenden, auch im Raume *unseres* Christseins erfahrbaren Konsequenz hat bereits Rilke in geradezu überzeitlicher Gültigkeit Ausdruck gegeben, als er schrieb: „Seid nur einen Tag unmodern, dann werdet ihr sehen, wieviel Ewigkeit ihr in euch habt." (R.M. Rilke, Tagebücher aus der Frühzeit, Leipzig 1942, S. 77)
In diesem Sinne hat Karl Heinrich Waggerl im Rückblick auf sein Lebenswerk von seinem christlich fundamentierten Schrifttum bekannt: „Ich habe nie etwas neu gesagt, ausgenommen das *Alte.*" – vgl. K. H. Waggerl, „Alles Wahre ist einfach. Ein Brevier". Herausgegeben von Lutz Besch, Salzburg, 1979, S. 39

[8] Manfred Josuttis, „Der Pfarrer ist anders": Aspekte einer zeitgenössischen Pastoraltheologie, München 1982, S. 204

[9] Aus M. Seitz, „Der Beruf des Pfarrers und die Praxis des Glaubens. Zur Frage nach einer neuen pastoralen Spiritualität," in: „Praxis des Glaubens. Gottesdienst, Seelsorge und Spiritualität", Göttingen 1978, S. 223

[10] H. J. Schultz (Hg.), „Frömmigkeit in einer weltlichen Welt", Stuttgart 1959

[11] Christhard Mahrenholz, „Grundsätze für die Weiterarbeit an der Agende". Erschienen als Sonderdruck in „Lutherische Monatshefte" Nr. 6/1968, These 1 und 3

[12] „Versammelte Gemeinde. Struktur und Elemente des Gottesdienstes. Zur Reform des Gottesdienstes und der Agende." Vorgelegt von der LLK, Januar 1974, verlegt durch das Lutherische Verlagshaus, Hamburg

[13] ebenda, Seite 5

[14] ebenda, Seite 6

[15] Frieder Schulz, „Zu Fragen der Gottesdienstreform". Zur Einführung in das „Strukturpapier" der LLK. Referat auf der 27. Sitzung der Vollkonferenz der Arnoldshainer Konferenz am 11. Juni 1974 in Berlin. Lutherisches Verlagshaus Hamburg, S. 11

[16] Erschienen in „reihe gottesdienst" 8/9 unter dem Titel „Gebete. Revidierte Gebetstexte zu Agende I." Bearbeitet von der LLK, Hamburg 1979

[17] Hilfen für dieses Gebet finden wir in den Beigaben zum Evangelischen Kirchengesangbuch (EKG) auf Seite 640

[18] Aus „Pfarrergebete zum Gottesdienst" hrsg. von der LLK. Göttingen 1950, Seite 17

[19] Der Entfaltung dieser Wahrheit und ihrer Konsequenzen hat Wilhelm Stählin in seinem Buch „Vom Sinn des Leibes", Stuttgart 1951, einen bis heute einmaligen Ausdruck gegeben.

[20] Diese Gebetshaltung war wohl in der früheren Christenheit die gebräuchlichste. Denn nur *sie* begegnet uns in der ältesten christlichen Kunst, besonders in Wandmalereien und an Sarkophagen in den Katakomben des Mittelmeerraumes. Vgl. die zahlreichen Abbildungen von Oranten in dem „Universum der Kunst", Band 1: André Grabar: „Die Kunst des frühen Christentums", München 1967

[21] Siehe: Friedrich Christoph Oetinger, „Die sämtlichen Schriften", herausg. von Karl Chr. Ehmann, Stuttgart 1958 ff. I, 3, 27 f.

[22] So Otto Dietz, „Von der Bedeutung der Orgel in der lutherischen Kirche" in „Lorenzer Orgelbüchlein", Kassel 1937, Seite 74

[23] Hierüber s. auch Seite 182f.

[24] Leider kann die für unser Christsein eigentlich selbstverständliche und unentbehrliche geistige „Beheimatung" im Gottesdienst – besonders innerhalb neuzeitlicher, volkskirchlicher Massengemeinden in großen Städten – nicht mehr so ohne weiteres vorausgesetzt werden: „Wo stets damit zu rechnen ist, daß ein großer Teil der Gottesdienstteilnehmer sich weder untereinander noch auch den Pfarrer persönlich kennt und wo zu-

gleich der Verlauf des Gottesdienstes nicht mehr allgemein bewußt und zudem örtlich, bzw. thematisch bedingten Variationen unterworfen ist, wird es als notwendig empfunden, die Teilnehmer ausdrücklich zu begrüßen und ggf. auch kurz in den Verlauf der Feier einzuführen, um so eine sonst fehlende *Atmosphäre der Gemeinschaft* erst zu schaffen." So Albert Mauder in seinem Werkheft „Eröffnung und Anrufung – Einführung und Gestaltungsbeispiele für den Eingangsteil des Hauptgottesdienstes nach der Agende", Hamburg 1978, Seite 16

[25] Vgl. dazu das zur Aufgabe der „Predigt" auf Seite 117f. Gesagte!

[26] „Freilich muß man bei solch einem verbindlichen und nicht beliebigen, bündigen und nicht geplauderten Eröffnungswort bedenken, daß das, was anschließend gesagt wird, nun *nicht* mehr den *Gesellschaftston* verträgt; es empfiehlt sich daher, gerade hier den Rat Luthers zu befolgen: „conceptis verbis" (d. h. es sollte mit vorher genau überlegten, „entworfenen Worten" gesprochen werden). Daß aus gegebenem Anlaß (liturgiefremde Gemeinde, Unfall, organisatorische Panne, Störung) das *freie* Wort unvermeidlich und notwendig, also nicht aus der Liturgie verbannt ist, sollte nicht besonders gesagt werden müssen." So Frieder Schulz in „Versammelte Gemeinde, Struktur und Elemente des Gottesdienstes, Zur Reform des Gottesdienstes und der Agende". Vorgelegt von der LLK, Hamburg 1974, Seite 26f.

[27] Siehe dazu: Erich Valentin und Friedrich Hofmann, „Die evangelische Kirchenmusik". Bosse Verlag, Regensburg, Seite 10

[28] Schönes Confitemini WA 31, I, 141, 22 ff.

[29] Christine Bourbeck, „Schöpfung und Menschenbild in deutscher Dichtung um 1940", Berlin 1947, Seite 37

[30] Um seiner grundsätzlichen Bedeutung willen sollte das „Sündenbekenntnis" mit der ihm folgenden „Gnadenverkündung" in keinem luther. Hauptgottesdienst entfallen, es sei denn, es wäre unmittelbar vor ihm ein Beichtgottesdienst gehalten worden. Es sollte auch nicht in einer (Seite 20) erwähnten möglichen „Begrüßung" mitvollzogen werden, deren liturgischer Sinn und Zweck von dem des Confiteor grundlegend verschieden ist. Wenn in Ausnahmefällen aus stichhaltigen Gründen die Liturgie gekürzt werden muß, tue man dies bei der „Begrüßung" oder dem „Eingangslied".

[31] Siehe das Lutherwort auf Seite 77

[32] Hier steht in alten Agenden die Bezeichnung „einig"; sie bedeutet nicht „einzig" im zahlenmäßigen Sinn, sondern „einzig geboren" in einem *qualitativen* Sinn, also soviel wie „einmalig in seiner Art"; Luther

übersetzt es mit „eingeboren": „Gottes eingeborener Sohn" ist also der in Gottes Person seiende, in ihr lebende, mit ihr *ein* Wesen bildende Sohn. Vgl. das Wort Jesu: „Ich und der Vater sind eins" (Joh. 10, 30). Darüber sollte die Gemeinde bei passenden Gelegenheiten immer wieder einmal *belehrt* werden. Wenn man sich dieser Mühe dadurch entziehen zu können meint, daß man das Wort „eingeboren" an dieser Stelle einfach wegläßt oder überhaupt aus der Liturgie verbannt, so ist das nicht zu rechtfertigen gegenüber einer Gemeinde, die mit der gesamten Christenheit auf Erden ihren *„apostolischen"* Glauben an die Fülle der Gnaden bekennt, die sie *dem* verdankt, der „aus dem Vater geboren" ist „vor aller Zeit" (Vgl. Nicaenum, S. 98). Jedenfalls der Ausdruck „einziger Sohn" ist sprachlich falsch und sachlich irreführend.

[33] Vgl. Friso Melzer, „Der christliche Wortschatz der deutschen Sprache", Lahr 1931, S. 453

[34] EA 21, 16, 20

[35] Zu ersehen z. B. schon a. d. 1. Apologie d. Justinus Martyr, geschrieben zw. 150 und 155, Kap. 65, u. a.

[36] WA 28, 78, 13

[37] s. Beichtspiegel nach den zehn Geboten im Gebetsteil des EKG

[38] Über die Beichte siehe den Abschnitt „Beichte und Abendmahl", Seite 152 ff.

[39] Wilhelm Stählin in „Liturgie, was ist das eigentlich?", München 1975, Seite 3

[40] Hartmut Loewe in „Das Fest, das Gottesdienst heißt", Quatember 1978, Heft 1, Seite 125

[41] So Josef Pieper in seinem Buch „Zustimmung zur Welt. Eine Theorie des Festes", 2. Auflage, München 1964, S. 52

[42] Vgl. Ernst Lange „Chancen des Alltags, Überlegungen zur Funktion des christlichen Gottesdienstes in der Gegenwart", Stuttgart-Gelnhausen, 1965

[43] „Wie eine programmatische Zusammenfassung seines Lebenswerkes ist der berühmte Zettel, den man nach Luthers Tode fand und der seine letzte Aufzeichnung enthielt: ... ‚die Heilige Schrift meine niemand genug geschmeckt zu haben, er habe denn 100 Jahre lang mit Propheten wie Elias und Elisa, Johannes dem Täufer, Christus und den Aposteln die Gemeinde regiert ... neige dich tief anbetend vor ihren Spuren! Wir sind Bettler – das ist wahr.'" Hanns Lilje, „Luther", Nürnberg 1946, Seite 133

[44] R. Mohr, „Fest der Bettler", Deutsches Pfarrerblatt 1973, Seite 354 f.

[45] In Justins Erster Apologie, griechischer Text bei J. Quasten, „Monumenta eucharistica et liturgica vetustissima", Bonn 1935/37, S. 13–21

[46] s. auch Seite 25; vgl. Luther in der Auslegung d. 1. Petrusbriefes: „Ein Evangelium aber heißt nichts anderes als ein Predigt und Geschrei von der Gnad und Barmherzigkeit Gottes, durch den Herrn Christum mit seinem Tod verdienet und erworben; und ist eigentlich nicht das, das in Büchern steht und in Buchstaben verfasset wird, sondern mehr eine mündliche Predigt und *lebendiges* Wort und eine *Stimme,* die da in die ganze Welt erschallet und öffentlich wird ausgeschrien, daß mans überall höret." EA 51, 326

[47] Luther in „Wider die himmlischen Propheten. Von den Bildern und Sakrament" 1525, EA 29, 284

[48] „Sermon von dem Neuen Testament, d. i. von der heiligen Messe" 1520, EA 27, 148

[49] Adolf Köberle, „Wort, Sakrament und Kirche im Lutherischen Christentum", Gütersloh 1934, Seite 28

[50] Luther „Deutsche Messe und Ordnung des Gottesdienstes" 1526, EA 22, 226 ff. – vgl. Kommentarausgabe in Otto Dietz, „Luthers Liturgische Schriften", München 1950

[51] vgl. Paul Graff, „Geschichte der Auflösung der alten gottesdienstlichen Formen in der evangelischen Kirche Deutschlands", 1. Bd., 2. Auflage 1937, 2. Bd. 1939 Göttingen. Dieses Werk ist bis heute unübertroffen!

[52] Wilhelm Löhe, „Agende für christliche Gemeinden des lutherischen Bekenntnisses", Nördlingen, 1844, Vorrede Seite 6

[53] Karl Barth, „Gotteserkenntnis und Gottesdienst nach reformatorischem Verständnis", Zollikon 1938, Seite 199

[54] H. W. Heidland, „Wesen und Wert des Gottesdienstes" in „Mitteilungen" hrsg. v. Evangelischen Oberkirchenrat, Karlsruhe 1974, Nr. 6, Seite 16 f.

[55] Neben diesen Hauptgottesdiensten mit Predigt und hl. Abendmahl sollte das *Sakrament jeden Sonntag* auch nach sakramentlosen Hauptgottesdiensten angeboten werden. Diese *Hauptgottesdienste ohne eingeschlossene Abendmahlsfeier* verlaufen auch nach der in diesen Blättern erläuterten Form und werden lediglich nach dem Allgemeinen Kirchengebet in der üblichen Weise geschlossen. Selbstverständlich muß es in der lutherischen Kirche auch *reine Predigtgottesdienste* (ohne entfaltete Liturgie) geben; diese Gottesdienstform wird aber in der lutherischen Kirche nicht als „Hauptgottesdienst" bezeichnet.

[56] Werner Jetter in „Symbol und Ritual", Göttingen 1978, Seite 145

[57] vgl. Balthasar Fischer, „Die Psalmenfreudigkeit der Märtyrerkirche", Freiburg 1949

[58] Martin Luther, Vorrede zum Psalter, EA 63, 27 ff.

[59] Aus Dietrich Bonhoeffers letzter Schrift „Das Gebetbuch der Bibel – Eine Einführung in die Psalmen", Stuttgart, 2. Auflage 1975, Seite 17 f.

[60] z. B. in den von Jörg Zink übertragenen Psalmen in „Er wird meine Stimme hören", Stuttgart 1967, Vorwort Seite 5/6

[61] Luther, WA Tischreden Nr. 2545 b

[62] Luther, 2. Psalmenvorlesung WA 5, 89

[63] Luther, WA 54, 34, 2

[64] Luther, „Formula missae" 1522, WA 208f., aus dem Lateinischen übersetzt in „Martin Luther, Liturgische Schriften", bearbeitet und erläutert von Otto Dietz, München 1950

[65] *Darum* heißen die Sonntage in der Passionszeit:
„Estomihi" nach Ps. 71, 3: *„Sei mir* ein starker Hort"
„Invokavit" nach Ps. 91, 15: *„Er rief* mich an"
„Reminiscere" nach Ps. 25, 6: *„Gedenke,* Herr, an deine Barmherzigkeit"
„Okuli" nach Ps. 25, 15: *„Meine Augen* sehen stets zum Herrn"
„Laetare" nach Sach. 2, 14; Jes. 66, 10: *„Freue dich,* Jerusalem"
„Judika" nach Ps. 43, 1: *„Richte mich,* Gott!"
(„Palmarum" wird ausnahmsweise nach dem Inhalt seiner Evangeliumslesung benannt.)
und die der nachösterlichen Freudenzeit:
„Quasimodogeniti" nach 1. Petr. 2, 2: *„Als die neugeborenen Kinder"*
„Misericordias Domini" nach Ps. 33, 5: *„Der Barmherzigkeit des Herrn* ist voll die Erde"
„Jubilate" nach Ps. 66, 1: *„Jauchzet Gott, alle Lande"*
„Cantate" nach Ps. 98, 1: *„Singet* dem Herrn ein neues Lied"
„Rogate" nach Joh. 16, 24: *„Bittet,* so werdet ihr nehmen"
„Exaudi" nach Ps. 27, 7: *„Erhöre,* Herr, meine Stimme"

[66] Im EKG Seite 24* bis 61* werden 27 verschiedene Introiten, auf das Kirchenjahr verteilt, angeboten. Für die Gottesdienste sind ihre Nummern jeweils an den Tafeln anzuschlagen.

[67] Wilhelm Stählin, „Vergessenes Erbe", Kassel 1975, Vorwort, Seite 7

[68] „Kleines Kantionale Band I zum Gebrauch in der Evang.-Luth. Kirche in Bayern", München, 3. Auflage 1980, hrsg. v. Evang.-Luth. Landeskirchenrat, bearbeitet von Johannes G. Mehl

[69] Die ökumenische Fassung des Gloria patri in einer gemeinsamen Übersetzung aller deutschsprachigen Kirchen von 1971 lautet:
„Ehre sei dem Vater und dem Sohn und dem Heiligen Geist, wie im Anfang so auch jetzt und alle Zeit und in Ewigkeit. Amen."
Begründung und Erläuterung dieser Fassung bei:
Otto Dietz, „Ökumenische Neuübersetzung weiterer gottesdienstlicher Texte" in „Gottesdienst und Kirchenmusik", Heft 4, 1972, Seite 130.
Dazu auch in W. Beinert, K. Hoffmann und H. von Schade: „Glaubensbekenntnis und Gotteslob der Kirche", Einsiedeln – Zürich und Freiburg – Wien 1971, Seite 29 f.

[70] Jörg Zink im Vorwort zu den von ihm unter dem Titel „Er wird meine Stimme hören" übertragenen Psalmen des Alten und des Neuen Testamentes, Stuttgart 1967, Seite 5/6

[71] J. A. Jungmann, „Der Gottesdienst der Kirche", Innsbruck 1955, Seite 44

[72] Alexander Völker, „Lebendige Liturgie – Materialien für den Dienst in der Evangelischen Kirche von Westfalen", Reihe A, Heft 3, Bielefeld 1975, Seite 49f.

[73] Wilhelm Löhe, „Agende für christliche Gemeinden des lutherischen Bekenntnisses I", Nördlingen 1853, Seite 30

[74] Über diese siehe Anmerkung 83

[75] Die ökumenische Fassung der gemeinsamen Übersetzung aller deutschsprachigen Kirchen (1972) lautet:
„Ehre sei Gott in der Höhe
und Friede auf Erden
den Menschen seiner Gnade."
s. dazu Otto Dietz, „Ökumenische Neuübersetzung weiterer gottesdienstlicher Texte" in „Gottesdienst und Kirchenmusik" Nr. 4, 1972, Seite 127 – dazu auch in dem unter Anm. 69 genannten „Glaubensbekenntnis und Gotteslob der Kirche" Seite 24ff.

[76] Zu dem Wort „eingeborener" Anm. 32

[77] Die ökumenische Fassung der gemeinsamen Übersetzung aller deutschsprachigen Kirchen 1971 lautet:
„Wir loben dich,
wir preisen dich,
wir beten dich an,
wir rühmen dich und danken dir,
denn groß ist deine Herrlichkeit:
Herr und Gott, König des Himmels,
Gott und Vater, Herrscher über das All,

Herr, eingeborener Sohn, Jesus Christus,
Herr und Gott, Lamm Gottes, Sohn des Vaters,
du nimmst hinweg die Sünde der Welt:
erbarme dich unser;
du nimmst hinweg die Sünde der Welt:
nimm an unser Gebet;
du sitzest zur Rechten des Vaters:
erbarme dich unser.
Denn du allein bist der Heilige,
du allein der Herr,
du allein der Höchste:
Jesus Christus,
mit dem Heiligen Geist,
zur Ehre Gottes, des Vaters, Amen."

Begründung und Erläuterung dieser Fassung s. bei Otto Dietz, „Ökumenische Neuübersetzung weiterer gottesdienstlicher Texte" in „Gottesdienst und Kirchenmusik" Heft 4, 1972, Seite 127; dazu auch in dem unter Anm. 69 genannten „Glaubensbekenntnis und Gotteslob der Kirche", Seite 56ff.

78 Vgl. Albert Mauder „Feiernde Gemeinde" Heft 3 „Eröffnung und Anrufungen", Hamburg 1978, Seite 12

79 So Alexander Völker in „Lebendige Liturgie. Zum Gottesdienst in überlieferter und in besonderer Gestalt", Materialien für den Dienst in der Evangelischen Kirche von Westfalen, Heft 3, 1975, Seite 27

80 „Martin Luther, Geistliche Lieder" bearbeitet und erläutert von Otto Dietz, München 1950, Seite 26 u. 88

81 Luther, Römerbrief-Vorlesung II, 213, 23

82 Wilhelm Stählin, „Liturgie, was ist das eigentlich?" München 1978, Seite 8f.

83 Unsere Gottesdienstordnung bietet drei Fassungen des „Kyrie" an: die uns geläufige von Straßburg 1525, Ges. Buch Seite 14*ff., dann eine sehr schöne altkirchliche Weise, Ges. Buch Seite 62*ff. und die schlichteste Form aus Martin Luthers „Deutsche Messe" von 1526, Ges. Buch Seite 24*f.; 32*f., 36*f., die sich um ihrer ernsten Nüchternheit willen wohl am besten für die sog. „geschlossenen" Zeiten des Kirchenjahres eignet. Darunter versteht man die Advents- und die Fastenzeit. In diesen Wochen blieb das Kirchengebäude für Feiern im festlichen „Gepränge", z. B. Trauungen, „geschlossen". Der 1. Advent ist von dieser „Sperre" ausgenommen, da er in der lutherischen Kirche festlichen Charakter hat. Dagegen haben wir heute, in einer Zeit, in der das öffentliche Leben

im Zeichen eines rastlosen vorweihnachtlichen Betriebes steht, allen Grund, die Zeit vom 2. Advent bis zum 4. Advent als „Rüstzeit" zu begehen. In diesen Wochen (2.–4. Advent und Passionszeit) unterbleibt sinnvollerweise auch das „Gloria in Excelsis".

[84] Der lateinische Ausdruck für „danksagen" heißt „gratiam referre", d. h. „die Gnade (Gott dem Herrn) zurücktragen".

[85] Siehe „Pfarrergebete zum Gottesdienst" erarbeitet v. d. LLK, Göttingen 1930

[86] Vgl. dazu die Ausführungen über den „Segen", Seite 230ff.

[87] Reinhard Mumm in „Quatember", Heft 1, 1978, Seite 78

[88] Wilhelm Löhe, „Agende für christliche Gemeinden des lutherischen Bekenntnisses", 1. Teil, 2. Aufl. Nördlingen 1853, Seite 83

[89] siehe Sacramentarium Gelasianum, Ausgabe v. L. C. Mohlberg, Rom 1960 I, 20, 22 oder Sacramentarium Gregorianum, hrsg. von D. Hans Lietzmann, Münster 1958, 3, 1 (4, 1) u. a.

[90] Christian Zippert, „Nachdenken vor Gott", Kassel 1969, Seite 39

[91] Enders, „Luthers Briefwechsel" 12, 39f., 6. 2. 1540

[92] vgl. dazu außer den schon genannten Schriftworten: Ps. 91, 14; Ps. 145, 19; 1. Joh. 5, 14f.; Joh. 14, 13f.; 15, 14; 16, 23f.; auch Matth. 18, 19

[93] Karl Barth, Aus einem Brief, 1965

[94] Enders, „Luthers Briefwechsel", 13, 28, Luther an Melanchthon 1540

[95] J. Andr. Jungmann, „Missarum solemnia" Bd. I, Wien 1948, Seite 461

[96] J. Andr. Jungmann, ebenda

[97] vgl. P. Althaus d. Ä. „Forschungen zur evang. Gebetsliteratur" 1927, S. 167: „Collecta dicitur oratio, in qua sacerdos totius populi vel ecclesiae necessitates et pericula seu vota et desideria, quasi collecta, deo repraesentat" (lateinisch; deutsch: „Kollekte nennt man ein Gebet, in dem der Priester die Bedürfnisse, Nöte, Gelübde, Bitten des ganzen Volkes oder der ganzen Kirche, gleichsam zusammengesammelt, vor Gott bringt.")

[98] J. Kulp, „Der Gottesdienst an Sonn- und Feiertagen", 1949, Seite 290

[99] vgl. Luthers „Kleiner Katechismus" 1529, EA 21, 21 f. abgedruckt i. EKG Seite 658 und 663f.

[100] Es gibt zweifellos in unseren Gemeinden ein Verlangen gar nicht weniger Gemeindeglieder, auch im Gemeindegottesdienst frei und laut

beten zu können. Sie sind wie alle Beter der Kirche je und je darauf hinzuweisen, daß bei ihrem Beten immer der anwesende Herr Christus unser Gegenüber ist. Das Gebet darf nicht zum horizontalen Dialog werden, bei dem man „im Glauben, zu Gott zu sprechen" in Wirklichkeit seine eigenen Ideen weitergibt. Je weniger Worte gesprochen werden, um so besser dürfte es sein. Wie solchem Verlangen der Gemeinde im Rahmen des Allgemeinen Kirchengebetes stattgegeben werden könnte, darüber Seite 136f.

[101] Wilhelm Stählin, „Mit der Kirche beten – was ist das?" Kassel 1949, Seite 12/13

[102] Evangelischer Gemeindekatechismus, Gütersloh 1979, (Seite 371/72) – vgl. dazu Luther „Ein Sermon am Gründonnerstag" 1523 in WA 12, 476ff. – dazu WA 7,25: *„Hier hebt sich nun an der fröhliche Wechsel* und Streit. Dieweil Christus ist Gott und Mensch, welcher noch nie gesündigt hat und seine Frömmigkeit unüberwindlich, ewig und allmächtig ist, so er denn der gläubigen Seelen Sünd durch den *Brautring, das ist der Glaub,* ihm selbst eigen macht und nit anders tut, denn als hätt er sie getan; so müssen die Sünden in ihm verschlungen und ersäuft werden. Denn sein unüberwindlich Gerechtigkeit ist allen Sünden zu stark. Also wird die Seele von allen ihren Sünden geläutert durch den Mahlschatz, das ist des Glaubens halber ledig und frei und begabt mit der ewigen Gerechtigkeit ihres Bräutigams Christi."

[103] Otto Dietz, „Kollektengebete 1 u. 2" i. reihe gottesdienst, Heft 1 und 2, Hamburg 1970 u. 1971;
außerdem reihe gottesdienst 8/9 „Gebete, Revidierte Gebetstexte zu Agende I", hrsg. v. d. LLK, Hamburg 1979, Seite 9–58

[104] siehe dazu die Weisung i. 2. Buch der „Apostolischen Constitutionen" (Ende d. 4. Jh.): „Das Kirchengebäude sei langgestreckt, so daß es einem Tempel gleicht, nach Osten gerichtet." (Ulrich Altmann, „Hilfsbuch zur Geschichte des christlichen Kultus", 1. Heft, Seite 35, Berlin 1941) vgl. dazu S. 186

[105] Für die *Gebetswendung nach Osten* findet sich ebenfalls ein Beleg im 2. Buch d. Apostolischen Constitutionen (s. Anm. 104): „Sodann sollen alle zusammen aufstehen, nach Osten schauen und beten zu Gott, ‘der auch im Himmel der Himmel schreitet von Osten‘ (vgl. Ps. 68, 34), indem sie sich auch der alten Weide des gen Osten gelegenen Paradieses erinnern." (s. in dem Anm. 104 genannten Buch, Seite 35)

[106] Dazu lese man: Otto Nußbaum, „Der Standort des Liturgen am christlichen Altar vor dem Jahre 1000. Eine archäologische und liturgie-

geschichtliche Untersuchung" I. Teil Text, II. Teil Abbildungen und Tafeln, Bonn 1965

107 Luther, „Deutsche Messe und Ordnung des Gottesdienstes" 1526, EA 22, 238 – Kommentarausgabe von Otto Dietz in „Luthers Liturgische Schriften", München 1950, Seite 41

108 Die *Farben des Kirchenjahres,* die sog. fünf „liturgischen Farben", sind:

Violett für die früher für „öffentliche Lustbarkeiten" „geschlossenen Zeiten": Advents- u. Fasten- (oder Passions-)Zeit, sowie für den Bußtag;

Weiß vor allem für alle Christusfeste: Weihnachten, Osterzeit, Himmelfahrt;

Rot für das Pfingstfest und alle von der Existenz der Kirche kündenden Gottesdienste;

Grün für die Epiphanias-, Vorfasten- und Trinitatis-Zeit;

Schwarz für Karfreitag und Totengedächtnis.

Auch die *Farbe*, diese wunderbare Gabe der Natur, darf im Raum der Kirche ein erzählender Hinweis werden auf das, was Gott an unserer Seele getan hat (Ps. 66/16). Darum trägt man auch bis heute in den christl. Kirchen in aller Welt *liturgische Gewänder* in den Farben des Kirchenjahres. Sie wurden in den protestantischen Kirchen während der Zeit des Rationalismus von schwarzen Talaren verdrängt, kommen aber in unseren Tagen mit Recht wieder mehr und mehr in Gebrauch. Schwarz ist die Farbe der Nacht und entspricht nicht der Verkündigung der *„frohen* Botschaft" Gottes. Luther trug lediglich zur Predigt den schwarzen Rock eines theol. Universitätsprofessors, zu allen anderen gottesdienstlichen Handlungen aber stets die Gewänder der alten Kirche.

109 Martin Luther, „Vorrede zum Alten Testament" EA 63,8

110 vgl. zu diesen Gedanken über die „Gott-ist-tot-Theologie" die Ausführungen von Heinz Zahrnt in seinem Buch „Gott kann nicht sterben – Wider die falsche Alternative in Theologie und Gesellschaft", München 1970

111 Luther, Predigt am 2. Advent 1531, WA 34 II 487

112 Gerhard Kunze in „Leiturgia", Handbuch des evangelischen Gottesdienstes, Band II, Kassel 1955, Seite 102

113 Luther, Predigten über das 1. Buch Mose, 1523–1524, WA 14, 386

114 Luther, EA 20, II (2. Aufl.) Seite 220

115 Rudolf Spieker, „Die Lesung für das Jahr der Kirche", Kassel 1936, in „Die Evangelische Michaelsbruderschaft", Kassel 1981, Seite 52

116 Luther, „Deutsche Messe und Ordnung des Gottesdienstes" 1536 –

EA 22, 235; Kommentarausgabe in „Luthers liturgische Schriften" von Otto Dietz, München 1952, Seite 34

[117] vgl. das von Luther zusammengestellte „Register über die Episteln und Evangelien an den Sonn-, Fest-, Wochen- und heiligen Tagen des Kirchenjahres" 1524, EA 63, Seite 170 ff.

[118] Luther, EA 1–6

[119] G. Thomasius, „Das Wiedererwachen des evangelischen Lebens in der lutherischen Kirche Bayerns", Erlangen 1867

[120] Während sich die christlichen Gemeinden des Abendlandes über Jahrhunderte hin an die *gleiche* Leseordnung gehalten hatten, wurde diese in unserer Zeit sowohl in der röm.-kath. wie in der evang. Kirche einer Überprüfung unterzogen, die schon längst fällig war. Evangelischerseits geschah dies in jahrzehntelanger Arbeit durch die LLK. Dabei wurden unmotivierbare Perikopenverdoppelungen beseitigt. Ferner wurden Schriftabschnitte, die ohne eine theologisch-seelsorgerliche Auslegung nicht verständlich waren, durch „eingängigere" ersetzt. Umgekehrt wurden solche, die bisher nur als *Predigt*texte Verwendung fanden, uns aber doch um ihres wichtigen Inhalts willen fortgesetzt begleiten sollten, in den Jahresturnus der *Lese*–Perikopen eingegliedert. An zu umfangreichen Epistel-Texten wurden zum Zweck ihres leichteren Verständnisses Kürzungen vorgenommen. Auf vielseitigen Wunsch wurde auch nach altkirchlicher Tradition (s. Seite 86) wieder für jeden Sonntag *eine alttestamentliche Lesung* bereitgestellt. Während diese zunächst im röm.-kath. Wortgottesdienst als erste Lesung der Epistel und dem Evangelium vorangeht, ist bei uns *nicht* an eine *dritte* Lesung gedacht; vielmehr wird die alttestamentliche Lesung nur als evtl. Ersatz für die dann wegfallende Epistel angeboten.

Näheres über die Geschichte und Neubearbeitung der liturgischen Lesungen vgl. „Perikopen – Gestalt und Wandel des gottesdienstlichen Bibelgebrauchs" im Auftrag d. LLK herausgegeben von Herwarth von Schade und Frieder Schulz, reihe Gottesdienst, Heft 11, Hamburg 1978. Ferner: Herwarth von Schade, „Perikopenrevision in Deutschland" i. „Jahrbuch für Liturgie und Hymnologie" 22. Bd., 1977 Seite 100–114

[121] Zur Vorbereitung auf ein rechtes Hören der gottesdienstlichen Lesungen sollten wir sie schon *vor* dem Gottesdienst vielleicht am Samstagabend zu Hause einmal lesen. Ihre Fundstellen sind in dem „Liturgischen Kalender für das Kirchenjahr" im Anhang unseres Gesangbuches zu finden. Durch jene Übersicht ist auch die Vertiefung in diese Schriftabschnitte an den Werktagen möglich gemacht.

[122] Das erste römische Lektionar „wird nach einstimmiger, wenn auch

spät auftauchender Tradition dem Kirchenvater Hieronymus (340–420) zugeschrieben.“ Rietschel/Graff in „Lehrbuch der Liturgik“ Göttingen 1951, Seite 191

[123] Der Norden ist nach biblischer Anschauung die sonnenlose Himmelrichtung, die Seite der Mitternacht (Jes. 43, 6 u. a.), „die Region, von wo Erstarrung (Sir. 43, 12), Unglück und Verwüstung (Jes. 14,31; Jer. 4,6; vgl. Guil Durandus, Rationale divinorum officium, Lyon 1951) kommen.“ So Ludwig Eisenhofer, „Grundriß der Liturgik des römischen Ritus“ 5. Auflage, Freiburg 1950, S. 198. Aber gerade in die *Nachtseite* unseres Lebensraumes soll die Botschaft dringen: „Das Licht scheint in der Finsternis.“ (Joh. 1,5)

[124] Dazu Friedrich Kalb „Grundriß der Liturgik“ München 1945, Seite 218: „Ist kein Lesepult vorhanden, so können bei geringer Entfernung der Kanzel vom Altar die Lesungen von der Kanzel aus erfolgen. Die Lesung vom Altar aus ist eine Notlösung. Auch im Falle dieser „Notlösung“ sollten die Lesungen vor den Stufen des Altars seitlich rechts bzw. links, keinesfalls aber von der Mitte aus erfolgen, denn „in der Mitte steht der Gekreuzigte“.

[125] Das liturgische Formular für die „Einführung eines Kirchenmusikers, Lektors, Katecheten und Küsters“ findet sich in der „Agende für Evangelisch-Lutherische Kirchen und Gemeinden“ Band IV, 2. Auflage, Hamburg 1968, Seite 131 ff.

[126] Emanuel Hirsch, „Luthers Deutsche Bibel“, München 1928, Seite 44

[127] Luther, EA 22, 237 ff. – Luthers „Regulae“ und „Exempla“ für den Gesang der Lesungen sind dargestellt in Otto Dietz, „Luthers Liturgische Schriften“, München 1954, Seite 35 ff.

[128] Berichtet von Johann Walter, der am musikalischen Teil von Luthers „Deutsche Messe“ 1536 mitgearbeitet hat; überliefert durch M. Praetorius, Syntagma Musicum I, Wittenberg 1515

[129] Vollständiger Titel: „Lektionar für Evangelisch-Lutherische Kirchen und Gemeinden. Neue Ausgabe – Probetext –“ im Auftrag der Generalsynode der Vereinigten evangelisch-lutherischen Kirche Deutschlands, herausgegeben vom Luth. Kirchenamt in Verbindung mit einer Arbeitsgruppe und der LLK, Hamburg 1978

[130] *Neue Bibelübersetzungen* (von Jörg Zink, von Wilckens, Bruns, Jens, Riethmüller, das NT 75, „Gute Nachricht“ 1968, die ökumenische Einheitsbibel 1981, u. a.) reichen an die Sprach- und Aussagekraft des Luthertextes zwar nicht heran, bringen aber gelegentlich den Inhalt der Textstelle klarer zum Ausdruck und „kommen“ wegen ihrer Nähe zur

heutigen Umgangssprache beim Leser schneller „an". Darum muß aber ihre *gottesdienstliche* Verwendbarkeit auf die Dauer in Zweifel gezogen werden, erst recht da, wo eine Gemeinde das Bibelwort ausschließlich nur in neuer Übersetzung geboten bekommt. „Der Dauergebrauch wechselnder neuer Texte macht eine Orientierung der Gemeinde an der Kirchenbibel unmöglich und stellt den Text allzusehr in das Belieben des Pfarrers ... Es gibt gute Gründe dafür, daß die Lesung der Bibel in *Luthers Übersetzung für den gottesdienstlichen Gebrauch die Regel* bleibt. Die Gemeinde hat ein Recht darauf, das Schriftwort in der ihr vertrauten Sprachgestalt zu hören und durch sie dessen, was ‚geschrieben steht' erinnert zu werden." (Alexander Völker, „Lebendige Liturgie" i. d. Reihe „Materialien für den Dienst in der Evang. Kirche von Westfalen", Reihe A, Heft 3, Seite 30 und 33.) – Die unter Anmerkung 129 genannte, 1978 erschienene *„neue Ausgabe" des „Lektionars* für Evangelisch-Lutherische Kirchen und Gemeinden" ist nur als „Probetext" zu bewerten, vor allem weil in ihr die neutestamentlichen Abschnitte in der Textfassung des sog. „Luth.-NT 75" abgedruckt sind. Diese Übersetzung des Neuen Testamentes erscheint für den Gebrauch im Gottesdienst ungeeignet, weil ihre Bearbeiter das eigentliche „Geheimnis von Luthers deutscher Bibel", nämlich die tiefe Einheit zwischen dem Sinn eines Wortes im griechischen Urtext und dem „Klangleib" seiner Verdeutschung, nicht wiederzugeben vermochten. Erfreulicherweise hat die Synode der Evang. Kirche in Deutschland auf ihrer Tagung am 5. November 1981 dem mehrfach an sie herangetragenen Wunsche zugestimmt, die unbefriedigende Revision des *„Neuen Testaments von 1975"* von einer neuen aus Theologen und Germanisten bestehenden Kommission *„gründlich überarbeiten"* zu lassen. Ihre Arbeit soll im Laufe des „Lutherjahres 1983" vorgelegt werden.

Man lese zu den keineswegs nur sprach-reformatorischen Fragen und Nöten, Grundsätzen und Aufgaben des Unternehmens einer zeitgemäßen Lutherbibel die vorzüglichen und immer noch hilfreichen Ausführungen von Emmanuel Hirsch in „Luthers Deutsche Bibel, einen Beitrag zur Frage ihrer Durchsicht", München 1928

[131] Nach einer Notiz aus dem Rundfunkvortrag von Johann Christoph Hampe „Welche Bibel brauchen wir?" im Süddeutschen Rundfunk, UKW 2, am 21.8.1966

[132] Auf die Nennung des Sonntagsnamens sollte nicht verzichtet werden; sie erinnert die Gemeinde an das „Leben im Kirchenjahr".

[133] Eine Angabe der Verse erscheint unnötig, weil die Gemeinde sie

sich doch nicht merken kann. Sie ist im „Liturgischen Kalender" (EKG, S. 716) zu finden.

[134] vgl. dazu Friedrich Kalb in seinem sehr wichtigen Aufsatz „Laßt Agende I nicht versteinern", i. „Gottesdienst und Kirchenmusik" 1978, Seite 9: "Es kann durchaus gut und notwendig sein, wenn ein Schriftabschnitt, der aus einem größeren Sinnzusammenhang herausgelöst ist, mit einer kurzen Vorbemerkung eingeleitet wird, die das Verständnis der Lesung erleichtert. Dieses *Präfamen* (Vor-Wort) will wohlüberlegt sein, wenn es konzentrierte Hinführung zum Text sein soll. Präfamina, die keine Inhaltsangabe sein dürfen, könnten für viele Lektionen allgemeingültig formuliert und zum allgemeinen Gebrauch angeboten werden."

[135] Hermann Friedrich Kohlbrügge, „Wozu das Alte Testament?" Amsterdam 1855, Seite 17

Dazu Luther: „Unsere Religion ist keine andre als die Adams, Abrahams und der andren Erzväter (TR 1142; WA 44, 698, 40; 14, 181, 9). Adam ist ein Christ gewesen, denn er hat den Glauben gehabt, den wir haben (WA 24, 99, 31). Abraham war ein rechter, ja vollkommener Christ, er hat ganz evangelisch gelebt im Geist Gottes und Glauben (WA 24, 303, 33; 14, 252, 26) (Isaak: 43, 483, 17). Elieser war ein guter Knecht und Christ (WA 14, 315, 6). David hatte denselben Christus im Zukünftigen wie wir in der Gegenwart (WA 40, 2, 403, 12). Das Kreuz Christi begegnet überall in der Schrift (WA 3, 63, 1)." Aus: Hans Preuß, „Martin Luther. Der Christenmensch", Gütersloh 1942, Seite 123

[136] Schon Bischof Amalarius von Metz (gest. 837) kennt den Jubilus (=Jubelgesang) beim Halleluja in der Messe (De ecclesiae officiis III, 16; Migne P. L. 105, 1121) und Pseudoalcuin 11. Jhdt. (De divinis officiis I. 35; Migne P. L. 101, 108) bezeichnet auch die Natur des Halleluja als „Jubili". Das Singen der Christenheit wurde aufgrund der von ihr verkündeten Freudenbotschaft (Christi Ostersieg!) als ein *Jubilieren* empfunden. So schrieb auch z. B. Rupert von Deutz (gest. 1135) „Jubilamus magis quam cantamus (lat.; deutsch: „Wir jubilieren mehr als wir singen" in De divinis officiis I, 35). Das müßten *unsere* Herzen eigentlich *auch* können und in „unserem Gottesdienst" *tun*.

[137] Joh. Andr. Jungmann, „Missarum sollemnia". Wien 1948, Bd. I, S. 531

[138] EA Va VII, 7. Aufgrund seines Freuden- und Jubelcharakters ist es eine gute frühchristliche Ordnung, daß das Halleluja im Gottesdienst in der Passionszeit (also vom Sonntag Septuagesimae bis Karsamstag), sowie an Buß-, Bitt- und Trauertagen fortfällt. Gerade wenn es in den Wochen vor Ostern so lange verstummt war, wird sein Jubel in der Feier der

Osternacht oder am Ostersonntag wieder mit um so tieferer Freude dargebracht werden. Die Passionszeit führt uns in einer gewissen liturgischen Steigerung „hinauf gen Jerusalem“ (Mark. 10,33). Von Septuagesimae an schweigt das Halleluja, von Aschermittwoch an das Gloria in excelsis (gleichzeitig werden die violetten Paramente aufgelegt) und von Judika an auch das Gloria patri. Diese alte sinnvolle kirchenmusikalische Symbolik des Kirchenjahres sollten wir beachten und pflegen.

[139] Zur Ausführung des Halleluja mit einem Chor liegt vor: „Kleines Kantionale zum Gebrauch in der Evangelisch-Lutherischen Kirche in Bayern“, bearbeitet von Johannes Mehl, 3. Auflage, München 1980

[140] So Alexander Völker in „Lebendige Liturgie“ in „Materialien für den Gottesdienst in der Evangelischen Kirche von Westfalen“, Reihe A, Heft 3, Bielefeld 1975, Seite 30

[141] Das jeweilige Lied der Woche bzw. des Tages ist im „Liturgischen Kalender für das Kirchenjahr“ im Anhang unseres EKG S. 716 angegeben.

[142] EA 67, 309

[143] EA 67, 311

[144] WA 54, 34, 2

[145] Joh. Andr. Jungmann, „Missarum sollemnia“, Bd. I, S. 545, Wien 1948 – Die ältesten Zeugnisse für das Evangelium als Lesung bei Theodor Zahn, „Geschichte des Neutestamentlichen Kanons“ II, Erlangen 1890, 380, Anm. 2

[146] Vgl. Remigius von Auxerre, „Expositio“ (Migne, P.L. 101, 1250, A)

[147] Rupert von Deutz (gest. 1135) „De divinis officiis“ 1, 37 (Migne P. L. 170)

[148] Hieronymus „Contra vigilantium“, cap. 7 (Migne P. L. 23, 347)

[149] Das Wort „Symbol“ kommt v. d. griechischen Zeitwort „symballein“, d. h. „zusammenwerfen“, „zusammenfügen“; das Gegenteil „diaballein“ bedeutet „auseinanderreißen“, „durcheinanderbringen“. Deshalb bezeichnet das Neue Testament den Teufel als „Diabolos“, den „Durcheinanderwerfer“ (Matth. 4, 1–11, u. a.)

„Ein gutes Beispiel für die Bedeutung der Vokabel „symballein“ ist ihr Gebrauch in Luk. 2, 19: „Maria aber bewahrte alle diese Worte und bewegte (erwog) sie in ihrem Herzen“ (sie fügte in ihrem Herzen eigentlich Getrenntes, aber Zusammengehöriges zusammen: Göttliches und Menschliches, Offenbarung und Erfahrung).“ – Gerd Heinz Mohr in „Lexikon der Symbole“, Düsseldorf – Köln 1976, 4. Aufl., Seite 9
Hans Otto Müller, „Die Eigenart des Auftrages“ in den Lutherischen

Monatsheften 1975/2, Seite 77: „Die Sprache der Symbole ist eine Brükke."

Werner Jetter, „Symbol und Ritual – Anthropologische Elemente im Gottesdienst", 1978, Seite 66: „Sie sollen als Brücke dienen, die unsere Gedanken und Vorstellungen zu einem Ufer leitet, dessen Konturen sich immerhin schon abzeichnen und in ein Land verweisen, das sich offen und weit dahinter erstreckt."

[150] Luther, „Formula missae et communionis pro ecclesia Wittenbergensis", 1523, EA Va 7, Seite 7

[151] Luther, „Eine Weise, christliche Messe zu halten", 1524, WA XII, 28, 5ff. – vgl. „Martin Luther, Liturgische Schriften", bearbeitet u. herausgegeben von Otto Dietz, München 1950, Seite 15

[152] Werner Jetter, „Symbol und Ritual. Anthropologische Elemente im Gottesdienst", Göttingen 1978, Seite 164

[153] Wilhelm Stählin, „Vom Sinn des Leibes", Stuttgart 1952, Seite 133/134

[154] Paul Althaus, „Das Wesen des evangelischen Gottesdienstes", Gütersloh 1932, Seite 41/42

[155] siehe Josef Pieper, „Buchstabierübungen", München 1980, Seite 84

[156] „Wort Gottes und Antwort der Gemeinde" in der Reihe „Feiernde Gemeinde", Heft 4, hrsg. v. Ottfried Jordahn und Albert Mauder, Hamburg 1978, Seite 34

[157] Sehr fein sagt Hermann Reifenberg: „Neben dem akustischen Bereich in der Rede (Predigt, Lesung, Gebet und Musik) ist das Zeichen bzw. Zeichenhafte ein bedeutsames Element, mit dessen Hilfe Begegnung geschieht. Hier gilt: Augen sind Fenster der Seele, die vernehmen, was Lippen nicht aussprechen." aus: Hermann Reifenberg, „Mit allen Sinnen", Bamberg 1979, Seite 21

[158] Solche *Symbole* sind z. B.: das Element der hl. Taufe: Wasser; das Kreuzeszeichen beim Segen; die Elemente des hl. Mahles: Brot und Wein; der Altar und das Altarkreuz; die Osterkerze; die Blumen auf dem Altar; der Adventskranz und der Christbaum mit den Kerzen; die körperliche Berührung beim Friedensgruß; die Handauflegung bei kirchlichen Handlungen; die Tür des Gotteshauses; das Glockengeläute; das Orgelspiel; auch unser Stehen (s. S. 60), Knien (s. S. 32), Schreiten, Verneigen; Sich-Niederwerfen; auch unsere Gebetsgebärden (s. S. 17f.); die liturgischen Farben (s. Anmerkung 108); die gottesdienstlichen Gewänder, Paramente, Bilder und sonstigen Werke der christlichen Kunst.

Zu den „heiligen Zeichen" im Gottesdienst gehörte ursprünglich auch der *Tanz*. (Darüber: H. H. Muchow in seinem Artikel „Tanz" in „Religion in Geschichte und Gegenwart", Band VI, 3. Auflage, Tübingen 1962, Seite 615.) „Was den Tanz im Gottesdienst betrifft, so sind schon die jüdischen Schriften voll von Berichten über „Tanz vor dem Herrn". Aber damit nicht genug. Der Tanz hatte auch im frühchristlichen Gottesdienst seinen festen Platz. Die Geschichte seiner wechselvollen Beziehungen zum Christentum – Annahme, Loblied des Tanzes in der Kirche unter Clemens von Alexandrien (gest. 216), Exzeß, Verbot, Wiederaufleben (Konzil von Toledo 1589) – ist faszinierend. Ihre Höhepunkte sind es wert, ins Gedächtnis gerufen zu werden, ist doch die Geschichte des religiösen Tanzes ein Gleichnis für den Geist der Festlichkeit im Christentum." (Harvey Cox, „Das Fest der Narren. Das Gelächter ist der Hoffnung letzte Waffe", Stuttgart 1970, Seite 69/70). Allerdings handelte es sich bei der „Einführung des Tanzes in den Glauben" um einen liturgischen „Reigentanz", also nicht um einen Gesellschaftstanz zum Zweck der Kommunikation. Darüber müssen sich alle, die in unseren Tagen *auch* im Gottesdienst (z. B. beim sog. „Feierabendmahl", Anmerkung 341) tanzen wollen, klar sein. Freilich, der Jesuit Schade hat recht, wenn er (in „Stimmen der Zeit", Band 172, Freiburg 1964, S. 1292) sagt: „Der moderne Mensch weiß vom Fluch und der Gnade des Tanzes wenig." Man lese, ehe man über eine Wiedereinführung des ritualen Tanzes in den Gottesdienst nachzudenken beginnt, das treffliche Buch von Rainer Ruß, „Gott bei den Tänzern und Narren", Trier 1980, S. 58, in dem folgende, zum Meditieren anregende Sätze stehen: „Tanz zum Takt der Musik ist in Israel stets Äußerung festlicher Freude gewesen, auch bei religiösen Feiern. Vielleicht hat die Kirche Grund dazu gehabt, eine Entwicklung zu begünstigen, die vom Tanz weggeführt hat. Doch die Folgen *erzwungener* Enthaltsamkeit sind schlimm. Auf ihr Konto geht unter anderem ein dickes Minus an Freude, unter dem wir alle leiden."

[159] Vgl. dazu den Aufsatz über „Zeichen und Symbol als Sprache des christlichen Glaubens" von Josef Pieper in seinem Buch „Buchstabierübungen. Aufsätze, Reden, Notizen", München 1980, S. 68ff.)

[160] Vgl. Constitutiones Apostolorum Ap. II, 57,8 in: J. Quasten, „Monumenta eucharistica et liturgica vetustissima", Bonn 1935/37; außerdem Amalar, „De ecclesiae officiis" III 28, Migne, P.L. 105, 1125 C. – Über die „Ostung" der „Gotteshäuser" s. Seite 186

[161] Aus der gallikanischen Messe; vgl. Joh. Quasten, „Monumenta eucharistica et liturgica vetustissima", Bonn 1935/37: „Bei dieser Akklamation (= Zuruf) pflegte man sich mit dem Zeichen des Kreuzes zu segnen" (vgl. Amalar, „De ecclesiae officiis", III 18, Migne; PL 105, 1125 D). Das Sakramentar von St. Denis (11. Jahrhundert) bietet zu der zweifellos

sinnvollen *Selbstsegnung mit dem Kreuzeszeichen* bei dem „Ehre sei dir, Herre" vor Beginn der Evangeliumslesung folgendes Gebet:

„Verleihe allen meinen Sinnen unter dem Zeichen des lebensspendenden Kreuzes Festigkeit und Stärke, daß ich die Worte des heiligen Evangeliums recht höre, von Herzen glaube und mit der Tat vollbringe."

(S. E. Martène, „De antiquis ecclesiae ritibus", I. Band, 4, V 523, Antwerpen 1736)

In diesem Zusammenhang sei darauf verwiesen: Die sinnvolle Gebärde der Selbstsegnung ist keinesfalls nur unter römisch-katholischen Christen üblich; wir begegnen ihr auch unter evangelischen Christen (s. Seite 214)

[162] 1975 erschien aufgrund der vom II. Vatikanischen Konzil beschlossenen Liturgiereform mit „Anerkennung der Landessprache als offizielle liturgische Sprache" das „Deutsche Messbuch", Verlag Herder, Freiburg, Basel, Wien

[163] Carl E. Braatem „Die Bedeutung der Zukunft" in „Evang. Theologie" 4/1972, Seite 328

[164] Luther, EA 9,29

[165] Siehe „Formula missae" 1523, EA 7,7 – Deutscher Text in „Eine Weise, christliche Messe zu halten": „Es gefällt uns nicht übel, daß man das Symbolum Nicaenum singe, wie je und je gewöhnlich gewesen". Kommentar-Ausgabe in Otto Dietz, „Martin Luthers Liturgische Schriften", München 1950, Seite 15

[166] Vgl. E. Sehling, „Die evangelischen Kirchenordnungen des 16. Jahrhunderts", Leipzig 1902

[167] Diese Textfassungen wurden aufgrund eines gemeinsamen Beschlusses des Rates und der Kirchenkonferenz der Evangelischen Kirchen in Deutschland und der Deutschen Bischofskonferenz der röm.-kath. Kirche von einer dazu berufenen „Arbeitsgemeinschaft für gemeinsame liturgische Texte" für die Kirchen des deutschen Sprachgebietes (ALT) in den Jahren 1967–1971 erarbeitet und ab 1. Advent 1972 in den Evang. Kirchen Deutschlands, Österreichs und der Schweiz verbindlich eingeführt; sie sind auch in das deutschsprachige Missale der röm.-kath. Kirche aufgenommen worden.

Über die theologisch-liturgiewissenschaftliche Arbeit der ALT (der auch der Verfasser angehörte) an den Glaubensbekenntnissen unterrichtet folgendes Schrifttum: Wolfgang Beinert, Konrad Hoffmann, Herwarth von Schade, „Glaubensbekenntnis und Gotteslob der Kirche", Freiburg 1971, Seite 22 ff. – Otto Dietz „Ökumenische Neuübersetzung gottesdienstlicher Texte", in „Gottesdienst und Kirchenmusik" Heft 3 und 4, 1972, München, Evangelischer Presseverband – Alexander Völker, „Gemeinsames Glaubensbekenntnis", herausgegeben im Auftrag der evang. Mitglieder der ALT, Gütersloher Verlagshaus Gerd Mohn, Gütersloh, 1973

[168] Die beiden Credos werden nebeneinander abgedruckt. Dadurch wird deutlich, wie ihr beiderseitiger Lobpreis der Taten Gottes zusammenklingt und wie sich die Aussagen beider Bekenntnisse erläuternd und absichernd, erweiternd und vertiefend ergänzen.

[169] Die auf den folgenden Seiten über den Rahmen eines „Liturgischen Hilfsbuches" fast hinausgehende Entfaltung der theologischen Aussagen beider Bekenntnisse möchte Material bieten für die (auf Seite 109 dringend empfohlene) laufend notwendige gottesdienstliche Unterweisung der Gemeinde.

[170] WA 32, 65,3

[171] WA 27, 13,6; TR 5517

[172] EA 4, 296 – Als ein solches „Lobopfer unseres gemeinsamen christlichen Glaubens", der ja stets nur Antwort auf Gottes Wort ist, kann das Credo statt auf die Lesung des Evangeliums (s. Seite 90ff.) auch erst auf die Predigt folgen, wie es z. B. in den evang. Kirchen von Kurhessen-Waldeck, Württemberg und in der röm. Kirche geschieht.

[173] So Adolf von Harnack in seiner „Dogmengeschichte", 8. Auflage, 1909

[174] EA 1,55

[175] Vgl. Wolfgang Beinert, Konrad Hofmann, Herwarth von Schade, „Glaubensbekenntnis und Gotteslob der Kirche", Freiburg 1971, Seite 31

[176] Matthias Claudius, Sämtliche Werke, 14. Auflage, Gotha 1907, II. Band, S. 80 (vgl. Otto Dietz, „Matthias Claudius, der Mensch und seine Welt", Neuwerk Verlag Schlüchtern, 1926, S. 22)

[177] Rudolf Bohren, „Predigtlehre", München 1971, S. 516

[178] WA 22,287 – vgl. Otto Dietz, „Martin Luther, Vom Heiligen Abendmahl", München 1942, S. 58

[179] Bohren, „Predigtlehre", München 1971, S. 234

[180] Bohren, „Predigtlehre", München 1971, S. 242

[181] EA V 7,7 „Formula missae et communionis" 1522, Deutsche Übersetzung in Otto Dietz „Martin Luthers Liturgische Schriften", München 1950, S. 15

[182] Weitere Singweisen für das Nicaenum und das Apostolicum sind in

dem 1978 erschienenen Heft „Glaube als Lobgesang" enthalten, das vom Lutherischen Kirchenamt in Hannover bezogen werden kann.

[183] So schon Luthers „Deutsche Messe" 1526, WA 19, 95,24: „Nach dem Evangelium singt die ganze Kirche den Glauben zu deutsch: „Wir glauben all an einen Gott". Vgl. „Martin Luther, Liturgische Schriften", bearbeitet und ausgewählt von Otto Dietz, München 1950, Seite 44.

Unter dem Titel „Das Paternoster deutsch" findet sich in WA 35, 451 Luthers Glaubenslied; ferner in „Martin Luther, Geistliche Lieder", bearbeitet und erläutert von Otto Dietz, München 1950, Seite 33ff.

Luther hat es auch in seine Bekenntnislieder aufgenommen (WA 35, 483). Zum theologischen Gehalt des Liedes vgl. Luthers Erläuterungen zum 2. Hauptstück im Großen und Kleinen Katechismus 1529 (EA 21,12ff; 94ff); ferner in der „Kurzen Form der 10 Gebote, des Glaubens und des Vaterunsers" 1529 (WA 7, 194ff.); siehe auch Otto Dietz, „Luther-Agende", Kassel 1928, Seite 202ff.

[184] Vgl. Luthers Schrift „Die drei Symbola oder Bekenntnis des Glaubens Christi, in der Kirche einträchtiglich gebraucht" 1538, EA 23, 251ff.

[185] Sie steht in WA 35, 458; ferner in „Martin Luther, Geistliche Lieder", bearbeitet und erläutert von Otto Dietz, München 1970, Seite 38; vgl. dort zur Geschichte des Credos Seite 101f.

[186] Dafür werden in dem Heft „Bekenntnis und Bekennen im Gottesdienst", einer Handreichung der VELKD und der Arnoldsheimer Konferenz in der Reihe „Feiernde Gemeinde", Heft 1, herausgegeben von Albert Mauder und Ottfried Jordahn, Agentur des Rauhen Hauses, Hamburg 1978, Formulierungen angeboten; z. B.: „Laßt uns Gott loben mit dem Bekenntnis unseres Glaubens" – „Laßt uns auf Gottes Wort antworten, indem wir miteinander unseren Glauben bekennen" – „Laßt uns den Glauben bekennen, zu dem wir getauft worden sind und auf den wir als Christen leben und sterben" – „Laßt uns mit der ganzen Christenheit auf Erden unseren Glauben bekennen".

[187] Werner Jetter, „Symbol und Ritual", Göttingen 1978, Seite 161 – Vgl. dazu die Ausführungen auf Seite 92 über die „Bedeutung sinnenfälliger Symbole".

[188] Eine vortreffliche Hilfe dazu bietet Wilhelm Stählin in „Zusage an die Wahrheit. Das Bekenntnis der Kirche", Kassel 1952

Weitere Schriften zur Auslegung und Vergegenwärtigung des Credos: Karl Lamparter, „Das Wahrzeichen des Christenglaubens. Eine Besinnung auf das Apostolische Glaubensbekenntnis", Wuppertal 1969 – Heinrich Vogel, „Das Nicaenische Glaubensbekenntnis. Eine Doxologie", Stuttgart 1963 – Helmut Thielicke, „Ich glaube. Das Bekenntnis der Christen", Freiburg 1971, Herder-Bücherei 394

Man beschäftige sich aber immer wieder mit Luthers *klassischen* Auslegungen des christlichen Glaubensbekenntnisses in „Eine einfältige Weise zu beten" (EA 23, 235ff.): ferner in „Auslegung des christlichen Glaubens" gehalten 1537 zu Schmalkalden (EA 23, 239ff.). Ebenso „Die drei Symbola oder Bekenntnis des Glaubens Christi, in der Kirche einträchtiglich gebraucht", 1538 (EA 23, 251ff.)

[189] Aus „Feiernde Gemeinde", Heft 1, „Bekenntnis und Bekennen im Gottesdienst", Agentur des Rauhen Hauses, Hamburg 1978, S. 28

[190] Alfred Niebergall, „Der Dienst der Kirche", Kassel 1974, S. 54

[191] ebenda

[192] EA 23, 239f.

[193] Walter Lotz, „Lebendiger Gottesdienst", Kassel 1949, Seite 55

[194] In Gemeinden mit mehreren Pfarrern muß keineswegs der Prediger auch immer die Liturgie übernehmen; vielmehr ist gerade das *Zusammenwirken der Geistlichen in einem Gottesdienst* für diese selbst wie für die Gemeinde bedeutsam und segensreich.

[195] Wilhelm Stählin, „Vom Sinn des Leibes", Stuttgart 1952, S. 163f.

[196] Josef Pieper, „Buchstabier-Übungen. Aufsätze, Reden, Notizen", München 1980, S. 161

[197] Jörg Zink, „Erfahrung mit Gott. Einübung in den christlichen Glauben", Stuttgart 1974, S. 146

[198] Rudolf Bohren, „Predigtlehre", München 1974, S. 455

[199] Otto Dietz, „Eine Stimme in der Wüste. Eine Besinnung über Johannes den Täufer", Wesel 1979, S. 37

[200] Rudolf Bohren, „Predigtlehre", München 1974, Seite 163

[201] s. „Ordnung der Lesungen und Predigttexte nach der Revision 1977 durch die Lutherische Liturgische Konferenz Deutschlands", Lutherisches Verlagshaus Hamburg 1978. Außerdem: „Evangelischer Erwachsenenkatechismus", Gütersloh 1978, Seite 1045 – Herwarth von Schade, „Perikopen. Gestalt und Wandel des gottesdienstlichen Bibelgebrauchs" in der „reihe gottesdienst" Heft 11, Hamburg 1978, Seite 47ff. und 65ff.

[202] Man kann dazu den im EKG Seite 716 ff. abgedruckten „Liturgischen Kalender für das Kirchenjahr" benutzen, besser (wegen evtl. inzwischen vorgenommener Änderungen der Predigttexte) den von der LLK alljährlich am Beginn des Kirchenjahres herausgegebenen „Sonn- und Festtagskalender", zu beziehen durch die Geschäftsstelle d. Luther. Liturg. Konferenz, Herderstr. 27, 3062 Bückeburg.

[203] Werner Jetter, „Symbol und Ritual. Anthropologische Elemente im Gottesdienst“, Göttingen 1978, S. 141

[204] WA 51,15, 38 TR 4; 531, 12 ff.

[205] „Die gute Nachricht“ ist der Titel für das „Neue Testament in heutigem Deutsch“, hrsg. von den Bibelgesellschaften im deutschen Sprachraum. Deutsche Bibelstiftung, Stuttgart 1967

[206] Rudolf Bohren, „Predigtlehre“, Chr. Kaiser Verlag München 1974, S. 18

[207] So Theodor Glaser, München, bei der Morgenfeier des Bayerischen Rundfunks am 1.3.1981

[208] EA 20, 215

[209] Im Anhang zum Gesangbuch findet sich ein Beispiel für ein solches kurzes „stilles Gebet vor der Predigt“. (EKG S. 640)

[210] Wilhelm Stählin „Die Feier des neuen Bundes, Betrachtungen zur Messe“, Kassel 1963, S. 69

[211] Für einen solchen Predigtschluß nur ein Beispiel für viele: „Dies alles schenke uns der allmächtige und barmherzige (oder: der, dem nichts unmöglich ist) Gott, der Vater, der Sohn und der Heilige Geist.“

[212] Jörg Zink in „Was bleibt, stiften die Liebenden“, Stuttgart 1979, S. 268

[213] Alexander Völker, „Lebendige Liturgie – Materialien für den Dienst in der Evang. Kirche von Westfalen“, Reihe A, Heft 3, Bielefeld 1974, Seite 35

[214] Aus der stattlichen Zahl dieser Beihefte zum EKG, die nicht alle genannt werden können, sei auf folgende hingewiesen: „Neue geistliche Lieder/Anhang 77“ (Baden und Pfalz); „Neue Lieder/Ein Angebot für die Gemeinde“ (Württemberg und Kurhessen-Waldeck); „Lieder unserer Zeit“ (Rheinland); „Beiheft 72 zum EKG “ (Niedersachsen); „Lieder für den Gottesdienst“ (Hessen-Nassau); „Liederheft 72“ (Bayern); Liederheft für die Gemeinde „Auf und macht die Herzen weit“; im Auftrag des Landeskirchenrats der Evang.-Luth. Kirche in Bayern von einem Arbeitskreis unter Leitung von Dr. Günter Henke herausgegeben (Evangelischer Presseverband München, 1982); „Gottes Volk geht nicht allein“ (Hamburg, Schleswig-Holstein, Lübeck und Eutin); „Auf denn, singen wir dem Herrn“ (Österreich); „Gott erwartet euch“ (Sachsen); „Christenlieder heute“ (1971); „Singe, Christenheit“ (Kurhessen-Waldeck und Hessen-Nassau); u. a. m.

[215] Man erinnere auch an die in Anm. 76 erwähnte Erklärung des Wortes „danksagen“ in der lateinischen Sprache.

[216] Über „evangelisches Totengedenken“ informieren grundsätzlich

und mit hilfreichen Vorschlägen zu seiner Ausführung Adolf Köberle und Reinhard Mumm in ihrem sehr dankenswerten Büchlein „Wir gedenken der Entschlafenen", Kassel 1981

[217] Kirchliches Amtsblatt für die Evangelisch-Lutherische Landeskirche in Bayern, 1941, S. 64 f.

[218] Frieder Schulz in seinem Aufsatz „Gottes Angebot im Gottesdienst der Kirche" in Pastoraltheologie 1964, Heft 7, S. 266

[219] Wilhelm Löhe, „Der evangelische Geistliche", 3. Auflage 1876; s. „Wilhelm Löhe. Gesammelte Werke", Band 3, 2. Teil, Neuendettelsau 1968, Seite 220

[220] Friedrich Kalb in seinem Artikel „Laßt Agende I nicht versteinern" in „Gottesdienst und Kirchenmusik", Heft 1, 1978, Seite 10

[221] Wir finden die einzelnen Versikel in der Gottesdienstordnung unseres Gesangbuches jeweils am Ende der Introiten (EKG S. 24*–61*), deren Nummern an den Liedertafeln angesteckt sind.

[222] Augustin, „Oratio communis" in Ep. 55,18; (SEL 34, 209)

[223] EA 31,15

[224] Über die Berechtigung und Möglichkeit des persönlichen Gebetes für den einzelnen Christen der Gemeinde im Gottesdienst vgl. S. 64f. und 136ff.

[225] Im Grunde *ist* bereits alle „Liebe im Umgang mit den Mitmenschen, bewußt oder unbewußt, Fürbitte, d. h. Ausrichtung des anderen dahin, wo Gott uns beide haben will". (Otto von Gablonz, in „Baustelle Gottesdienst", Heidelberg 1978.)

[226] Otto Dietz, „Das Allgemeine Kirchengebet. Wesen und Inhalt", in „Leiturgia. Handbuch des evangelischen Gottesdienstes", Band II, Kassel 1955, S. 421

[227] Aus „reihe gottesdienst" 8/9, „Gebete". Revidierte Gebetstexte zu Agende I, Hamburg 1979, Seite 71 ... Vorwort zum Allgemeinen Kirchengebet von Otto Dietz.

[228] Griechischer Urtext bei Gebhardt, Harnack, Zahn, „Patrum apostolorum opera", Leipzig 1920, S. 33. Übersetzung bei Otto Dietz, „Das Allgemeine Kirchengebet. Wesen und Inhalt", s. Anmerkung 168, S. 425

[229] Im „Sermon von den guten Werken" 1520, EA 16, 170

[230] ebenda Seite 171

[231] Ein reiches Angebot solcher für unsere Zeit *neu geschaffenen Ektenien* findet sich in dem Heft „reihe gottesdienst" 12, „Fürbittengebete" von Otto Dietz, Hamburg 1979. Neu ist an ihnen, daß die gedankliche Heranführung der Gemeinde an die einzelnen Gebetsanliegen *jeweils mit*

einem „Für-Dank" für *die* Menschen verbunden wird, die in diesen Fürbittengruppen ins Blickfeld gerückt werden. Das Motiv für diesen Versuch ist die wohl unbestrittene Tatsache, daß in unserem „Allgemeinen Kirchengebet" – wie in unserem Gebetsleben überhaupt – das Danken zu kurz kommt. Der „Für-Dank" stellt der Gemeinde die Vergangenheit vor Augen, richtet die Erinnerung auf die Zukunft aus und entdeckt eine neue Gegenwart. (s. Eph. 5,20; Phil. 1,3;4,6; 1. Tim. 2,1; u. a.)

232 Werner Jetter, „Symbol und Ritual. Anthropologische Elemente im Gottesdienst", Göttingen 1978, S. 174

233 Vgl. dazu Otto Riethmüller, „Mit Gott wirken: Friedrich Oetingers Gebete", Berlin-Dahlem 1934

234 WA 48,85

235 s. „Entwurf zur Agende für Evangelisch-Lutherische Kirchen und Gemeinden" Erster Band, Teil 5, Hannover 1954, S. 76

236 So Walter Uhsadel in „Quatember" 1978, S. 131 f.

237 Landesbischof D. Dr. Johannes Hanselmann, „Abendmahl im Gottesdienst und Gemeindeaufbau", München 1977, S. 19. Über unsere Beichtpraxis informiert ausgezeichnet Laurentius Klein OSB „Evang.-Lutherische Beichte, Lehre und Praxis", Paderborn 1961

238 Martin Luther im „Kleinen Katechismus"; EA 21,20

239 EA 21,20 (vgl. Luthers eigenes Verhalten S. 142)

240 Vgl. dazu das auf S. 35 über „das Fest der Bettler" Gesagte.

241 Karl Barth, „Die Auferstehung der Toten", München 1924, Seite 33

242 EA 23,35

243 Die Bischofskonferenz der Vereinigten Evang.-Luth. Kirche hat zu dieser Frage nach dem Verhältnis von Beichte und hl. Abendmahl am 16. April 1958 folgende Richtlinien erlassen:

1. „Die Beichte soll als selbständige Handlung wiedergewonnen und in ihrem Verständnis sowohl von der bloßen Abendmahlsvorbereitung wie von der allgemeinen Predigt des Evangeliums unterschieden werden. Deshalb wird empfohlen, die Beichte als Einzelbeichte *oder* als gemeinsame Beichte in einer besonderen gottesdienstlichen Handlung auch unabhängig von einer nachfolgenden Abendmahlsfeier anzubieten.
2. Wer durch Abfall vom christlichen Glauben oder durch lasterhaften Wandel *Ärgernis gegeben* hat und von der Abendmahlsgemeinde ausgeschlossen ist, darf nicht zum hl. Abendmahl gehen, ohne zuvor in Reue und Buße eine Beichte abgelegt und die Absolution empfangen zu haben.

3. Der rechte Empfang des hl. Abendmahls setzt voraus, daß der Christ zuvor sich selbst geprüft, sein Gewissen erforscht und sich vor Gott als Sünder bekennt, der der Vergebung bedarf. Solcher Zurüstung leistet die Beichte einen wesentlichen Dienst. Deshalb soll vor jeder Feier des hl. Abendmahls Beichte gehalten und dazu eingeladen werden.
4. Da jedoch die Teilnahme an einer Beichthandlung *nicht unbedingt als Voraussetzung für jeden* Abendmahlsgang gefordert werden kann, muß als Möglichkeit offengelassen werden, daß Gottesdienstbesucher am hl. Abendmahl teilnehmen, auch ohne vorher eigens gebeichtet zu haben. Dies gilt z. B. für solche Gemeindeglieder, die nicht vor jedem Abendmahlsgang die Beichte wiederholen wollen, weil sie häufiger als es in früheren Zeiten üblich war, zum hl. Abendmahl gehen oder weil sie die Einzelbeichte üben.
5. Wo *Abendmahlsfeiern außerhalb des Hauptgottesdienstes* gehalten werden, wird man weiterhin die gemeinsame Beichte mit der Abendmahlsfeier verbinden.
6. In den Hauptgottesdienst kann die gemeinsame Beichte nicht eingeordnet werden, da sie einen geschlossenen Kreis der Beichtwilligen voraussetzt. Darum soll die anzubietende gemeinsame Beichte dem Hauptgottesdienst vorangehen, entweder unmittelbar oder am Vorabend. Auch zur Einzelbeichte soll vor Abendmahlsfeiern Gelegenheit gegeben werden.
7. Wo im *gegebenen Fall* damit zu rechnen ist, daß ein größerer Teil der Kommunikanten nicht an der vorhergehenden Beichte teilgenommen hat, oder wo im *Ausnahmefall* keine Beichte vor dem hl. Abendmahl stattfinden konnte, kann im Blick auf die Bereitung der Abendmahlsgäste im Gottesdienst eine *Abendmahlsvermahnung* gehalten werden, die aber keinen Ersatz für die Beichte darstellt.
8. Alles, was in Sachen der Beichte in der Kirche geschieht, darf die bisherige Beichtpraxis nicht mindern oder auflösen, sondern zu einer *Stärkung des Beichtwillens*, zu einer Vermehrung des Beichtangebots und zu einer neuen, lebendigen Übung der *Schlüsselgewalt* in den Gemeinden führen."

[244] Jörg Zink, „Erfahrung mit Gott", Stuttgart 1974, Seite 96

[245] Reinhard Mumm, „Nehmet und esset!", Evang. Presseverband für Bayern, München 1978, Seite 23 – Über die Bedeutung der schwarzen „Farbe" s. Anm. 108

[246] WA 53, 216 ff.

[247] Luther, Predigt am grünen Donnerstag 1532, WA 36, 155. Vgl. da-

zu Otto Dietz, „Luthers Sermone vom hl. Abendmahl“, München 1942, S. 54

[248] WA 32, 124

[249] J. A. Jungmann SJ., „Das eucharistische Hochgebet“, Würzburg 1954, Seite 19

[250] Vgl. dazu die Ausführungen in den Katechesen des Kyrill von Jerusalem, die im Jahr 348 in der dortigen Grabeskirche gehalten worden sind. (Bibliothek der Kirchenväter von Migne, P. G., griechische Reihe, Band 33)

[251] Predigt am Gründonnerstag, 2.4.1523, EA 17,44 f. – vgl. Otto Dietz, „Luthers Sermone vom hl. Abendmahl“, München 1942, Seite 35

[252] Peter Brunner, „Zur Lehre vom Gottesdienst“ in „Leiturgia“, Band I, Kassel 1954, Seite 267

[253] Kurt Horn, „Handreichung zur Agende für evang.-luth. Kirchen und Gemeinden.“ Erster Band, Ausgabe Bayern, München 1964, S. 24, Ziff. 14

[254] s. „reihe gottesdienst“ 8/9, „Revidierte Gebetstexte zu Agende I“, Hamburg 1979, S. 167–213

[255] Walter Reindell, „Die Präfation“ in „Leiturgia. Handbuch des evang. Gottesdienstes“, Band II, Kassel 1955, S. 462

[256] Dazu s. Otto Dietz, „Ökumenische Neuübersetzung weiterer gottesdienstlicher Texte“ in „Gottesdienst und Kirchenmusik“ 4/72, S. 129. Der neue ökumenische Text dieses Lobgesangs lautet:
„Heilig, heilig, heilig,
Gott, Herr aller Mächte und Gewalten,
erfüllt sind Himmel und Erde von deiner Herrlichkeit.
Hos(i)anna in der Höhe.
Hochgelobt sei, der da kommt im Namen des Herrn.
Hos(i)anna in der Höhe.“

[257] Unter der Überschrift „Das deutsche Sanctus“ findet es sich in Luthers „Deutscher Messe“ 1526 (EA 22, 242). Dieser Hymnus Luthers ist gattungsmäßig eine liedförmige Gestaltung des Sanctus. Luther hat dieses Lied, „Jesaja dem Propheten das geschah“, als „Gesang sub communione“ geschaffen. Darum sollte es nicht anstelle des Sanctus, sondern während der Austeilung des Abendmahles gesungen werden. (Vgl. Otto Dietz, „Luthers liturgische Schriften“, München 1950, S. 48 und „Martin Luther, Geistliche Lieder“, München 1950, S. 38.)

[258] Martin Wittenberg, „Die missionarischen Aufgaben unserer Kirche und ihre gottesdienstlichen Grundlagen“ im „Martin Luther-Jahrbuch 1937“, S. 71

[259] 1. Clementus ad Corinthos, Kap. 34, „Patrum apostolorum opera", Hrsg. Gebhardt, Harnack, Zahn, Leipzig 1920, S. 19

[260] Wo es üblich ist, kann das auch schon vor Beginn der Präfation erfolgen.

[261] An einigen Orten ist es Sitte, sie erst am Anfang des Abendmahles zum Altar zu bringen.

[262] Vgl. J. Stalmann in „Hilfe für den Gottesdienst" Nr. 9, Hannover 1977, S. 6

[263] Vgl. dazu das auf S. 92 Gesagte!

[264] Peter Brunner, „Grundlegung des Abendmahlsgesprächs", Kassel 1954, S. 65

[265] Luther in „Deutsche Messe" 1526, siehe Otto Dietz „Liturgische Schriften Luthers", München 1950, S. 44–48

[266] Sie steht als „Form A" in revidierter Fassung unter den 1979 von der LLK herausgegebenen Gebeten zu Agende I, „reihe Gottesdienst" 8/9, Hamburg 1979, S. 185

[267] Vgl. die Brandenburgisch-Nürnbergische Kirchenordnung 1533 u. a.

[268] Sie steht als „Form B" (1–4) in revidierter Fassung unter den 1979 von der LLK herausgegebenen Gebeten zu Agende I, „reihe Gottesdienst" 8/9, Hamburg 1979, S. 186 ff.

[269] In den unter der Überschrift „Texte zur Einsetzung des heiligen Abendmahles" von der LLK neu bearbeiteten Gebetstexten zu Agende I (reihe Gottesdienst 8/9, Hamburg 1979, Seite 186–195) werden fünf Fassungen des Hochgebetes angeboten (darunter auch neue), von denen die erste hier abgedruckt ist.

[270] Peter Brunner, „Zur Lehre vom Gottesdienst" in „Leiturgia", Band I, S. 358, Kassel 1954

[271] Predigt am grünen Donnerstag 1523. WA 20, III, 68; vgl. Otto Dietz, „Martin Luther, Vom hl. Abendmahl", München 1942, S. 35

[272] Luther, WA 27, 355

[273] Martin Luther, Großer Katechismus 1529, EA 21, 143

[274] Eduard Ellwein, „Die göttliche Wirksamkeit des Sakraments", Neuendettelsau, 1951, S. 18

[275] „Die Bekenntnisschriften der Evang.-Luth. Kirche", 4. Aufl. 1959, Göttingen, Seite 998/999. Den ersten Satz dieses Zitates haben unsere lutherischen Väter dem „Sermon de passione" des Kirchenvaters Joh. Chrysostomus (um 400) entnommen, bei dem es heißt: „Christus ipse illam ornavit, mensam ipse istam quoque consecrat" (= „Christus *selbst* hat jenen Tisch geschmückt, er *selbst* konsekriert ihn auch").

[276] Über die Frage der Nachkonsekration und die Behandlung konsekrierter, aber übriggebliebener Elemente, die nicht „verehrt", aber ehrfürchtig behandelt werden sollen, siehe Peter Brunner in „Grundlegung des Abendmahlsgesprächs", Kassel 1954, Seite 66 f.

[277] EA 22, 241 vgl. Otto Dietz „Luthers Liturgische Schriften", München 1950, S. 47

[278] Vgl. die dem Freunde Luthers, Johannes Bugenhagen, zugeschriebene Wittenberger „Ordnung christlicher Messe" 1524. Sie wurde „Confessio corporis et sanguinis Christi" (lateinisch; deutsch: „Bekenntnis des Leibes und Blutes Christi") genannt.

[279] Vgl. Wilhelm Löhe, „Agende für christliche Gemeinden des lutherischen Bekenntnisses", 1. Teil, 2. erneuerte Auflage, Nördlingen 1853, S. 49

[280] Martin Wittenberg bemerkt dazu in seiner Schrift „Die missionarischen Aufgaben unserer Kirche und ihre gottesdienstlichen Grundlagen", Seite 83: „Man wird nicht sagen dürfen, daß dies anschauliche Zeigen des gesegneten Brotes oder Kelches etwas von dem Wagnis abbreche, allein aufs Wort hin das Sakramentsgeheimnis zu glauben. Man wird aber nicht zu Unrecht behaupten, daß jenes Vor-Augen-Führen des Kelches und der Hostie ganz konkret macht, was wir eigentlich glauben, nämlich, daß Brot und Wein im Abendmahl sei der wahrhaftige Leib und Blut Christi. So dient die Rücksichtnahme auf das visuelle Bedürfnis des modernen Menschen der Stärkung der Glaubensgewißheit wie der messerscharfen Herausarbeitung der Glaubensforderung. Dem Kommunikanten ist mit unerhörter Eindringlichkeit vor Augen geführt, *was* sein „Amen" bejaht!"

[281] Siehe „reihe gottesdienst" 8/9, Revidierte Gebetstexte zu Agende I, bearbeitet von der Lutherischen Liturgischen Konferenz Deutschlands, Hamburg 1979, Seite 190

[282] Siehe „reihe gottesdienst" 8/9, Seiten 186, 188, 191, 194

[283] Josef Andreas Jungmann, „Missarum Sollemnia" Band II, Seite 242 f., Wien 1948

[284] So in den „Apostolischen Konstitutionen" (4. Jahrhundert) VIII, 12,36, v. J. Quasten, Mainz 1948 – s. auch J. Quasten „Monumenta eucharistica et liturgica vetustissima", Bonn 1935/37

[285] Walter Lotz, „Eucharistie Evangelisch. Der Gottesdienst, den Christus geboten hat." Windecker Taschenbücher, Band 3, Seite 74 f., Windeck 1979

[286] Siehe „reihe gottesdienst" 8/9, Hamburg 1979, Seite 187

[287] Vgl. das sog. „Accra-Papier", herausgegeben v. Geiko Müller-

Fahrenholz in „Eine Taufe. Eine Eucharistie. Ein Amt“, 2. Auflage, Frankfurt 1976, Seite 16

[288] Matthias Claudius, Sämtliche Werke, 14. Aufl. Gotha, 1907, Band I, Seite 191. Vgl. dazu Otto Dietz, „Matthias Claudius. Der Mensch und seine Welt.“ Schlüchtern 1926, Seite 38

[289] J. A. Jungmann „Missarum Sollemnia“ I, 26,46; II, 389 ff. Wien 1948; ferner J. Quasten, „Monumenta eucharistica et liturgica vetustissima“, Bonn 1935/37

[290] Ulrich Altmann, „Hilfsbuch zur Geschichte des christlichen Kultus“, Heft 1, Berlin 1941, S. 31 ff., nach der Ausgabe von Touttée in den Nachdrucken v. Migne, P. G., 33

[291] Zu Luthers Abendmahlslied „Jesus Christus, unser Heiland, der von uns den Gotteszorn wandt“ siehe Otto Dietz, „Martin Luthers Geistliche Lieder“, München 1950, S. 24, Erläuterungen S. 72

[292] Der neue ökumenische Text des Agnus Dei lautet:
„Lamm Gottes,
du nimmst hinweg die Sünde der Welt:
erbarme dich unser.
Lamm Gottes,
du nimmst hinweg die Sünde der Welt:
erbarme dich unser.
Lamm Gottes,
du nimmst hinweg die Sünde der Welt:
gib uns deinen Frieden.“
Dazu s. Otto Dietz, „Ökumenische Neuübersetzung weiterer gottesdienstlicher Texte“ in „Gottesdienst und Kirchenmusik“ 4/72, S. 129

[293] Vgl. dazu die Ausführungen über den „Wert des Schweigens im Gottesdienst“ S. 113f.

[294] Man lese immer wieder einmal Jörg Zink, „Was bleibt, stiften die Liebenden“, Kreuzverlag, Stuttgart 1979

[295] Martin Luther, Sermon am Grünen Donnerstag 1523, WA 12, 476-493; bearbeitet und erläutert in Otto Dietz, „Martin Luther. Vom heiligen Abendmahl“, München 1942, S. 36, 78

[296] J. A. Jungmann, „Missarum Sollemnia“ II, Wien 1948, Seite 38

[297] Weitere Belege bei Dölger, „Antike und Christentum“, 1. Band, Münster 1929, Seite 33 ff.

[298] Auf Mosaiken in Ravenna hat es die Gestalt einer von einem zopfähnlichen Kranz umrandeten weißen Kuchenscheibe in der Größe eines Tellers oder einer Hand. Die schönste farbige Darstellung ist abgebildet in Guiseppe Brini, „San Vitale di Ravenna“, Milano 1975, Tafel IV

[299] Vgl. Gerhard Podhradsky, „Lexikon der Liturgie", Innsbruck 1962, Artikel „Meßopfer", Seite 238: „Die Messe ist die sakramentale Vergegenwärtigung des am Kreuz ein für allemal dargebrachten Opfers Christi und darum selbst Opfer. Dieses Opfer der Kirche besteht objektiv darin, daß die Kirche dem Vater den Herrenleib darbringt."

[300] J. Stalmann schreibt in diesem Zusammenhang: „Jüngere Menschen vermögen mit der papierenen Symbolik von Oblaten nichts mehr zu verbinden, die sie allenfalls noch als Unterlage von Makronen zu schätzen wissen. Das Brot soll wieder „laibhafte" Gestalt bekommen, man will „etwas zu beißen" haben." In „Für den Gottesdienst", Hannover 1977, Heft Nr. 9

[301] J. Jeremias, „Die Abendmahlsworte Jesu", 2. Auflage, Göttingen 1959; – L. Eisenhofer, „Handbuch der Liturgie", Seite 28 f. Seite 106.

[302] Luther, „Unterricht der Visitatoren" 1528; EA 23, 30 f.: „... nachdem das hl. Evangelium Gott Lob! an (den) Tag kommen ist, darinnen wir deß klärlich bezeugt werden, nämlich, daß *beide* Gestalten des Sakraments zu reichen und zu nehmen seien; denn Christus hat solches also geordnet, haben wir die Pfarrherrn und Prediger unterricht(et), solche Lehre des Evangeliums von *beider* Gestalt stracks und frei zu lehren für jedermann, er sei stark, schwach oder halsstarrig, und in *keinem Weg die eine Gestalt billigen*, sondern sie meiden, als Unrecht und wider die Einsetzung und den letzten Willen unseres Heilands und Herrn Jesu Christi; ...".

[303] Schon im Buch der Didache („Die Lehre der 12 Apostel") aus der Zeit zwischen 80 und 120 n. Chr. lesen wir in einem Gebet nach der Abendmahlsfeier: „Wir danken dir, unser Vater, für den hl. *Weinstock* Davids, deines Knechtes, den du uns kundgetan hast durch Jesus, unsern Herrn. Dir sei Ehre in Ewigkeit." Es wird also nicht nur für den Wein, sondern für den „Weinstock" gedankt, als den sich Jesus (Joh. 5,1 und 5) selbst bezeichnet hat.

Nach Darlegung von Dr. Hans Günther Prescher vom „Evangelischen Gesamtverband zur Abwehr der Suchtgefahren" in Kassel muß, wenn in der Bibel vom „Wein" die Rede ist, nicht auf alle Fälle der Wein als alkoholisches Getränk gemeint sein. Denn „das Hebräische kennt zwei Begriffe: „Jajin", den gegorenen, und „Schekhar", den unvergorenen Wein. Schekhar, also Traubensaft, soll sogar das Hauptgetränk gewesen sein. Auch kannte man ein Verfahren, diesen „Wein" (also Traubensaft) einzudicken zu einer Art Gelee, den man mit auf Reisen nahm und der keinerlei Gärungsprozeß mitgemacht hatte." Leider fehlte bis zur Drucklegung dieses Buches noch der sprach- und kulturwissenschaftliche Nachweis für diese Mitteilungen.

304 So Landesbischof D. Dr. Hanselmann in seinem Referat über „Abendmahl im Gottesdienst und Gemeindeaufbau“ auf der Landessynode der Evangelisch-Lutherischen Kirche in Bayern in Bayreuth am 21. November 1977. Veröffentlicht im Evangelischen Presseverband für Bayern in München, S. 29. – Als ein „offizielles Dokument“ zur Lösung der Frage des hl. Abendmahles ohne Alkohol ist die Handreichung der Bischofskonferenz der VELKD vom 29. Juni 1979 „Das hl. Abendmahl in der Seelsorge an Alkoholgefährdeten“ erschienen.

305 Wenn das Agnus Dei (Seite 190 ff.) nicht unmittelbar zuvor schon von der Gemeinde gesungen wurde, ist es das erste während der Austeilung zu singende Lied.

306 Zitat bei Josef Pieper, “Buchstabierübungen“, München 1980, S. 153

307 Josef Pieper, ebenda S. 164 ff.

308 WA Tischreden Nr. 968

309 Brief an Senfl (Orig. lateinisch) vom 4. Oktober 1530 in Enders, Luthers Briefwechsel, Band 8, S. 276ff.

310 Aus der Vorrede zum Babstschen Gesangbuch 1545. WA 35, 304, 476.

311 Christhard Mahrenholz in „Luther und die Kirchenmusik“, Kassel 1937, S. 16

312 Vgl. Conzil von Laodicea, Con. 44 – J. D. Manei, „Konzilsbeschlüsse“, Florenz 1759 – Vgl. dazu das über den „Wert des Schweigens“ Gesagte (Seite 113f.)

313 Für solche Minuten stiller Versenkung in das gottesdienstliche und sakramentale Geschehen sind uns im Gebetsteil unseres Gesangbuches (EKG Seite 647) „Betrachtungen und Danksagungen während der Austeilung des Sakramentes“ an die Hand gegeben.

314 Luther, „Formula missae“ EA Op. lat. 7, S. 14, 1523

315 W. Schanze, „Unser Gottesdienst“, Berlin 1951, S. 33 f.

316 Josef Pieper, „Buchstabierübungen“, Aufsätze, Reden, Notizen, München 1980, S. 82

317 Walter Lotz, „Prozession und Demonstration“, in „Quatember“ Vierteljahreshefte für Erneuerung und Einheit der Kirche 46. Jahrgang, Heft 1, Januar-März 1982, S. 13/14; Johannes Stauda Verlag, Kassel

318 Vgl. S. 77

319 Vgl. S. 71f.

[320] Zum „Kirchenbau heute" vgl. Gerhard Langmack: „Evangelischer Kirchenbau im 19. und 20. Jahrhundert", Kassel 1971, S. 89 ff.

[321] Auch für solche Gebete finden wir im Anhang des Gesangbuches (EKG Seite 647) eine Hilfe unter der Überschrift: „Bevor man zum Empfang des Sakramentes zum Tisch des Herrn geht."

[322] Reinhard Mumm in „Nehmet und esset!", Münchener Reihe, München 1978, Seite 33

[323] Vgl. J. A. Jungmann, „Missarum Sollemnia", Bd. II, Wien 1948, Seite 456 ff.

[324] Belege dafür bei J. A. Jungmann „Missarum sollemnia", Band II, Wien 1948, Seite 459 ff.

[325] Über die Bedeutung der Symbole für unser Christsein s. Seite 92 ff.

[326] Rudolf Bohren, „Predigtlehre", München 1974, Seite 321

[327] Gebete und Gedanken davon s. EKG, Seite 648 unter der Überschrift: „Wenn man nach dem Empfang des hl. Sakramentes an seinen Platz getreten ist."

[328] Luther, WA Tischreden 4, 181

[329] Vgl. „Handreichung zur Agende für evangelisch-lutherische Kirchen und Gemeinden" Erster Band, Ausgabe Bayern, hrsg. im Auftrag des Evangelisch-Lutherischen Landeskirchenrats von Kurt Horn, München 1964, Seite 27 – s. auch Peter Brunner, „Grundlegung des Abendmahlsgesprächs", Kassel 1954, Seite 67

[330] Werner Jetter, „Symbol und Ritual. Anthropologische Elemente im Gottesdienst", Göttingen 1978, Seite 279

[331] So in dem Beitrag von Jürgen Jeziorowski „Fest ohne Kinder", enthalten in der Handreichung der VELKD „Abendmahl mit Kindern", erschienen in der Reihe „Feiernde Gemeinde", Anregungen, Materialien, Texte, Heft 2, hrsg. von Ottfried Jordahn und Albert Mauder, Hamburg 1978, Seite 30

[332] Siehe „Abendmahl mit Kindern. Ein Brief an die Eltern", hrsg. vom Landeskirchenrat der Evang.-Luth. Kirche in Bayern. Von dort wurde auch herausgegeben: „Abendmahl mit Kindern. Eine Handreichung für die Gemeinden" und „Abendmahl mit Kindern. Eine liturgische Hilfe". Die Schriften sind vom Landeskirchenamt München, Meiserstr. 13 zu beziehen.

[333] Dazu bietet Hilfen auch M. Lienhardt: „Mit Kindern Abendmahl feiern. Modelle – Reflexionen – Materialien" München 1978

[334] S. die unter Anmerkung 332 genannte Handreichung „Abendmahl mit Kindern".

[335] Jörg Zink, „Erfahrung mit Gott. Einübung in den christlichen Glauben“, Kreuz-Verlag, Stuttgart 1974, Seite 272

[336] Vgl. dazu: Otto Dietz, „Die Verwirklichung der Katholizität der Kirche im heiligen Mahl ihres Herrn“, in dem Buch von Hermann Reifenberg „Hauseucharistie. Gedanken und Modelle“, München 1973, Seite 9–23.

[337] Jörg Zink, siehe Anm. 335, Seite 377 f.

[338] Landesbischof D. Dr. Joh. Hanselmann, „Abendmahl in Gottesdienst und Gemeindeaufbau“, Referat am 21.11.1977, hrsg. vom Evangelischen Presseverband für Bayern, München, Seite 31

[339] Roger Schutz, „Ein Fest ohne Ende“, Herderbücherei, Freiburg 1974, Seite 76

[340] „Eucharistische Gastfreundschaft. Ökumenische Dokumente“ hrsg. von Reinhard Mumm unter Mitarbeit von Max Lienhard in der Reihe „Kirche zwischen Glauben und Hoffen“ Heft 11, Kassel 1974. – Ferner „Das Herrenmahl“ hrsg. von einer gemeinsamen röm.-kath.-evang.-luth. Kommission, Frankfurt a. M. 1978

[341] Jene Versuche wollen Aspekte des Herrenmahles zur Geltung bringen, die nach der Ansicht mancher heutigen Gemeindeglieder – besonders in der jüngeren Generation – in unseren traditionellen Sakramentsgottesdiensten nicht genügend wirksam werden. Dabei geht es vor allem um *eine sinnenfälligere Darstellung der Gemeinschaft der um den Tisch ihres Herrn versammelten „Gemeinde“*. Daß die, die „ein Kuchen mit Christus“ geworden sind, „auch miteinander ein Ding werden“ (s. Seite 175), soll in irgendeiner, noch in die Abendmahlsfeier selbst eingegliederten Weise zum Ausdruck gebracht werden. (Einen Überblick über diese Versuche hat Frieder Schulz gegeben in: „Das Mahl der Brüder – Herrenmahl in neuer Gestalt“, Jahrbuch für Liturgie und Hymnologie, Band 15, Kassel 1970, Seite 32–51). Ein wesentliches Grundmotiv dieser Versuche ist die Öffnung des Abendmahls für solche, die – nicht ohne Schuld der ihren stetigen Lehrauftrag an ihren erwachsenen Gemeindegliedern oft nur ungenügend erfüllenden Kirche – zu seinem traditionellen liturgischen Vollzug keinen ihnen lebensnotwendigen Zugang finden. Man glaubt, diesem Umstand abhelfen zu müssen durch die Einbindung des hl. Mahles in *neue Formen* der Gemeindearbeit, wie Familiengottesdienste, Freizeiten und Reisezeiten. (s. Georg Kugler, „Familiengottesdienste“, Gütersloh 1971; ferner Georg Kugler und Herbert Lindner, „Neue Familiengottesdienste“, 1973 und 1976)

Dabei findet die Feier des Altarsakramentes als *„Tisch-Abendmahl“* immer mehr Beachtung. Schon beim alttestamentlichen Passahmahl

(2. Mose 12; 3. Mose 23) saßen die Hausgemeinden um einen Tisch; demgemäß hat am Abend des Gründonnerstages auch Jesus das Osterlamm nach dieser Ordnung mit seinen Jüngern gegessen (Matth. 26, 17–19). Nicht anders wird es bei den Feiern des Herrenmahles der Urgemeinden gewesen sein, von denen wir in der Apostelgeschichte lesen: „Sie brachen das Brot hin und her in Häusern" (Apg. 2, 46) – Die erste Christenheit besaß ja noch keine öffentlichen gottesdienstlichen Räume; sie mußten die „Feier ihres Glaubens" an verborgenen Orten, meist in Kellern und „Katakomben" halten.

Die Meinungen darüber, ob die Nachahmung jener alten Tischabendmahle in unseren heutigen Kirchengebäuden zu empfehlen sei, sind sehr verschieden. Wo sie versucht werden, dürfte auf keinen Fall der Kern der Eucharistie (Präfation mit Abendmahlsgebet, Einsetzungsworte und Konsekration der Elemente) fehlen. Dann könnte dem Wunsch nach einem „Abendmahl in der Tischgemeinschaft" aus besonderen Anlässen (z. B. auf Freizeiten oder Tagungen und bei Zusammenkünften von Gemeindekreisen und Jugendgruppen) stattgegeben werden. Allerdings ist darauf Bedacht zu nehmen, daß diese Feiern in kleineren Kreisen nicht zu Absonderungen vom Abendmahl der Gemeinden führt, denen die Teilnehmer an ihrem Wohnsitz zugehören. Jedenfalls ist bei allen Bemühungen um „die Gestaltung des Abendmahles um den Tisch" „die Betonung des Gemeinschaftsgedankens" nie vergessen worden.

Praktische Ratschläge für die Gestaltung der Tisch-Abendmahle, die wohl die evtl. Möglichkeiten ihres Verlaufs andeuten und beschreiben, aber die konkrete Ausführung freilassen, bietet die von der LLK herausgegebene Handreichung „Die Abendmahlsfeier am Tisch", Lutherisches Verlagshaus Hamburg 1975, auf die hier nachdrücklich verwiesen sei. Landesbischof D. Dr. Johannes Hanselmann nannte diese Hinweise „eine insgesamt verantwortbare Handreichung" (s. Joh. Hanselmann, „Abendmahl in Gottesdienst und Gemeindeaufbau", München 1977, S. 32). Aus der über Tischabendmahle erschienenen Literatur sei ferner zur Beachtung empfohlen: Die neueste Lieferung der Materialsammlung „Gottesdienste in neuer Gestalt", herausgegeben von der Kirchenleitung der Evangelischen Kirche in Baden, Karlsruhe 1978. Jedenfalls sollte bei allen Bemühungen um die „Gestaltung des Abendmahls um den Tisch" nie vergessen werden: „Die Betonung des Gemeinschaftsgedankens darf und muß andere Motive des Abendmahls nicht verdrängen, sondern soll sie ergänzen und fruchtbar machen. In diesem Sinne steht die Feier der Tischmesse unter der *dreifachen Forderung*, sie müsse dem „Anbetungscharakter des Gottesdienstes", der „Universalität der Verkündigung" und der „eschatologischen Ausrichtung“ alles kirchlichen Feierns gerecht werden. Es scheint so, als sei sie gegenüber bestimmten theologischen Tendenzen unserer Zeit besonders anfällig: Das Abendmahl ist *mehr*, sehr *viel* mehr als eine Ermutigung zur Mitmenschlichkeit!“ (Christian Zippert in: Abendmahl in der Tischgemeinschaft, S. 48 ff., „Kirche zwischen Planen und Hoffen“, Heft 4, Kassel 1971). – Ferner „Abendmahl“, Texte, Gesamtentwürfe, Predigten, Feiern mit Kindern, in Zusammenarbeit mit Christian Zippert, herausgegeben von Horst Nitschke, Gütersloh 1977.)

Der Gedanke, daß in unseren agendarischen Abendmahlsordnungen die *Kommunikation der Abendmahlsgäste miteinander* zu kurz käme, hat neuerdings dazu geführt, die uns aus der Zeit der ältesten Christenheit bekannten „*Agapen*“ (s. Seite 142) wieder neu aufleben zu lassen. Jene seit dem 2. Jahrhundert nachweisbaren Agapen waren „Liebesmahle“, die aus *diakonischen* Gründen zur *Speisung der Armen und Bedürftigen* veranstaltet wurden. Dabei kam es natürlich ganz von selbst zur Pflege der Gemeinschaft (Gespräche, Hilfsdienste) untereinander. Diese Agapen waren aber *nicht* in die liturgische Ordnung des hl. Mahles eingefügt; sie waren *von der Eucharistie vollständig getrennt* und bieten der heutigen liturgiewissenschaftlichen Forschung nur das Bild eines durch Dank und Tischgebete religiös geregelten Mahles. Die nicht mehr auf verborgene Versammlungsorte angewiesene Kirche hat im 4. Jahrhundert sogar die Entscheidung getroffen, die Agapen an und in den *gottesdienstlichen* Stätten zu *verbieten.* Der Canon 28 der Synode von Laodicea (zwischen 343 und 381) bestimmt: „Es dürfen in den Häusern des Herrn keine sog. Agapen stattfinden, noch darf im Hause Gottes gegessen oder ein Lager aufgeschlagen werden.“ Dieser Canon wurde durch nachfolgende Konzilsbeschlüsse bestätigt. Diese Beschlüsse sind die letzten Erwähnungen der Agape in den Texten der alten Kirche. Dem damit geschichtlich erwiesenen *Ausschluß der Agape-Mahlzeiten aus den gottesdienstlichen Abendmahlsfeiern* liegen zweifellos lang bedachte und sachlich begründete Erwägungen zugrunde. Sie scheinen sowohl vom Kirchenverständnis wie von der Abendmahls-Theologie einer biblisch orientierten Christenheit geprägt zu sein. Darum: Wer heute die Eucharistie-Feier mit Sättigungsmahlen zum Zweck der Pflege der Gemeinschaft untereinander wieder einführen möchte, sei an das Wort des Apostels Paulus (1. Kor. 11, 22) erinnert, „Habt ihr nicht Häuser, da ihr essen und trinken könnt?“ Die zur Leiturgia der Christen selbstverständlich gehörige Diakonia begann für die alte Christenheit, die nicht mehr auf Katakomben angewiesen war, mit der *Sendung der Abendmahlsgäste in die Welt* in

Verbindung mit dem Segen in der Liturgie „unseres Gottesdienstes" (s. Seite 206ff.).

Zweifellos könnte der eucharistischen Erinnerung daran, daß die, die im Sakrament des Altars „von einem Brote essen, aus einem Kelche trinken, alle Brüder und Jesu Glieder" sind (EKG 159, 1), ein sinnenfälliger Ausdruck dadurch gegeben werden, daß die Gemeinde zu einem *„Gemeinschaftsmahl" nach dem Gottesdienst* nicht in der Kirche selbst, sondern in einem dazu geeigneten, nahe gelegenen Raum eingeladen wird. (So Jean Jaque von Almen, „Ökumene und Herrenmahl", Kassel 1968, S. 73.) Es könnten aber die Gläubigen überhaupt dann und wann wenigstens in der Fasten- und Freudenzeit des Kirchenjahres dazu aufgefordert werden, sich vor oder nach dem Gottesdienst gegenseitig zu Tisch zu bitten. So geschah es z. B. in afrikanischen Gemeinden zur Zeit Augustins (vgl. Joh. Andreas Jungmann, „La Liturgie des premièrs siècles jusqu'à l'époque de Grégorien le Grand", Paris 1962, S. 61)

Zu den „Abendmahlsfeiern in neuer Gestalt" ist auch das sog. *„Feierabendmahl"* zu rechnen, wie es erstmalig auf dem evangelischen Kirchentag in Nürnberg 1979 in der St. Lorenzkirche gehalten worden ist. Die Meinungen darüber reichen von begeisterter Zustimmung bis zur entschiedensten Ablehnung. Es besteht ja in den praktischen Formen seiner Durchführung zweifellos die Gefahr, daß durch unmittelbar mit der Sakramentsfeier verbundene Veranstaltungen zum Zweck fröhlicher Kommunikation der Abendmahlsgäste, überhaupt aller Anwesenden miteinander, bis hin zu profanen Mahlzeiten an Bewirtungstischen bei nicht mehr auf den Gottesdienst bezogenen Musik- und Gesangseinlagen, ja sogar improvisierten Tänzen – zum „spontanen" Ausdruck der „Solidarität" der „Feiernden" – das christozentrische Gottesgeschenk der Eucharistie, nämlich die Kommunion *Christi* mit *uns* und *unseres* Menschentums mit *ihm* anthropozentrisch *verfremdet* wird. Unter Hinweis auf das Wort Christi: „Es stehet geschrieben: ‚Mein Haus soll ein *Bethaus* heißen'" (Matth. 21,13), wird eine solche Gestaltung unserer Abendmahlsfeiern zu einer Frage des Taktes, dessen Vorhandensein nicht nur für den gesellschaftlichen Bereich, sondern vor allem für unser persönliches Leben sehr wichtig ist. Denn eine zum Gottesdienst bestimmte Kirche ist – auch nach Martin Luther – *„Gottes Haus"* (s. Seite 70).

Bei all diesen Versuchen mit „Abendmahlen in neuer Gestalt" ist darauf zu achten, daß *die Realpräsenz* (die wirkliche Gegenwart) des Herrn und seine Einkehr in uns die all unsere Gedanken und Sinne beherrschende *Mitte der Feier* bleibt. Es geht wie in der Wortverkündigung der Kirche auch bei ihren Sakramentsfeiern um ein *die großen Taten Gottes* umkreisendes Geschehen.

[342] Dazu J. A. Jungmann, „Missarum Sollemnia", II. Band, Wien 1948, Seite 523 ff.

[343] Georg Buchwald, „D. Martin Luthers Leben und Lehre", Gütersloh 1947, Seite 120 f.

[344] „Eine Taufe. Eine Eucharistie. Ein Amt" („Accra-Papier"), hrsg. von Geiko Müller-Fahrenholz, Frankfurt a. M. 1976, Seite 17 f.

[345] Walter Lotz, „Eucharistie Evangelisch. Der Gottesdienst, den Christus geboten hat", Windecker Verlag 1979, Seite 58

[346] Anstelle der bei uns gebräuchlichen Sendungsformel wird in anderen Liturgien ein anderes Sendungswort gebraucht, das in Gestalt eines Bibelwortes noch einmal Gabe und Aufgabe des vorangegangenen Gottesdienstes zum Ausdruck bringt. Seine Auswahl bedarf aber sehr sorgfältiger Überlegung und wird die Ausdruckskraft des „Gehet hin im Frieden des Herrn" kaum überbieten können.

[347] Siehe J. A. Jungmann, „Missarum Sollemnia", Band II, Wien 1948, Seite 527

[348] An besonderen Danktagen kann auf die „Sendung" bzw. auf das „Benedicamus" das alte Lob- und Danklied der Christenheit, das *„Te Deum"* (siehe auch Seite 108) folgen, wie es uns Luther verdeutscht hat: „Herr Gott, dich loben wir" (EKG 137). Es schließt sich inhaltlich ganz dem „Gott sei ewiglich Dank" als eine umfassende Benedeiung des dreieinigen Gottes an. Erläuterungen zu Luthers Fassung in „Martin Luther, Geistliche Lieder", herausgegeben von Otto Dietz, München, 1940, S. 120 ff.

An besonderen Bittagen kann statt dessen das auch schon aus der vorreformatorischen Kirche stammende Lied „Dona nobis pacem" („Gib uns Frieden") in der Fassung Luthers „Verleih uns Frieden gnädiglich" (EKG 139) gesungen werden. Der Inhalt dieses einstrophigen Gesanges ist wie eine Gebetsantwort auf die Sendungsformel mit ihrer Mahnung, hinzugehen „im Frieden des Herrn". Die Bitte dieses Liedes – nicht um politischen oder kirchenpolitischen Frieden, sondern um den *Frieden Christi* (vgl. Joh. 14, 27: *„Meinen* Frieden gebe ich euch. Nicht gebe ich euch, wie die Welt gibt.") – ist nicht nur in von Kriegslärm und Kirchenstreit erfüllten, sondern zu *allen* Zeiten angebracht. Denn unsere „Sendung" in die Welt (s. Seite 206), unser Christsein in ihr, stellt uns unser Leben lang in den Kampf. Die Kirche des Herrn ist bis an das Ende dieser Weltzeit eine *„ecclesia militans"* (lat.; deutsch: „eine kämpfende Kirche"). Dieser Kampf „richtet sich nicht gegen Menschen, sondern gegen verborgene geistige Mächte, die in dieser Welt – unsichtbar für menschliche Augen – herrschen, gegen allen bösen Geist, der auf dieser Erde umgeht“ (Eph. 6, 12, nach Jörg Zink).

[349] Luther, Kleiner Katechismus, Auslegung des „Vater unser“; EA 21,14

[350] Vgl. S. 32 f.

[351] EA 21, Seite 20 ff. – In eine auch in unserer Zeit keineswegs überflüssige, sondern für unser persönliches Christsein erfahrungsgemäß heilsame Besinnung über die „Selbstsegnung“ beim Gebet sollte auch einbezogen werden, was Landesbischof Eduard Lohse in einem Hirtenbrief (Mai 1982) geschrieben hat: „Als ich vor einiger Zeit einen katholischen Besucher in die Marktkirche in Hannover führte, blieb er an der Tür stehen und fragte, wie er sich denn nun beim Betreten einer evangelischen Kirche verhalten solle: ob er das Kreuz schlagen oder aber lieber aus Rücksicht darauf verzichten solle. Wann immer ich bei ökumenischen Begegnungen mit Christen anderer Konfessionen zusammenkomme, frage ich mich, warum wir eigentlich diese schöne und ausdruckskräftige Sitte verloren haben und ob wir sie nicht mit Martin Luther wiedergewinnen könnten. Rät er doch, wenn wir am Morgen aufgestanden seien, das Kreuz zu schlagen und zu sprechen: Das walte Gott Vater, Sohn und Heiliger Geist. Ich danke dir, mein himmlischer Vater ...“. (Vgl. „Quatember“ Heft 4, S. 254 f.) Wir sollten gerade als evangelische Christen über diese Frage ernstlich nachdenken, die Verwirklichung der in ihr enthaltenen Anregung aber jedem evangelischen Kirchenbesucher freistellen.

[352] Ein Gebet „zum Schluß des Gottesdienstes“ finden wir im EKG S. 651

[353] Bei den Abkündigungen (s. Seite 127f.) könnte uns jeweils der Name des Komponisten und die Bezeichnung seines Werkes mitgeteilt werden; dann würden wir leichter und tiefer in das Verständnis alter und neuer Orgelmusik hineinwachsen.

[354] Werner Jetter, „Symbol und Ritual. Anthropologische Elemente im Gottesdienst“, Göttingen 1978, Seite 156

[355] Eberhard Jüngel, „Anfechtung und Gewißheit des Glaubens oder wie die Kirche wieder zu ihrer Sache kommt“, München 1976, S. 30 f.

SACHREGISTER

BEIGABE

ORDNUNG DES HAUPTGOTTESDIENSTES IN DER EVANGELISCH-LUTHERISCHEN KIRCHE IN BAYERN

Herausgegeben vom Landeskirchenamt
München 1981

Mit * bezeichnete Stücke können entfallen.
Zusätzlich mögliche Stücke sind in [ ] gesetzt.

ERÖFFNUNG

(Die Gemeinde bleibt während des ganzen Eröffnungsteiles sitzen.)

Orgelvorspiel

* Begrüßung

Liturg: Im Namen des Vaters und des Sohnes und des Heiligen Geistes.

oder:

Die Gnade unsres Herrn Jesus Christus und die Liebe Gottes und die Gemeinschaft des Heiligen Geistes sei mit euch allen.

Gemeinde: **Amen.**

Der Liturg (oder ein anderer dazu Beauftragter) begrüßt die Gemeinde und gibt einführende Hinweise zur Gestaltung und zum Inhalt des Gottesdienstes.

Eingangslied

Sündenbekenntnis (Confiteor)

Liturg: Unsre Hilfe steht im Namen des Herrn,

Gemeinde: **der Himmel und Erde gemacht hat.**

Liturg: Wir sind hier versammelt, um miteinander Gottes Wort zu hören,
(und) ihn im Gebet und Loblied anzurufen
[und in der Gemeinschaft am Tisch des Herrn
den Leib und das Blut Jesu Christi zu empfangen].

Vor dem heiligen Gott erkennen wir unsere Unwürdigkeit
und bekennen vor ihm, daß wir gesündigt haben mit Gedanken, Worten und Werken,
auch aus eigener Kraft uns von unserem sündigen Wesen nicht erlösen können.
Darum nehmen wir Zuflucht zu der grundlosen Barmherzigkeit Gottes, unseres himmlischen Vaters,
begehren Gnade um Christi willen
und sprechen: Gott, sei mir Sünder gnädig.

Gemeinde und Liturg:

Der allmächtige Gott erbarme sich unser.
Er vergebe uns unsere Sünde
und führe uns zum ewigen Leben. Amen.

Liturg: Der allmächtige, barmherzige Gott hat sich unser erbarmt,
seinen Sohn für unsere Sünde in den Tod gegeben
und um seinetwillen uns verziehen.
Er hat allen, die an seinen Namen glauben,
Macht gegeben, Gottes Kinder zu werden,
und ihnen seinen Heiligen Geist verheißen.
Wer glaubt und getauft wird, der wird selig werden.
Das verleihe Gott uns allen.

Gemeinde: **Amen.**

ANRUFUNG

(Die Gemeinde bleibt bis zur Salutation vor dem Tagesgebet sitzen.)

Eingangspsalm (Introitus)

Chor (oder Kantor oder Liturg) im Wechsel mit der Gemeinde: siehe Gesangbuch, Seite 24*–61*

Kyrie

Chor (oder Kantor oder Liturg): *Gemeinde:*

Straßburg 1525

Am 2. bis 4. Sonntag im Advent und in der Passionszeit mit Ausnahme des Gründonnerstags wird das Kyrie in der im Anschluß an die Introiten dieser Sonntage gebotenen einfachen Form gesungen. Das Gloria entfällt.

oder:

Liturg und Gemeinde beten ein mit Anrufungen verbundenes Kyrie. Die **Kyrie-Rufe** *können gesprochen oder nach der oben angegebenen Weise gesungen werden.*

Liturg: Herr Jesus Christus, du bist vom Vater gesandt, zu heilen, was verwundet ist:

Herr, erbarme dich.

Gemeinde: **Herr, erbarme dich.**

Liturg: Du bist gekommen, die Sünder zu rufen:

Christus, erbarme dich.

Gemeinde: **Christus, erbarme dich.**

Liturg: Du bist zum Vater heimgekehrt, um für uns einzutreten:

Herr, erbarme dich.

Gemeinde: **Herr, erbarme dich.**

Liturg: Christus, der Herr, erbarme sich unser. Er vergebe uns unsere Sünde und führe uns zum ewigen Leben.

Gemeinde: **Amen.**

Gloria

Liturg (Kantor, Chor): Straßburg 1525

II I
Got-tes, ein Sohn des Va-ters, der du hin-nimmst die
II
Sünd der Welt: er-barm dich un-ser; der du hin-
nimmst die Sünd der Welt: nimm an un-ser Ge-bet;
I u. II
der du sit-zest zu der Rech-ten des Va-ters:
I
er-barm dich un-ser. Denn du bist al-lein hei-
II I
lig, du bist al-lein der Herr, du bist al-lein
II
der Höchst, Je-su Chri-ste, mit dem Heil-gen
Geist in der Herr-lich keit Gott des Va-ters.
I u. II
A - - - - - - - - - men.

oder:

Glorialied

Die Gemeinde singt an Stelle des großen Lobgesangs (»Wir loben dich«) eine der Strophen des Liedes

Allein Gott in der Höh sei Ehr (Nr. 131)

oder eine der Kirchenjahreszeit entsprechende Gloriastrophe.

(Die Gemeinde erhebt sich.)

Tagesgebet (Kollektengebet)

Segensgruß (Salutation)

Liturg: Der Herr sei mit euch

Gemeinde: und mit dei-nem Geist.

Liturg: Laßt uns beten:

[Gebetsstille]

Tagesgebet

Gemeinde: **A - men.**

VERKÜNDIGUNG UND BEKENNTNIS

1. Lesung: Epistel oder Altes Testament

Halleluja

VIII. Psalmton

oder:

V. Psalmton

[*Chor:* Halleluja-Vers. *Die Gemeinde wiederholt das* Halleluja.]

Von Septuagesimae bis Karsamstag sowie an Buß-, Bitt- und Trauertagen entfällt das Halleluja

(Die Gemeinde setzt sich.)

Lied der Woche

2. Lesung: Evangelium

Ankündigung des Evangeliums

(Die Gemeinde erhebt sich.)

Gemeinde: Eh - re sei dir, Her - re.

Lesung des Evangeliums

Gemeinde: Lob sei dir, o Chri - ste.

Glaubensbekenntnis (Credo)

Apostolisches Glaubensbekenntnis:

Liturg: Ich glaube an Gott,

Gemeinde: **den Vater, den Allmächtigen,**
den Schöpfer des Himmels und der Erde,

Und an Jesus Christus,
seinen eingeborenen Sohn, unsern Herrn,
empfangen durch den Heiligen Geist,
geboren von der Jungfrau Maria,
gelitten unter Pontius Pilatus,
gekreuzigt, gestorben und begraben,
hinabgestiegen in das Reich des Todes,
am dritten Tage auferstanden von den Toten,
aufgefahren in den Himmel;
er sitzt zur Rechten Gottes,
des allmächtigen Vaters;
von dort wird er kommen,
zu richten die Lebenden und die Toten.
Ich glaube an den Heiligen Geist,
die heilige christliche Kirche,
Gemeinschaft der Heiligen,

Vergebung der Sünden,
Auferstehung der Toten
und das ewige Leben.
Amen.

oder: Nizänisches Glaubensbekenntnis:

Liturg: Wir glauben an den einen Gott,

Gemeinde: **den Vater, den Allmächtigen,**
der alles geschaffen hat,
Himmel und Erde,
die sichtbare und die unsichtbare Welt.

Und an den einen Herrn Jesus Christus,
Gottes eingeborenen Sohn,
aus dem Vater geboren vor aller Zeit:
Gott von Gott, Licht vom Licht,
wahrer Gott vom wahren Gott,
gezeugt, nicht geschaffen,
eines Wesens mit dem Vater;
durch ihn ist alles geschaffen.
Für uns Menschen und zu unserm Heil
ist er vom Himmel gekommen,
hat Fleisch angenommen
durch den Heiligen Geist
von der Jungfrau Maria
und ist Mensch geworden.
Er wurde für uns gekreuzigt
unter Pontius Pilatus,
hat gelitten und ist begraben worden,
ist am dritten Tage auferstanden
nach der Schrift
und aufgefahren in den Himmel.
Er sitzt zur Rechten des Vaters
und wird wiederkommen in Herrlichkeit,
zu richten die Lebenden und die Toten;
seiner Herrschaft wird kein Ende sein.

Wir glauben an den Heiligen Geist,
der Herr ist und lebendig macht,
der aus dem Vater und dem Sohn hervorgeht,
der mit dem Vater und dem Sohn

angebetet und verherrlicht wird,
der gesprochen hat durch die Propheten,
und die eine, heilige,
allgemeine und apostolische Kirche.
Wir bekennen die eine Taufe
zur Vergebung der Sünden.
Wir erwarten die Auferstehung der Toten
und das Leben der kommenden Welt.
Amen.

oder: Credolied (z. B. Nr. 132)

*** Liedstrophe**

Predigt

Liturg: Gnade sei mit euch und Friede von Gott, unserm Vater, und dem Herrn Jesus Christus.

(oder ein anderer Kanzelgruß)

Gemeinde: **Amen**

Stilles Gebet

Predigttext

(Die Gemeinde setzt sich.)

Predigt

Predigtschlußgebet

Kanzelsegen

Liturg: Der Friede Gottes, der höher ist als alle Vernunft, bewahre eure Herzen und Sinne in Christus Jesus.

Gemeinde: **Amen.**

[Stille/Orgelspiel/Kirchenmusik]

Predigtlied

Dankopfer

Abkündigungen

[Dankopfergebet

Liturg: Gebet zum Dankopfer

Gemeinde: **Amen.**]

(Die Gemeinde erhebt sich.)

Allgemeines Kirchengebet (Fürbitten)

A

Liturg (oder andere Glieder der Gemeinde):
Gebet

Gemeinde: **Amen.**

oder: B

Lektor (oder Liturg oder andere Glieder der Gemeinde):
Gebetsaufforderungen

Gemeinde: **Herr, erbarme dich.**

oder:
Wir bitten dich, erhöre uns.

Liturg: Abschließendes Kollektengebet

Gemeinde: **Amen.**

oder: C

Lektor (oder andere Glieder der Gemeinde):
Gebetsaufforderungen

Liturg (und andere Glieder der Gemeinde):
Gebet

Gemeinde: **Amen.**

[Gebetsstille]

In Gottesdiensten ohne heiliges Abendmahl:

Vaterunser
Entlassung *(siehe Seite 287)*
Segen
Orgelnachspiel

* Liedstrophe

* Gabenbereitung

Großes Dankgebet (Präfation)

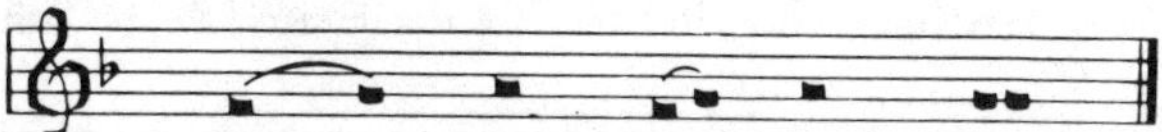

Liturg: Der Herr sei mit euch
Gemeinde: und mit dei - nem Gei - ste.

Liturg: Die Her - zen in die Hö - he!
Gemeinde: Wir er - he - ben sie zum Her - ren.

Liturg: Las-set uns Dank sa-gen dem Herren, unserm Got-te.

Gemeinde: Das ist wür - dig und recht.

Liturg: Präfationsgebet

Gemeinde: **Steinau 1736**

oder: **Altkirchlich**

Einsetzungsworte (Konsekration)

(Dazu kann die Gemeinde niederknien.)

Liturg: Abendmahlsgebet
Einsetzungsworte
Abendmahlsgebet

[*Nach den Einsetzungsworten:*

Liturg: So oft ihr von diesem Brot eßt und aus diesem Kelch trinkt, verkündigt ihr den Tod des Herrn, bis er kommt.

Gemeinde: **Deinen Tod, o Herr, verkünden wir, und deine Auferstehung preisen wir, bis du kommst in Herrlichkeit.**]

Vaterunser

Liturg:

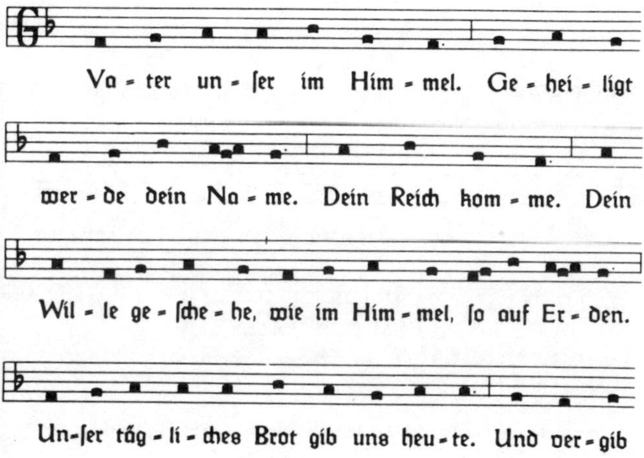

Gemeinde:

Friedensgruß

Liturg:

Gemeinde:

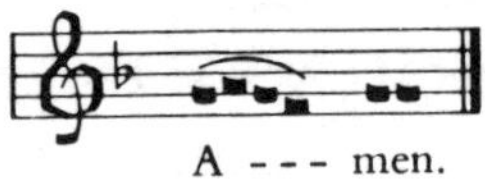

(Die Gemeinde setzt sich. Die Kommunikanten treten nach Weisung der Ordner an den Altar.)

Kommunion (Austeilung)

Zu Beginn der Austeilung singt die Gemeinde das

Christe, du Lamm Gottes (Agnus Dei)

oder: O Lamm Gottes, unschuldig (Nr. 55)

Das Agnus Dei kann auch bereits vor dem Vaterunser gesungen werden.
Gebete zum heiligen Abendmahl siehe Gesangbuch, Seite 647–649.
Während der Austeilung singt die Gemeinde Kommunionslieder, ggf. im Wechsel mit dem Chor und verbunden mit Kirchenmusik des Chores und der Orgel. Gegen Ende der Austeilung wird ein Danklied angestimmt (z. B. Nr. 163, 164, 165).

(Ist die Austeilung beendet, so erhebt sich die Gemeinde.)

Danksagung

Versikel

Allgemein

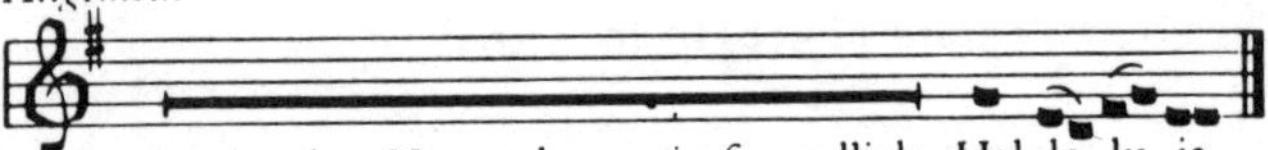

Liturg: Danket dem Herrn, denn er ist freundlich. Hal- le- lu- ja.
Gemeinde: Und seine Güte währet ewiglich. Hal- le- lu- ja.

Von Septuagesimä bis Karsamstag ohne Halleluja:

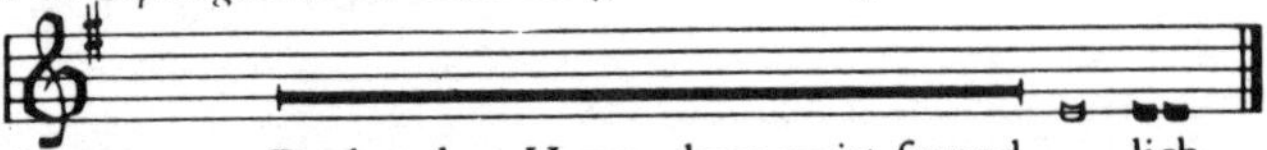

Liturg: Danket dem Herrn, denn er ist freund - lich,
Gemeinde: Und seine Güte währet e- wig-lich.

Weitere Versikel bei den jeweiligen Introiten:
siehe Gesangbuch S. 24*–61*

Schlußkollekte

Liturg: Kollektengebet

Gemeinde: A - men.

SENDUNG

Entlassung

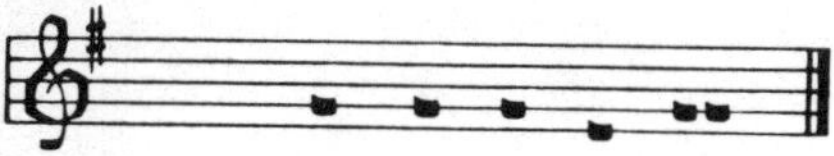

Liturg: Der Herr sei mit euch
Gemeinde: und mit dei-nem Geist.

Liturg: Ge - het hin im Frie - den des Herrn.
oder: Las - set uns be - ne - dei - en den Herrn.
Gemeinde: Gott ——— sei e - wig - lich Dank.

Segen

Liturg:

Der Herr segne euch und behüte euch.
Der Herr lasse sein Angesicht leuchten über euch und sei euch gnädig.
Der Herr erhebe sein Angesicht auf euch und gebe euch † Frieden.

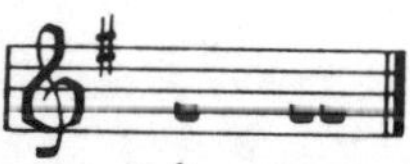

Gemeinde: A - men.

(Die Gemeinde setzt sich.)

Orgelnachspiel